ROBBIEWILLIAMS

Inside my tour
my head
my pants

SOMEBODY SOMEDAY

Aus dem Englischen von Frauke Meier
und Winfried Czech

Text von Mark McCrum
Fotografien von Scarlet Page

GOLDMANN

www.robbiewilliams.de

Die Originalausgabe erschien 2001 unter dem Titel
»Somebody Someday«
bei Ebury Press/Random House, London

Umwelthinweis:
Dieses Buch und der Schutzumschlag wurden auf chlorfrei gebleichtem Papier gedruckt.
Die Einschrupffolie (zum Schutz vor Verschmutzung) ist aus umweltschonender und recyclingfähiger PE-Folie.

Der Wilhelm Goldmann Verlag ist ein Unternehmen
der Verlagsgruppe Random House GmbH

Deutsche Erstausgabe November 2001

Projektmanagement IE Music: Gabby Chelmicka
Umschlaggestaltung: Design Team München
Umschlagfotos: Scarlet Page
Satz: Martin Strohkendl
Druck und Bindung: Mohn Media, Gütersloh
Verlagsnummer: 30966
Redaktion: Ulf Geyersbach, Rainer Mörike
Art direction and design: Push
Made in Germany
ISBN 3-442-30966-2
www.goldmann-verlag.de

1 3 5 7 9 10 8 6 4 2

INHALT

The Sermon On
The Mount Tour

Die Band

Robbie Williams	Der Prediger
Guy Chambers	Musikalische Leitung/Keyboards/Gitarre
Gary Nuttall	Gitarre
Fil Eisler	Gitarre
Yolanda Charles	Bass
Chris Sharrock	Schlagzeug
Claire Worrall	Keyboards/Gitarre
Tessa Niles	Backgroundgesang
Katie Kissoon	Backgroundgesang
Tim Clark	Manager
David Enthoven	Manager
Josie Cliff	Management/Robs Persönliche Assistentin
Andy »Franksy« Franks	Tour Manager
Tom Golseth	Tourbuchhaltung
Simon »Jonah« Jones	Security
Aegon »Marv« Welsh	Security

Die Crew

Wob Roberts	Production Manager
Lizzie Adshead	Productionsassistentin
Flo Guenand	Garderobe
Gary Currier	Stage Manager
Jez Craddick	Bühnenbauten
Liz Berry	Creative Director/Lichtdesign
Mark England	Leitung Beleuchtungstechnik
Barry Branford	Beleuchtungstechnik
Dave Bracey	Toningenieur
Martin Wareing	Kontrolltechnik
Bart Schoonbaert	Tontechnik
Dave Poynter	Tontechnik
Sherif El Barbari	Tontechnik
Sarne Thorogood	Tontechnik
Adam Birch	Gitarrentechnik
Jules Bowen	Keyboardtechnik
Jez Webb	Gitarrentechnik
Mick Winder	Schlagzeugtechnik
Duncan »Pompey« Wilkinson	Security
Alastair MacDairmid	Videoprojektion
Rick Worsfold	Leitung Bühnenbild
George Osborne	Bühnenbildner
Andy Jupp	Bühnenbauten
Graham Morrison	Chefkoch
Mairead De Barra	Catering
Em Franklin	Catering
Chris Clarke	Catering
Kathryn Bernie	Catering
Richard »Richie« Stevenson	Merchancising
Waff Walker	Merchancising

1

Wenn ich trinke und Drogen nehme,
bin ich der letzte Mensch auf Erden,
mit dem ich meine Tochter ausgehen
lassen würde.

Aber hoffentlich wird der Mensch,
zu dem ich werde, jemand sein,
mit dem ich meine Tochter ausgehen
lassen würde.

»Wir werden sehen, was passiert«

Es ist schon weit nach zwei Uhr am zweiten Tag der Proben und alle warten auf Rob. An einem Ende des weitläufigen Betonovals der London Arena in den Docklands stehen die Bühnenaufbauten: in Reihen angeordnete Scheinwerfer, Lautsprechertürme, Bühnenbild, Stoffbehänge, der große schwarze Vorhang, alles hängt irgendwie in wundersamer Weise von den kreuzweise angebrachten Trägern im Dach herab. Auf der Bühne selbst stehen die Instrumente schon bereit: das Schlagzeug auf dem Podest, die Keyboards links und rechts und hinter ihnen die Gitarren auf ihren Ständern. Am Bühnenrand herrscht ein mächtiges Chaos aus Kabeln und Steckverbindungen, die mit einem riesigen Haufen klobiger schwarzer Kästen und Monitore verbunden sind. Rauchschwaden steigen aus den beiden Nebelwerfern links und rechts der Bühne auf, hängen träge in der Luft und verleihen den Lichtstrahlen der ständig die Farbe wechselnden Scheinwerfer im Halbdunkel einen substanziellen Anschein.

Die sieben Bandmitglieder sind bereits eingetroffen und haben sich untereinander ebenso wie die diversen Crew-Mitglieder in ihren schwarzen T-Shirts mit umständlichen Umarmungen begrüßt, ehe sie hinter der Bühne verschwunden sind, um sich einen Kaffee oder einen Imbiss zu besorgen, bevor sie schließlich ihre Plätze auf der Bühne eingenommen haben. Lockenkopf Guy Chambers, der Rob als Songwriter unterstützt und Musical Director der Band ist, hat sich hinter seinen Keyboards eingerichtet und fängt gerade mit der Probe an. »Sind alle bereit?«, fragt er. Etwas gelangweilt löst die Bassistin Yolanda Charles ihr Haar, und sie legen los. Aber das Mikrophon in der Mitte der Bühne steckt immer noch ungenutzt auf seinem Ständer, so wie auch während der Studioprobe, die gestern den ganzen Tag ausgefüllt hat.

Plötzlich ein Aufschrei, irgendwo von rechts.

»Robbie!«

Er ist es, der Star persönlich, endlich schreitet er mit einem drei- oder vierköpfigen Gefolge durch das Halbdunkel, seine dunkelhaarige persönliche Assistentin, Josie Cliff, im Gleichschritt nebenher. Es ist ziemlich kalt an diesem Tag Anfang Februar, und er hat sich dick eingewickelt: Mantel, schwarze Wollmütze, dunkle Brille, ein fest um den Hals gewickelter Schal. Während er geradewegs zur Mitte der Bühne geht, ergreift erwartungsvolle Aufregung Besitz von der Band.

How old
BORO DREAM OVER

»Hallo, hallo, hallo. Schön, euch alle zu sehen«, sagt er, nickt lächelnd in die Runde, raucht, spricht weiter. »Was ist mit deinem Haar, Gary?«, fragt er den kotelettenbewehrten Gitarristen auf der linken Seite.

»Ich wünschte, ich könnte behaupten, es wäre mein eigenes«, entgegnet Gary Nuttall mit einem breiten Grinsen.

Robbie geht weiter, um Yolanda einen Kuss aufzudrücken, die ihn mit einem strahlenden Lächeln in die Arme schließt. Dann umarmt er auch Fil Eisler, den anderen Gitarristen, schlank, hochgewachsen, ein bisschen unheimlich in dem Trenchcoat mit Pelzkragen, schüttelt Guy die Hand und winkt der Keyboarderin Claire Worral und dem Drummer Chris Sharrock kurz zu. Die beiden Backgroundsängerinnen, Tessa Niles und Katie Kissoon, bekommen eine Kusshand zugeworfen. Und dabei raucht er immer noch mit eleganter Lässigkeit; sein Dahinschreiten hat weniger mit Stolzieren als mit dem sicheren Gang eines Mannes zu tun, der sein Gebiet abschreitet.

»Sollen wir mit ›Wimmin‹ anfangen?«, fragt Guy hinter seinen Keyboards, um endlich auf seine sanfte Art Schwung in die Sache zu bringen. »Was hältst du von ›Wimmin‹, Rob?«

»Fangen wir mit ›Wimmin‹ an«, antwortet Rob. »Von Kerlen hab ich sowieso die Nase voll.«

Gelächter wird in der Band und unter den Crewmitgliedern und dem übrigen Anhang laut, der sich am Rand der nun hell erleuchteten Bühne herumtreibt.

Als die Band Robs neuen Song anstimmt, nimmt die Intensität auf der Bühne sofort zu. Robs Präsenz, seine Stimme als Mittelpunkt der Musik – alles passt mit einem Mal zusammen.

»Stopp! Stopp!«, brüllt Rob plötzlich mitten im Lied. Stille kehrt ein. »Beim Refrain«, fährt er bestimmt fort, »kann es richtig laut werden, so dass jeder mitsingen kann.« Während die Band aufmerksam zuhört, demonstriert er, worum es geht: »Nice *tits*, nice *arse*, no *class* or *conversation*.« (Schöne Titten, süßer Hintern, keine Klasse, keine Unterhaltung.)

Die Band folgt den Anweisungen, schreit den Refrain laut hinaus. Am Ende macht Rob noch einmal Druck und reißt beim letzten »Whoa!« die Fäuste in die Luft. Dann ist er verschwunden – gegangen, um mit seinem Tourmanager, Andy »Franksy« Franks, wie immer ganz in Schwarz gekleidet, auf der anderen Seite der Bühne zu sprechen. Rob war nicht lange auf der Bühne, aber durch seine kurze Anwesenheit ist die Band wie elektrisiert.

Als der Star seinem Tourmanager durch eine schmale Tür hinter der Bühne in die Kantine folgt, übernimmt Musical Director Guy übergangslos wieder das Ruder. Die Band probt »Singing For The Lonely« und »Perfect Day«, aber irgendwie ist die Luft schon wieder raus. Hinter ihnen pumpt ein Crew-Mitglied eine der gigantischen aufblasbaren Brit-Awards-Kopien auf, die den Bühnenhintergrund einrahmen. Dann, als die Band gerade nachlässt, springt Rob plötzlich aus dem Nichts auf die Bühne, schnappt sich das Mikro und bringt wieder Leben in die Sache. »It's such a perfect day«, knurrt er mit mächtiger, ganz und gar nicht singender Stimme. »I'm glad I spent it with you.«

Allmählich schält er sich aus den wärmenden Stoffmengen. Der Mantel ist weg (wenn auch nicht die schwarze Mütze und der Schal), darunter trägt er ein helles Hemd mit einem Karomuster schwarzer Linien, das lässig über die Hose fällt. Darunter weite Jeans, die sich über seinen Turnschuhen in Falten legen.

»I'm so sick of people's expectations, leaves me tired all the time ...«

(Ich bin die Erwartungen der Leute so leid, sie ermüden mich die ganze Zeit ...)

Sogar in diesem leeren Stadion singt Rob mit ganzer Leidenschaft. Die Stirn in tiefe Falten gelegt, umklammert er mit beiden Händen das Mikro. Seine Stimme trägt bis hinauf zu den mehrfarbigen Lichtern, die im Schatten unter dem Dach aufflackern.

»Am Samstagabend habe ich dieses *Popstars*-Zeug gesehen«, erzählt er seinem kleinen Publikum wenig später während einer Pause. »Und ich dachte, wenn ich dafür jetzt vorsingen sollte, hätte ich keine Chance.« Wieder Gelächter. »Und dann«, fährt er mit unheimlicher Stimme fort, »habe ich mich *erinnert* ...«

Mitten in »No Regrets« bricht er erneut ab. »Das kennen wir doch schon«, erklärt er. »Dann brauchen wir es doch nicht bis zum Ende durchgehen.«

Hinter seinem Keyboard hat Guy das Gesicht zu einer schiefen Grimasse verzogen. Irgendwie scheint es, als hätte er den Song gern zu Ende gespielt, aber er beklagt sich nicht. Er möchte mit Rob nur noch schnell das neue Intro für »Rock DJ« durchgehen, sagt er. Also dreht sich Rob zu der Band um, als die Musiker ihm die Titelmusik zu *2001: Odyssee im Weltraum* vorspielen, die sie nicht nur vor der Probe, sondern auch gestern gute zwei Stunden lang einstudiert hatten. Wird er ihre harte Arbeit einfach in den Wind schießen? Nein, er nickt, langsam, und dann streckt er Guy den hochgereckten Daumen hin.

»Kann bitte jeder, der mit auf die Tour geht, jetzt mit in die Kantine kommen?«, ruft Rob, als die Probe endgültig vorbei ist. Band und Crew marschieren hinter ihm durch den Korridor in die Kantine. Rob setzt sich an den Tisch in der Mitte, umringt von seinen Leuten, die ihn, einige sitzend, andere stehend, alle erwartungsvoll ansehen. Niemand von ihnen weiß so recht, was sie hier sollen, aber Rob ist immer für eine Überraschung gut. Möglicherweise will er sie aber auch nur noch einmal anfeuern und auf die bevorstehende Tournee einstimmen.

Rob sieht sich langsam in der Runde um, mustert jeden Einzelnen mit diesen bemerkenswert intensiv blickenden Augen (grüne Augen, wenn man genau hinsieht). »Ich weiß nicht, ob ihr schon Bescheid wisst«, sagt er. »Einige schon, andere nicht, nehme ich an. Ich habe aufgehört zu trinken, Drogen zu nehmen und so ...« Lachend unterbricht er sich kurz. »Ich weiß, einige von euch waren schon früher dabei«, gesteht er, »wenn ich aufgehört habe, zu trinken und Drogen zu nehmen, nur um dann zuzusehen, wie ich wieder damit anfange. Na ja, ich weiß nicht, ob ich es dieses Mal durchhalte, aber zumindest will ich es dieses Mal wirklich«, sagt er voller Ernst. »Ja, ich will es wirklich. Darum will ich, dass ihr wisst, dass es für mich sehr schwierig sein wird, in geschlossenen Räumen, wenn ich nicht einfach flüchten kann, zum Beispiel im Flugzeug oder in Tourbussen, zuzusehen, wie ihr total breit rumhängt und tut, was immer ihr auch tut. Ich bin Alkoholiker, und ich bin drogenabhängig, und drogenabhängige Alkoholiker wollen saufen und Drogen nehmen, auch wenn es sie umbringt oder sie völlig fertig macht oder uns die ganze Tour zur Hölle macht, und ich wäre echt froh, wenn ich es nie wieder täte, aber wir werden sehen, was passiert. Ja, und das war's eigentlich schon. Ich liebe euch alle, verdammt, ja das tue ich. Ihr seid alle echt super, ehrlich, und ich fühle so viel Liebe, wenn ich mit euch allen zusammen bin. Nur schade«, schließt er dann laut lachend, »dass wir alle auf die Bühne müssen.«

Aus dem Hintergrund erklingt lautes Gelächter. Dann ist Rob schon wieder auf den Beinen. Einer seiner beiden Manager, David Enthoven, sitzt ganz im Hintergrund. »Na, das hat er doch richtig gut gemacht, oder was meint ihr?«, sagt er. Dann folgt er Josie und Rob zum Wagen und überlässt es der Crew, diese etwas unsichere Absichtserklärung allein zu verdauen. Rob hatte schon früher versucht, die Finger von Drogen und Alkohol zu lassen, und er war rückfällig geworden, immer wieder, und so fragen sich alle, ob es dieses Mal anders sein wird, oder ob das nur ein ganz gewöhnliches Ritual zur Einstimmung auf die Tournee war – Robs Abstinenerklärung, die während irgendeiner Krise unterwegs in einem trunkenen, drogenumnebelten Kollaps enden wird.

★

Ich werde bald täglich vor Tausenden von Menschen auftreten müssen.

Aber das ist mein Leben.

Es ist Schwachsinn zu glauben, dass dieser Mensch, so wie ich mich fühle, auf die Bühne treten und 10000 Leute dazu bringen wird, sich prächtig zu amüsieren.

Ich weiß nicht, wie ich das machen soll.

AAA

Spiritual Warrior

Zusammen mit seinem Partner Tim Clark hat David Enthoven eine zentrale Rolle gespielt bei der Entwicklung von Rob – vom Boygroup-Dropout zum Superstar. David ist ein großer, kahlköpfiger Bär von einem Mann, der immer irgendwie den Eindruck macht, er könne sein Glück gar nicht fassen. Als Rob Ende 1996 das erste Mal im Büro von Tims und Davids Firma, IE Music, aufgetaucht war, etwa ein Jahr nach seinem Ausscheiden bei *Take That*, befand er sich, wie David sich erinnert, in einem »etwas kläglichen Zustand«. Zu dieser Zeit war er der letzte der *Take-That*-Musiker, dem irgendjemand einen Soloerfolg zugetraut hätte. Alle redeten ständig über Gary Barlow und hielten ihn für den Einzigen mit Talent. Auch Enthofen gibt zu, dass IEs neue Hoffnung nicht gerade eine sichere Wette war. »Wir hatten wirklich keine Ahnung, ob es funktionieren würde«, sagt er. »Wir hatten auch keine Erfahrung im Management von Mainstream-Pop, wie ich es nenne. Aber das war nun mal das, was Rob zu der Zeit gemacht hat.«

Aber David brachte Rob mehr als nur oberflächliche Sympathien entgegen: Sein eigenes früheres Leben (und seine Karriere) waren der Rauschgiftsucht zum Opfer gefallen, also konnte er sich recht gut in den jungen Musiker hineinversetzen. »Weil ich wusste, dass er einige Probleme mit Alkohol und Drogen hatte, und auf dieser Ebene konnte ich mit ihm reden.« Inzwischen ist David siebenundfünfzig Jahre alt, und seit den frühen Sechzigern gehört er schon zum Showbusiness. Damals hatte er gerade angefangen, ausgerechnet nach einer Schulzeit in der »unerhörtesten Erziehungsstätte« in Harrow, seine erste Band zu managen. »In der Welt des Pop war ich als piekfeiner Playboy verschrien«, sagt er. »Ich wurde mein Leben lang wegen meines Akzents aufgezogen. Vermutlich sollte ich etwas daran ändern.« So erstaunlich sein Werdegang auch war, David hatte schnell Erfolg und managte gegen Ende der Sechziger Rocklegenden wie *King Crimson, Roxy Music, Led Zeppelin, ELP* und *T. Rex* (deren Name angeblich entstanden war, weil David das Wort Tyrannosaurus nicht aussprechen konnte).

Bald nach ihrem ersten Zusammentreffen mit Rob suchten David und Tim ihn auf, um sich seine Demobänder anzuhören und das Potential des jungen Mannes abzuschätzen. »Das war alles ziemlich durchschnittliches Zeug«, sagt David. »Da war vielleicht ein Song, der einigermaßen interessant war. Aber dann sagte er: ›Wollen Sie etwas von meinen Gedichten hören?‹, und fing an, vorzulesen, und Tim und ich sahen uns nur an und wussten, das könnte funktionieren. Was da aus seinem Mund kam war so stark. Er malte ein Bild mit Worten. Von dem Augenblick an dachte ich, na, das ist doch alles ganz einfach. Jetzt müssen wir nur noch jemanden finden, der das mit Musik unterlegt.«

Von diesem Tag an war David für Rob so etwas wie eine Vaterfigur. »Mit mir hat er immer reden können, wie man nüchtern und clean bleibt, und ich habe ihn immer dazu ermutigt«, erzählt David. Inzwischen begleitet er Rob, wann immer der auf Tournee geht. David, der auch unter dem Namen »Old Boy« oder »The Spiritual Warrior« bekannt ist, ist absolut realistisch in Bezug auf die Herausforderung, der Rob sich stellt, wenn er versucht, clean zu bleiben. »Für einen Sechsundzwanzigjährigen ist es nicht leicht, den Stier bei den Hörnern zu packen. Ich habe damit gewartet, bis ich einundvierzig war. Ich denke, er weiß, dass er schon seit ziemlich langer Zeit ein Problem damit hat und dass ihn ein täglicher Kampf erwartet. Ein paar abgebrochene Versuche hatten wir ja schon –, wir sind noch nicht fertig mit diesem kleinen Dämon.«

»Ohne David«, sagt Rob, »wäre ich vielleicht gestorben. Das klingt furchtbar dramatisch. Aber dieser Zwang, all das zu tun, was ich getan habe, ist immer noch in mir. Ich kann morgen rückfällig werden, ich kann heute Nacht rückfällig werden, und ich kann immer noch sterben.«

Thou Shalt Pass

Am nächsten Abend gibt es vor dem Equinox am Leicester Square nicht den geringsten Hinweis auf den Auftritt von Robbie Williams, der später hier auf dem Programm steht – es ist ein Privatkonzert für die Deutsche Bank (eingefädelt, um UNICEF und Robbies Wohltätigkeitseinrichtung *Give It Sum* zu unterstützen, die von Comic Relief verwaltet wird) und gleichzeitig die letzte Einstimmung auf die große Europa-Tournee, die an diesem Wochenende beginnen soll. Es gibt nur wenige Absperrgitter, zwei stämmige Rausschmeißer und eine kleine Schar schnatternder Mädchen, die wohl irgendwie geahnt haben müssen, dass da was los ist, als die ersten herausgeputzten Gäste mit ihren Tickets eingetroffen sind.

Mitglieder der Band oder der Crew zeigen ebenso wie einige Leute aus Robs direktem Umfeld nur kurz ihre Bühnenausweise vor, die Tourmanager Franksy bei der gestrigen Probe verteilt hat, und gehen einfach durch. Der Ausweis besteht aus einem glänzenden, rechteckigen, eingeschweißten Plastikkärtchen, etwa sieben mal zwölf Zentimeter groß, auf dessen Vorderseite in einer passenden biblischen Schriftart steht: »THE SERMON ON THE MOUNT TOUR« (Die Bergpredigt-Tour). Darunter das Markenzeichen »RW« und dann die Worte: »THOU SHALT PASS« (Du mögest passieren). Dieser Ausweis bringt seine Besitzer auch an einer zweiten Gruppe breitschultriger Typen vorbei und weiter durch den Korridor bis zum Dancefloor, wo die Aufregung der Menschen beinahe in der Luft spürbar ist, während sie sich an der Bar versammeln oder die seltsamen Rundlehnensessel mit Beschlag belegen, die in einer Reihe über die ganze Galerie im ersten Stock führen. Hierher haben sich auch zwei Hardcore-Fans verkrochen, die es irgendwie geschafft haben, über die Karte eines Freundes hereinzukommen. Kelly ist Mitte zwanzig, arbeitet in einem Reisebüro in Sevenoaks und ist ganz geschwätzig vor Aufregung. »Er ist so toll. Er sieht gut aus, er ist sexy, er ist lustig und irgendwie so normal. Ich will nur mit ihm schlafen, und mein Mann erlaubt es sogar, falls sich je die Gelegenheit dazu ergibt.«

Und sie meint das auch so.

Hinter der Bühne haben die Musiker ihre Instrumente gestimmt und drängeln sich nun in zwei Umkleideräumen mit der Aufschrift »HERREN« und »DAMEN«. Dann taucht Rob auf und verschwindet zusammen mit Josie, Tim und David in seiner eigenen Garderobe. Er ist nicht besonders gut drauf, blass und unruhig sitzt er vor dem Schminkspiegel und tappt mit dem Fuß auf dem Linoleumboden herum. Er ist furchtbar nervös und fühlt sich ganz leer, er hat vergessen, wie es geht, wie man ein Publikum eineinhalb Stunden lang unterhält. »Klar, da konnte ich mich gerade überhaupt nicht gut ausstehen«, wird er später während der Tour sagen. Draußen füllt sich der Saal. Die Leute, die sich dort versammelt haben, sind wirklich die seltsamsten deutschen Banker, die man sich vorstellen kann – hautenge Stretchshirts, knallenge Jeans oder glitzernde Röhrenhosen. Gegen Viertel vor acht ist auf der Tanzfläche kein Platz mehr zu finden, vom Band läuft die Musik und heizt die Stimmung an. »Das ist eine amtliche Bekanntmachung«, verkündet eine dröhnende Stimme. »Wir bedauern, Ihnen mitteilen zu müssen, dass Robbie Williams heute Abend nicht auftreten wird – die gute Nachricht lautet, H von den *Steps* wird ihn ersetzen.« Jubelrufe und Gelächter. »Robbie Williams bittet für seinen Auftritt um absolute Ruhe.« Weiteres Gelächter. »Robbie Williams wird in einer Minute auf der Bühne sein – er wird heute Abend ein bisschen unmännlich sein, die Schwuchtel.« Wildes Geschrei und Pfiffe.

Blaue Lichter flammen auf, als das opernartige Intro »Rob-bie! Rob-bie!« durch den dunklen Saal hallt. Die glänzende Idee, den Namen des Stars mit Carl Orffs berühmter »Carmina Burana« zu unterlegen, stammt von Guy. Gleich darauf springen die Musiker mit breitem Grinsen auf die Bühne und schnappen sich ihre Instrumente. Über dem Wald aus Armen vor der Bühne färbt sich das Licht rot und blitzt dann blendend weiß auf. Und dann ist er da, schlendert ganz cool in seinem Nadelstreifenanzug über die Bühne. »Hallo, guten Abend, mein Name ist Robbie Williams. Are you ready to be entertained?«

Sind sie. Robby beugt sich vor und berührt eines der Mädchen vor dem Absperrgitter, blickt sie lange an, während er ihre Hand hält. Erst als sie und ihre Freunde um sie herum langsam ausflippen, lässt er sie wieder los und zieht seine Jacke aus. Dann die Krawatte. Gemächlich nickt er einmal in die kreischende Runde, lächelt und macht einen sichtlich erleichterten Eindruck.

»You're tired of your teachers and your school's a drag, you're not going to end like your mum and dad« (Du hast die Lehrer satt, und die Schule ist Schlauch, du wirst nicht enden wie deine Mutter und dein Vater), brüllt er zur Eröffnung von »Let Me Entertain You«. Die ungewöhnlichen Banker liegen ihm zu Füßen, und schon beim nächsten Song, »Lazy Days«, singen sie mit. Er geht am vorderen Bühnenrand auf und ab und löst mit einem kurzen Blickkontakt immer wieder räumlich begrenzte Begeisterungsstürme im Publikum aus, konzentriert sich beim Singen mal auf eine Brünette mit glitzerndem blauen Lidschatten, mal auf eine Blondine in einem knappen silbernen Bustier.

Auf den Stufen auf der linken Seite der Bühne stehen David und Tim mit Josie und einer mageren jungen Frau in einem hellblauen T-Shirt – es ist Geri Halliwell. Die Boulevardpresse hat in letzter Zeit Gerüchte gestreut, sie sei Robs Freundin. Josie und David wiegen sich Seite an Seite im Takt: ein absolut ungleiches Paar. Von Zeit zu Zeit wirft Robbie einen Blick auf seine Anhänger hinter der Bühne, deren aufmunternde Gesten er mit einem Nicken quittiert.

Wer ihn nicht kennt, würde ihn nie für so nervös halten. »Aber«, sagt er, »ich habe mein Publikum tatsächlich verachtet, weil es extra gekommen ist, um sich so einen Scheiß anzusehen. Ich gehe auf die Bühne, und ich überlege: Sind die wirklich alle gekommen, um sich so einen Wichser anzusehen? Das war wirklich ein furchtbarer Auftritt. Ich kam mir vor wie ein Sänger in irgendeinem Club oder so was.«

Am Ende von »Better Man« verbeugt sich Robbie und lehnt sich über die Schultern der drei Sicherheitsleute vor der Bühne, um sich mit einer Schönheit im schulterfreien Top in der vordersten Reihe zu unterhalten. Als er sie über das Mikro anspricht, klingelt ihr Handy. Er lacht und nimmt es ihr aus der Hand. »Hi«, sagt er, während er wieder auf die Bühne zurückkehrt. »Hier ist Robbie. Was hast du an?« Dann: »Zieh's aus.« Er fühlt sich ein bisschen einsam, fügt er hinzu und fragt, ob der mysteriöse Anrufer nicht Lust hat, vorbeizukommen, um ihn und etwa 300 Leidensgenossen aufzuheitern. Dann gibt er das Handy mit einem verschmitzten Grinsen zurück. »Verdammte Scheiße«, sagt er. »Das war ihre Mutter. Sorry, Mom.«

Zwischen den Songs macht er immer irgendwelche Späße, aber wenn er singt, ist er absolut ernst. Er breitet die Arme weit aus, als wollte er alle Menschen in seiner Umgebung an seine Brust nehmen; dann legt er beide Hände auf sein Herz und blickt wie ein kleiner Junge ins Publikum, während er von Wut und Schmerz singt. Er vergisst oder ignoriert seine Fans nicht für einen Augenblick. Und er hat noch mehr auf Lager, um die Menschen mitzureißen: Er streckt ihnen das Mikro entgegen, um sie bei »She's The One« zum Mitsingen zu animieren; legt die Hände hinter die Ohren, um den ohnehin schon ohrenbetäubenden Applaus nach »Supreme« weiter anzuheizen; bringt sie bei »Millennium« dazu, die Hände in die Luft zu heben, so dass sich der ganze Saal in einen herrlich schwankenden Wald aus Fingern verwandelt; setzt sich auf das Schlagzeugpodest und trinkt Wasser, während seine Fans »Angels« singen; und treibt sie schließlich zur Raserei, als er wieder nach vorn schlendert, ihnen applaudiert und wieder zum Mikro greift, um den Chor zu leiten. »And through it a-all, she offers me protection ...«

Als die Show zu Ende ist, sackt Rob in seiner Garderobe hinter der Bühne in sich zusammen. Trotz der stürmischen Begeisterung der Konzertbesucher hat sich seine Stimmung nicht gebessert. »Das wird ein verdammt langes Jahr«, sagt er müde zu seinen beiden Managern.

Als das Publikum zufrieden auf den Leicester Square hinausströmt und Rob sich eilig auf den Weg zu seinem Appartement in Notting Hill macht, hat sich die kleine VIP-Bar am Ende der Galerie in eine Art improvisiertes Büro der Leute von IE Music verwandelt, die sich, alle noch ergriffen von der allgemeinen Aufregung, dort zusammengefunden haben.

Lucy Pullin, eine junge Frau Mitte zwanzig und Josie Cliffs Assistentin, hat eine schlüssige Theorie parat, warum Rob ein so mitreißender Künstler ist. »Das liegt an der Art, wie er mit dem Publikum umgeht«, schwärmt sie und hebt bedeutungsvoll ihr Weinglas. »Habt ihr gesehen, wie er mitten in ›No Regrets‹ dem Publikum das Mikro hingehalten hat? Gerade bei der Stelle: ›They tell me I'm doing fine‹. Das ist, als würde er fragen: ›Mache ich es richtig?‹. Und die Leute brüllen ›ja‹, das ist wie eine Therapie. Und darum wirkt er so anziehend. Weil alle, na ja, zumindest alle Frauen, ihm unbedingt helfen wollen.« Lucy bearbeitet die ganzen Fanbriefe, die in ihrem Büro auflaufen, und ihrer Ansicht nach versuchen sogar die Zwölfjährigen, ihm genau das zu schreiben. »Sie können es noch nicht richtig ausdrücken. Sie schreiben dann: ›Sei nicht traurig‹ oder so was. Aber auf jeden Fall wollen sie ihm auch alle helfen.«

2

Ich glaube nicht, dass mein Lebensstil normal ist. Allerdings hängt das davon ab, was man für normal hält. Für mich ist er normal. Oder, nein, das ist er nicht, er ist völlig anormal, das ändert sich von Tag zu Tag.

Aber ich habe noch nie irgendjemanden kennen gelernt, der normal ist. Alle haben ihre seltsamen Marotten und Perversionen. Oder eine merkwürdige Art zu denken oder zu leben.

Jeder Mensch ist anormal.

Das Unheil von Stockholm

»Sechsunddreißig Stunden später machen sich drei spezielle Mannschaftsbusse und fünf silberne LKW mit Gerätschaften und Bühnenaufbauten auf die Zwei-Tage-Reise von King's Cross nach Stockholm. Mit ihnen fährt auch der Production Manager Wob Roberts, Creative Director Liz Berry, zwei Mechaniker, sechs Beleuchter, sechs Soundtechniker, fünf verschiedene Instrumententechniker, ein Videoexperte, drei Bühnenbauer, eine Kostümbildnerin, ein Koch, fünf Caterer, zwei Merchandising-Händler, ganz zu schweigen von den drei Busfahrern, den sechs LKW-Fahrern und Dunkan »Pompey« Wilkinson, dem nettesten Bodyguard der Welt.

Einen Tag später versammelt Franksy den Rest der Truppe, die insgesamt sechzehn Mann starke Band, in der Abflughalle von Heathrow. Hochaufgerichtet mit seinem kleinen, runden, schwarzen Hut, Marke GB, und dem langen schwarzen Ledermantel sieht er aus wie eine bizarre Kreuzung aus einem Fußballmanager und einem Puritaner aus dem neunzehnten Jahrhundert. Außer den Musikern sind da noch Robs Bodyguards – der dunkelhäutige Aegon »Marv« Welsh mit dem kahl rasierten Kopf und sein weißhäutiger, bärtiger Kollege Simon »Jonah« Jones – und der rundliche Amerikaner Tom Golseth, der für die kaufmännische Abwicklung verantwortlich ist.

Sie alle sitzen in der Club Europe Business-Class-Lounge in lockeren Grüppchen zusammen, lesen Zeitung oder unterhalten sich. Franksy zeigt Gary eine E-Mail, auf der all die schrecklichen Dinge aufgelistet sind, die kohlensäurehaltige Getränke anrichten können; Gary ist während einer Tour immer total süchtig nach Junkfood, behauptet Franksy, und darum versucht er jedes Mal, ihn wieder zur Vernunft zu bringen.

Claire und Yolanda sitzen mit den beiden Backgroundsängerinnen, Katie und Tess, zusammen, und Yolanda lacht ihr ansteckend dreckiges Lachen; sie klingt wie Mutley aus *Wacky Races,* und sie treibt ihre schmutzigen Witze immer eine Spur zu weit, was ihr den Spitznamen »Smutley« (*smut* = Schmutz, Zote) eingebracht hat. Claire trägt den Beinamen »Champers«, weil sie, wie Yolanda sagt, es immer irgendwie schafft, eine Flasche Champagner aufzutreiben, egal wo sie gerade ist. Die hübsche Katie Kissoon wird »Two Sips« (Zwei Schlucke) genannt, weil sie nach den Gigs immer nur zweimal an einem Drink nippt, ehe sie sich benebelt ins Bett verzieht; und

Tessa ist »Cottonbud« (Wattestäbchen), nachdem sie den anderen einmal eine wirklich widerliche Geschichte über das erzählt hat, was man mit Wattestäbchen so machen kann.

Jetzt ist auch Rob mit David und Josie im Schlepptau eingetroffen. Aus der Nähe sieht er irgendwie größer aus mit seinen muskulösen Armen und den auffälligen Tätowierungen, die unter dem T-Shirt nur halb zu sehen sind: ein wirbelndes Maori-Motiv auf dem linken Arm, ein finster blickender Löwe auf dem rechten, darüber »Elvis, Grant Me Serenity« (Elvis, schenk mir Gelassenheit), darunter »Born To Be Mild«. Seinen Augen unter den dichten schwarzen Brauen kann man nur schwer standhalten, so intensiv blicken sie. Unruhig wie er ist, nickt er den Leuten zu, blickt sich um und konzentriert sich dann voll und ganz auf den Augenblick.

Er schüttelt Hände oder umarmt seine Bandmitglieder, nur um sich gleich darauf mit David zu einem Kartenspiel zu setzen. Nicht Poker oder Whist, sondern Uno, ein Kartenspiel für Kinder, bei dem man eine Karte ablegen kann, wenn ihr Wert oder ihre Farbe der Karte entspricht, die vorher ausgespielt wurde. »Das ist eines der Spiele, die wir als Kinder immer gespielt haben«, erzählt Josie. »Es ist zur Zeit unser Spiel.« Rob entwickelt häufig derartige Marotten: Im letzten Jahr war es Backgammon.

Im Flugzeug sitzt Rob in der vordersten Reihe der voll ausgebuchten Business-Class. Die Flugbegleiter sind sichtlich begeistert, solch einen Star an Bord zu haben. Und Rob gibt sich nicht gerade schüchtern oder zurückhaltend. Aufgerichtet sitzt er auf seinem Platz, dreht sich dann und wann um, um mit Guy in der Reihe hinter ihm zu plaudern, und bringt die hübscheste Stewardess zum Kichern. Davids sonores Lachen vermischt sich mit Josies schrillem Gelächter, begleitet vom Brummen der Maschinen. Obwohl natürlich auch Alkohol zum Service gehört, halten sich die Bandmitglieder hinter ihnen brav an Orangensaft und Mineralwasser.

Als wir in Stockholm landen, ist es bereits dunkel. Es schneit, und am Ende der Landebahn sammelt sich gelbbrauner Schneematsch. Als die ganze Mannschaft durch die Korridore des Flughafengebäudes Richtung Passkontrolle geht, übernimmt Rob die Führung, die schwarze Wollmütze auf dem Kopf und eine dunkle Brille auf der Nase. Die beiden Bodyguards bleiben dabei ständig neben ihm, und ihre Augen sind unentwegt in Bewegung, auf der Suche nach möglichen Gefahrenquellen.

»Da ist ja dein kleiner Liebling«, sagt Fil zu Guy, als ein mit roter Seide ausgelegter Instrumentenkoffer geöffnet wird und seine dunkelblaue Lieblingsgitarre zum Vorschein kommt. Gleich darauf verschwindet Rob zusammen mit David, Josie und den Bodyguards im Auto. Der Rest der Band wartet geduldig, während Franksy die Gepäckträger beaufsichtigt, die ihre Gepäckstücke – jedes einzelne Stück trägt eine Nummer auf einem eingeschweißten hellgrünen Schildchen – von dem Band auf die bereitstehenden Kofferkulis laden. Dann gehen auch sie hinaus in die winterliche Nacht, wo sie bereits von zwei Minibussen erwartet werden. Lachend und schwatzend, aufgeregt, endlich da zu sein, im Ausland, an der ersten Station ihrer Tournee, drängen sie sich in die Busse.

Das Grand Hotel befindet sich im Zentrum von Stockholm. Das beeindruckende alte Gebäude liegt direkt an einem Fluss, in dem, beleuchtet vom Licht der Straßenlaternen, Eisschollen auf der unruhigen, schwarzen Wasseroberfläche schaukeln. An der Rezeption in der mit goldenen Teppichen ausgelegten Lobby verteilt Franksy unter den Bandmitgliedern Zimmerschlüssel und weiße Umschläge mit einer Liste, auf der neben den Zimmernummern auch die neuen Identitäten der einzelnen Musiker aufgeführt sind. Sie alle haben sich unter falschen Namen eingetragen, um Ärger mit übereifrigen Fans zu vermeiden, die versuchen könnten, Rob aufzuspüren. Würden sie ihre richtigen Namen benutzen, so würden sie Tag und Nacht von den »Wo ist Robb-iiiieeee?«-Rufen verfolgt werden.

Darum ist der Schlagzeuger Chris Sharrock nun ARTHUR BEATLATE. »Dafür gibt es einen Grund«, verrät Fil. Fil ist nun PHIL THEE. »Wegen seiner schweinischen Lebensweise« (*filthy* = schmutzig, dreckig, schweinisch), erklärt Franksy glucksend. Gary nennt sich MUSTAFFA PEACE. Guy ist JACQUES ORFF. Yolanda ist aus Gründen, die sie nicht näher erklären muss (sie lacht, smutleymäßig) ANITA BUSH. Claire ist JACK McGIGIN, Tessa MISS SU MEE und Katie SALLY VATED.

Rob verzieht sich mit einigen Kassetten aus seinem Selbsthilfeprogramm in seine Suite. Gary macht sich auf die Suche nach Essen. Zu Hause verzichtet er auf Junkfood, aber er kann das Hotelessen nicht ausstehen. Außerdem gibt er selbst mit seinem gewohnten, selbstironischen Grinsen zu: »Ich bin extrem geizig. Hier muss ich schon dafür zahlen, wenn sie mir das Essen mit dem Fahrstuhl bringen müssen!« Lieber spart er sein Geld und geht mit seiner Frau in ein nettes Restaurant, wenn er wieder zurück in Englefield Green ist. »Beispielsweise ins Jack's – ein netter Imbiss, gleich um die Ecke.«

Nach dem Auspacken treffen sich einige der Bandmitglieder an der Bar. Nicht alle, wie sich herausstellt, nur die, die noch Lust haben, etwas zu unternehmen. Guy, Claire und Fil aus der Band; dann Franksy und Tom, der Buchhalter. Schlagzeuger Chris geht nur dann auswärts essen, scherzen die anderen, wenn jemand seine Rechnung übernimmt.

»Puppenalarm, rechts!«, ruft Claire. Drei Mädchen tauchen plötzlich in der Nähe der Leute an der Bar auf. Eine junge Schönheit in einem braunen Wildledermantel, begleitet von zwei weiteren Mädchen mit grell geschminkten Augen.

»Groupies«, sagt Guy mit dem für ihn typischen wissenden und beinahe schüchternen Lächeln.

Fil geht zu ihnen und erklärt, dass nun alle Essen gehen wollen. Aber später sollen sie es vielleicht noch einmal versuchen. Dann scheucht er sie zur Tür hinaus in die äußere Bar, von der aus man den glitzernden Fluss sehen kann. Guy ist bereits an der Tür, Franksy und der Rest der Band steht um ihn herum. »Erspar mir deinen väterlichen Blick«, sagt Claire zu Guy. Die Band nennt ihren MD auch den »Lord«, wegen seiner gebieterischen Art und seines kostspieligen Geschmacks, aber das scheint ihm nichts auszumachen.

Mr. Charisma

Auf der letzten Seite des Booklets zu Robbies letztem Album *Sing When You're Winning* steht eine diskrete Widmung: »Für Guy Chambers, der genauso sehr Robbie ist, wie ich selbst es bin.«

»Wir haben uns auf Anhieb hervorragend verstanden«, erzählt Guy. »Das ging ganz automatisch. Als Rob das Studio betrat und den Mund öffnete, wusste ich sofort, dass er ein wirklich toller Kerl ist. Das lag an dieser geballten Energie. Er hatte all diese großartigen Texte und Ideen, und das Texten habe ich immer zu meinen Schwächen gezählt, deshalb war es für mich besonders erfreulich, jemanden zu treffen, der das selbst tun konnte. Ich hatte immer schon gute Ideen in Bezug auf die Musik, deshalb sind wir zusammen auch ein wirklich gutes Gespann.« Am zweiten Tag schrieben die beiden zusammen »Angels«, den Song, der den Startschuss zu Robbies Solokarriere darstellen und der *Life Thru A Lens* erst zu einem Platinseller machte. »Wir haben es in zwanzig Minuten geschrieben, vielleicht war es auch eine halbe Stunde, und als wir fertig waren, ist uns klar geworden, dass diese Sache wirklich funktionieren kann. Es war wie – wie hieß das noch –, ach ja, ich wollte das Wort ›Offenbarung‹ benutzen, so wie der Apostel Paulus auf der Straße nach Damaskus. Rob kennen zu lernen, war ein bisschen wie eine Offenbarung. Es war sehr emotionell. Wie damals, als ich meine Frau kennen gelernt habe. Das kommt der Sache zumindest am nächsten. Weil ich ihn so sehr gebraucht habe und er mich so sehr gebraucht hat. Wenn man jemandem begegnet und feststellt, dass man sich gegenseitig braucht, ist das ein sehr starkes Gefühl.«

Bis zu jenem Tag, dem 8. Januar 1997, war Guy einer von vielen jungen Musikern im täglichen Kampf ums Überleben gewesen. Er war Anfang Dreißig, spielte in einer Band namens *The Lemon Trees* und lebte in einer schäbigen Wohnung in Archway. »Mit meiner Karriere ging es einfach nicht voran«, erzählt er und spielt träge mit seinem lockigen braunen Haar. »Überhaupt nicht. Ich war damals schon ziemlich verzweifelt. Ich habe sogar daran gedacht, alles hinzuschmeißen und Lehrer zu werden. Da war ich zweiunddreißig, und wenn man es in dem Alter in diesem Geschäft noch nicht geschafft hat, dann ist das schon ziemlich hart. Die Leute fangen an zu glauben, dass es das war – dass du es nie schaffen wirst.«

Es war ein langer Weg bis zu diesem entscheidenden Augenblick seines Lebens. Seine Familie war immer sehr musikalisch: Sein Vater war Flötist beim London Philharmonic Orchestra; seine Mutter arbeitete bei Decca, einem Plattenlabel, und hatte eine wirklich gewaltige Plattensammlung zusammengetragen. Im Haus gab es auch ein Klavier, und ständig waren irgendwelche Musiker zu Gast. Jemand spielte ein Stück, und alle fielen mit ein: Gershwin, Elvis Presley und die aktuellen Hits.

Guy war fünf, als er anfing, Klavier zu spielen, acht, als er erkannte, dass er eigene Stücke komponieren konnte, und zwölf, als er zum ersten Mal ein Stück für ein Streichquartett schrieb, gleich nachdem er die Eignungsprüfung für die höhere Schule vermasselt hatte.

Als Guy dreizehn war, schloss sich sein Vater dem Liverpool Philharmonic Orchestra an. Nun, da er nicht weit von dem Ort entfernt lebte, an dem John Lennon das Licht der Welt erblickt hatte, stürzte er sich wie besessen auf die Beatles. Und an seiner neuen Schule gab es eine kleine Band, die ihn inspirierte. »Sie waren ein bisschen wie die *Free*. *Free* meets *The Small Faces*. Sie waren alle um die sechzehn, und ich erinnere mich, dass ich dachte, ich will a) in dieser Band oder b) in irgendeiner Band spielen.«

Ein Jahr später hatte er immerhin b) erreicht. Sein jüngerer Bruder spielte Schlagzeug, ein Freund die Bassgitarre, und er selbst übernahm die Gitarre. Wieder ein Jahr später schloss er sich einer »richtigen« Band an – *Hambi and the Dance*, die einen Vertrag mit Virgin hatten. Ihm wurde bewusst, dass er wohl talentiert war, denn er war gerade fünfzehn und die anderen schon Anfang zwanzig. Aber *Hambi* war es dann doch nicht ganz, und so verließ Guy die Band 1981 und ging, ermutigt von seinem Vater, zurück nach London, um als Komponist und Pianist in der Guildhall School of Music zu promovieren. Dort kam er dem Jazz näher, und mit achtzehn Jahren glaubte er eine Weile, er könnte es als Jazzmusiker versuchen. Dann lernte er einige dieser Musiker kennen. »Das hat mich davon abgebracht. Alte Kerle. Und ich habe festgestellt, dass die meisten Jazzmusiker extrem traurige Menschen sind.«

Nach der Ausbildung folgte eine Periode relativer Armut, während der er in den Pianobars der Stadt spielte und mietfrei bei einem Freund wohnte. Dann bekam er die erste große Chance, als Julian Cope ihn für *The Teardrop Explode* engagierte. Mit ihm ging Guy das erste Mal auf Tournee nach Japan, wo Julian ein großer Star war. »Plötzlich wurden mir regelrecht die Augen geöffnet, als ich all die Fans sah, die Groupies, diese ganze andere Seite.« In diesem Stadium dachte Guy, er würde irgendwann selbst Frontmann einer eigenen Band sein, und dieser Traum blieb lebendig, als er später erst für die *Waterboys* und dann für *World Party* an den Keyboards saß. Und als Guy Letztere schließlich verließ und seine eigene Band, die

Guy versteht mich manchmal so gut, und dann versteht er mich überhaupt nicht.

Ich glaube nicht, dass er mir meine Unsicherheit anmerkt, was das Singen betrifft; dass ich mich selbst nicht für einen sonderlich guten Sänger halte.

Er gibt mir ausreichend Freiheit, dass ich loslegen und ausprobieren kann und mich nicht unwohl in seiner Gegenwart fühle.

Lemon Trees, gründete, bei der er den Frontmann an der Gitarre gab, dachte er immer noch, er hätte eine Chance. »Aber dann habe ich ziemlich schnell kapiert, dass mir als Aushängeschild einer Band die notwendigen Voraussetzungen fehlen: a) war ich als Sänger nicht gut genug, und b) war ich auf der Bühne nicht gerade der Mr. Charisma. Ich musste einfach einen Partner finden, der eben dieser Popstar sein konnte, der ich nicht sein konnte.«

Für Tim und David, die auf der Suche nach einem Komponisten waren, der Robs Gedichte mit Musik unterlegen konnte, war Guy so etwas wie »göttliche Vorsehung«. Sie hatten sein Demoband gleich von zwei verschiedenen Personen erhalten, die sie kannten und respektierten. Also hörten sie es sich aufmerksam an. »Wir sind knietief durch die Scheiße gewatet«, erinnert sich David. »Und dann taucht plötzlich Guys Band auf.« In einem Studio im Londoner Norden stellten die Manager Guy und Rob einander vor.

Rob, der mit »Drogenabhängigen und anderen Leuten, mit denen ich nie klargekommen wäre« zusammengearbeitet hat, bekam eine Liste mit endlos vielen Namen potenzieller Kandidaten. »Und ich habe nur den Namen ›Guy Chambers‹ gelesen«, sagt er, »und ich habe gesagt: ›Das ist er‹. Nein, ich kannte seine Musik nicht. Ich habe die Musik, die er vor unserer gemeinsamen Zeit gemacht hat, bis heute nicht gehört. Ich wusste einfach intuitiv, dass er der Richtige ist.«

»Es klappte auf Anhieb«, erzählt David Enthoven. »Nach zwei Tagen haben sie uns ihr Zeug vorgespielt, und wir dachten, wir sind im Pophimmel. Im Musikhimmel. All diese unterdrückte Energie wurde plötzlich ...« Davids Stimme verliert sich. Ihm fehlen die Worte, als er sich an diese erfolgreiche Verschmelzung kreativer Geister erinnert. »Weil wir plötzlich auf den Zug aufgesprungen waren, und der ging mit einer bemerkenswerten Geschwindigkeit ab.«

»Tee yah yee hey hey hey hey yah«

Es ist ein heller, sonniger Tag in Stockholm, aber die einzigen Angehörigen der Crew, die das köstliche Frühstücksbuffet im Grand Hotel zu schätzen wissen, sind die Bodyguards Marv und Jonah. Etwas später taucht auch Franksy auf, nachdem er sein Workout im Fitnessstudio hinter sich gebracht hat. »Den alten Körper in Form halten«, sagt er mit einem wehmütigen Lächeln. Er ist siebenundvierzig.

Sein Spitzname, »Prince of Darkness«, ist eine ziemlich ironische Bezeichnung für einen Mann mit freundlichen matten Augen und einem Lächeln, das seine Anerkennung für eine gute Geschichte stets gern durch gekräuselte Lippen zum Ausdruck bringt. Er kann inzwischen auf einige eigene Erfolge zurückblicken. Seine Karriere reicht zurück bis in die Zeit, in der er selbst als Musiker im Bristol der Siebziger auf-

SERMON ON THE EURO MOUNT
MONTAG, 12. FEBRUAR
STADT: STOCKHOLM
VERANSTALTUNGSORT: ISSTADION

LOBBY:	15.30
ABFAHRT:	15.45
ANKUNFT:	16.00
SOUNDCHECK:	JA
EINLASS:	18.30
ROB ON STAGE:	20.30 (FRÜHE SHOW)

<u>ANMERKUNG:</u>

DA DIES DIE ERSTE SHOW IST, KÖNNTE ES ZU VERZÖGERUNGEN BEIM AUFBAU KOMMEN. BITTE RUFT FRANKSY GEGEN 15.15 AN, DANN KÖNNT IHR ERFAHREN, WIE DER STAND DER DINGE IST. MÖGLICHERWEISE BLEIBEN WIR ALLE WÄHREND DER SHOW DA. DAS KOMMT GANZ DARAUF AN, WIE GUT ALLES KLAPPT. MORGEN HABT IHR DANN JEDE MENGE ZEIT, EIN GESCHENK FÜR ROB ZU KAUFEN. NACH DER SHOW GIBT ES EINE KLEINE PARTY IM CAFÉ OPERA.

BITTE SAGT MIR BESCHEID, FALLS IHR GÄSTE MITBRINGEN WOLLT.

EIN PESSIMIST GLAUBT, ALLE FRAUEN SEIEN BÖSE;
EIN OPTIMIST HOFFT ES.

PIP PIP
THE P.O.D.

getreten ist und Bass in einer Punk- und Rythm & Blues-Band namens *The Wild Beasts* gespielt hat. Als er später mit *Depeche Mode* nach Deutschland kam, brach Franksy während eines Auftritts zusammen, arbeitete aber noch fünf Shows lang weiter, ohne einen Arzt aufzusuchen. Erst in Berlin konsultierte er einen Neurologen, der mit Hilfe eines Hirnszintigramms eine schwere Gehirnblutung feststellte und ihn sofort auf die Intensivstation schicken wollte. »Ich habe gesagt: ›Sie machen wohl Witze, was? Wir haben heute Abend einen Auftritt im Olympiastadion.‹ Glücklicherweise haben sie mir diese weißgekleideten Typen auf den Hals gehetzt, die mich da weggezerrt haben. Sie haben mir gesagt, ich wäre so schwer krank, dass ich mit fatalen Folgen hätte rechnen müssen, wenn ich nicht absolute Bettruhe halten würde.« Und dann war da die legendäre *Depeche-Mode*-Tour 1993/94, die zweimal um die Welt führte und vom *Q*-Magazine als die »ausschweifendste Rock-and-Roll-Tour aller Zeiten« bezeichnet wurde. Bei dieser Tournee lernte Franksy seine derzeitige Frau kennen, die amerikanische Reisebegleiterin der Band. Bis sie in Mexiko auftauchte, hatten sie nur telefonisch miteinander gesprochen. »Ich hatte irgendwie mit einer langweiligen alten Dame im Laura Ashley-Stil gerechnet – und dann steht plötzlich dieses *Babe* vor mir.« Aber um der Professionalität willen, musste sich alles im Verborgenen abspielen. »Sie hat sich im Kleiderschrank versteckt, wenn irgendjemand in mein Zimmer kam, und sich unter einem falschen Namen im Hotel eingetragen.«

Trotz all seiner weitreichenden Lebensweisheiten spielt Franksy eine Schlüsselrolle, wenn es darum geht, Rob auf die Bühne zu bringen. »David stellt sich die ganze Sache gern als eine Art militärischer Organisation vor«, erzählt er. »Ich schätze, ich erfülle eine Funktion irgendwo zwischen einem Hauptmann und einem Oberleutnant.« Der Laufzettel, den er jeden Abend unter den Türen der einzelnen Crewmitglieder hindurchgeschoben hat, gibt seinen talentierten Schützlingen die Marschroute in einem unbeschwerten Stil vor.

Langsam kommen auch die anderen Bandmitglieder in ihren Fünf-Sterne-Hotelzimmern wieder zu sich, darauf bedacht, ihre Energie für diesen ersten, wichtigen Gig am Abend zu bewahren. Rob bleibt bis nach dem Mittagessen im Bett, ebenso wie Gary. Der Gitarrist gesteht, dass sich schon ein Körnchen Wahrheit hinter den Witzen versteckt, die die anderen über ihn reißen – dass er nämlich schläft, wenn er nicht gerade Junkfood in sich hineinstopft: »Das Bett ist für mich ein sehr wichtiges Möbelstück.«

Gegen 15 Uhr 30 sind alle unten in der Lobby und bereit, sich auf den Weg zu machen. Als sie Franksy zu den Minibussen folgen, passieren sie das unvermeidbare Häufchen weiblicher Fans, die nur eines im Kopf haben: »Kommt Robbie auch bald?«, »Ist Robbie hier?«, fragen sie. Franksy ignoriert sie einfach: Er spricht über sein Handy mit dem Production Manager Wob Roberts, der gerade bei den Aufbauten im Isstadion ein letztes Mal Hand anlegt. Rob hat wieder einiges verändert, und das hat zu unerwarteten Schwierigkeiten geführt. »Ich weiß nicht, was ich sagen soll, Wob«, sagt der Prince of Darkness in sanftem Ton. »Wenn er es geändert haben will, dann will er es geändert haben ...«

Kaum am Ziel angekommen, verschwinden die Bandmitglieder über ein Netzwerk aus Korridoren mit einheitlichen Linoleumböden in ihren Garderoben hinter der Bühne. Zwischen den getrennten Garderoben für Damen und Herren steht Robs persönliches Heiligtum bereit. Dort rahmen zwei schwarze Kunststoffsofas einen niedrigen blauen Tisch ein. Neben einer viereckigen Kerze erwartet ein gewaltiger Obstkorb den Star: Trauben, Kiwis, Melone, Ananas, Erdbeeren und Granatäpfel warten darauf, verspeist zu werden. Es gibt Aschenbecher, zuckerfreien Kaugummi und Ricola-Hustenbonbons. Weiter hinten stehen zwei verhängte Lampen und Pflanzen in weißen Kübeln. In zwei über die ganze Länge der Garderobe reichenden Schränken hängen all seine Kostüme: Anzüge, Shirts, Hosen, Mäntel. Eine schwarze Gummizug-Krawatte. Und auf den Schuhen am Boden: zwei Fußbälle.

Auf der Rückseite der Garderobe, gleich neben dem mannshohen Spiegel, befindet sich ein Schminktisch, auf dem ein CD-Player nebst einem ganzen Stapel CDs steht. Die oberste ist von *Shea Seger*. Vier Packungen Zigaretten der Marke Silk Cut. Sechs Flaschen Volvic. Ein zuckerfreier Erdnussbutter-Knusperriegel, ein ebenfalls zuckerfreier Apfelknusperriegel mit Joghurtglasur. Haarwachs. Clarins Masque Anti-Soif, Fluide Désaltérant, Eclat du Jour Energising Morning Cream und Huile Orchidee Bleue, Gesichtsöl für feuchtigkeitsarme Haut. Elizabeth Arden Eight Hour Crème. Eine Packung Kleenex.

Im Produktionsbüro, den Korridor entlang, herrscht reges Treiben. Wob Roberts spricht aufgeregt in das Mikrophon seines Handys. Sein schwarzes Seidenhemd (in Singapur maßgefertigt) glänzt beinahe genauso wie sein schulterlanges dunkles Haar, und in seinem rechten Ohr glitzert ein Diamant. In den Siebzigern Bassist in einer progressiven Rockband, hatte Wob in den Achtzigern als Elektriker beim Theater und als Gitarrenspezialist für Nik Kershaw gearbeitet, bis ihn schließlich Ende der Neunziger Tim und Dave anriefen und sagten: »Wir haben da diesen Musiker namens Robbie Williams, und wir brauchen einen Production Manager. Hast du Interesse?« Nun ist er dafür verantwortlich, dass bei den aufwändigen alltäglichen Arbeiten der Crew alles glatt läuft: nicht nur der Aufbau am Morgen, sondern auch der Abbau nach dem Gig und natürlich das Beladen der Trucks, die sich noch während der Nacht auf den Weg zum nächsten Veranstaltungsort machen. Und heute Abend, beim ersten Konzert der Tour, beschließt Rob plötzlich, einen neuen Song mit in das Programm aufzunehmen; Sound, Beleuchtung und Videountermalung müssen vollständig neu abgestimmt werden, und es bleiben nur noch vier Stunden, bis Rob vor 7.000 Leuten auf der Bühne stehen wird.

Draußen, im Stadion, bohren sich Scheinwerferstrahlen durch die leicht verräucherte Luft und reißen die leeren Sitzreihen, die nach hinten hin immer weiter ansteigen, aus dem Dunkel. »Tee yah yee hey hey hey hey yah«, brüllt ein Typ mit vorquellenden Augen und einem Haarschnitt wie ein Mönch in Robbies Mikro in der Mitte der Bühne. »Yah one one one hey yeah«, fährt er im Takt mit Fil fort, während Gary, der andere Gitarrist, über die Bühne schlendert, um einen anderen aus der T-Shirt-Gang zu umarmen.

Als dann der Rest der Band zum Soundcheck erscheint, müssen sich die Musiker erst einmal mit Robs neuester Änderung im Plan auseinander setzen. »Sorry«, sagt Guy, »ich fürchte, wir werden wohl ›Live And Let Die‹ einstudieren müssen.« Yolanda ist darüber nicht glücklich. Sie fühlt sich sowieso nicht besonders gut – eine verschleppte Erkältung. Aber die Band probt den Song, im ständig wechselnden purpurroten Licht, und Katie und Tess geben ihr Bestes mit: »You know you did, you kno-ow you did.«

Eine seltsame Spannung liegt in der Luft.

Ein verwundetes Tier

Auf den Schlagzeugtechniker Mick wartet ein schauriger Fall von Déjà-vu. Er ist kein reguläres Mitglied der Crew. Das letzte Mal hat er genau hier, in Stockholm, in einer wirklich unvergesslichen Nacht für Robbie gearbeitet. Jetzt, nach dem Soundcheck, krabbelt er auf der Bühne herum, um noch einige letzte Abstimmungen an Chris' Schlagzeug vorzunehmen, als plötzlich Wob neben ihm auftaucht. Es gäbe ein Problem, teilt er Mick mit. Er könne nicht sagen, worum es geht, aber Rob hätte die ganze Band und sämtliche Techniker aufgefordert, in die Herrengarderobe zu kommen, weil er etwas bekanntzugeben habe.

Als sich schließlich alle erwartungsvoll in der Garderobe eingefunden haben und sich fragen, worum es wohl gehen mag, betritt Rob den Raum. Ganz langsam sieht er jeden Einzelnen von ihnen an. Er könne ihnen nicht erklären, warum, sagt er, aber es ginge nicht. Er könne nicht auf die Bühne. Nicht heute Nacht. Sorry. Die Show müsse abgesagt werden. Kollektives Stöhnen. Er meint es ernst, denkt Mick. Nicht schon wieder!

Vor zwei Jahren, zu Beginn einer anderen Europatournee, in eben dieser Stadt, in Stockholm, hatte sich Rob rundheraus geweigert, auf die Bühne zu gehen. Später am Abend wurde dann die ganze Tour abgesagt, und Rob flog zurück nach England. Er war mit seinen Kräften am Ende, unfähig, aufzutreten, einem totalen Zusammenbruch nahe.

Rob war gerade erst von einem ganz besonders aufreibenden Promotiontrip quer durch Amerika zurückgekehrt, um gleich darauf in Europa auf Tour zu gehen. Der letzte Auftritt hatte in Austin, Texas, stattgefunden.

»Nach dem Gig«, erzählt Gabby Chelmicka, die seinerzeit Robs persönliche Assistentin war und heute zu den führenden Köpfen bei IE gehört, »wollte er das Nachtleben von Austin erkunden und ist später mit zwei Mädchen in seinem Zimmer gelandet. Am Ende ist er die ganze Nacht wach geblieben, und am nächsten Morgen war er in einer furchtbaren Verfassung.«

»In dieser Nacht hat er sich total volllaufen lassen«, setzt David Enthoven hinzu. »Was schon schlimm genug ist. Aber ich erinnere mich vor allem daran, wie ich am nächsten Morgen sein leidendes Gesicht im Auto gesehen habe, das deutlich verraten hat, dass er einfach nicht nach Stockholm wollte. Irgendwie habe ich geahnt, dass wir Probleme bekommen würden. Das war, als würde man einen kleinen Jungen einschulen.«

»Irgendwann sind wir dann am Flughafen von Austin angekommen«, fährt Gabby fort, »und da war es ganz aus mit ihm. Er hat sich einfach am Flughafen hingelegt, weil er nicht mehr konnte. Und ich hatte meine Tochter Ella bei mir. Ich habe zu ihm gesagt: ›Schieb einfach den Kinderwagen zum Flugsteig‹, weil er sich kaum noch auf den Beinen halten konnte. Seine Fingerknöchel waren weiß, so sehr hat er den Griff umklammert. Er wollte zurück ins Hotel, um zusammen mit David und Tim abzureisen, die wieder zurück nach London fliegen wollten. Aber wir haben es irgendwie geschafft, ihn in das Flugzeug zu bringen. Franksy hat alle unsere Flugtickets auf die erste Klasse umschreiben lassen, und er hat den ganzen Flug verschlafen. Am frühen Sonntagmorgen sind wir in Stockholm gelandet, und am Montagabend sollte das Konzert stattfinden.«

Am Ende der Amerika-Tournee mussten sich zwei Crewmitglieder, die Rob besonders gern mochte, von der Truppe verabschieden. »Wir hatten gar keine Chance, Rob davon zu erzählen«, sagt Gabby. »Nicht, dass wir es nicht gewollt hätten, aber die Gelegenheit ergab sich einfach nicht. Also gingen wir wie geplant am Montagnachmittag zum Veranstaltungsort, aber als Rob herausfand, dass die beiden weg waren, ist er auf mich losgegangen. Hat rumgeschrieen und alles. Ich glaube, das war dann der Tropfen, der das Fass zum Überlaufen gebracht hat. Es ging ihm so oder so nicht so toll; er hatte sich schon den ganzen Tag über seinen rauen Hals beklagt. Und er hat gesagt: ›Ich werde heute verdammt nochmal nicht auf die gefickte Bühne steigen.‹«

Gabby, Guy und die Band taten sich alle zusammen, um Rob doch noch umzustimmen. Und unter dem Druck ließ er sich erweichen. »Er hat gesagt: ›Okay, dann tu ich es eben. Ich fühle mich wie Scheiße, aber ich tu's.‹« Damals war der Zuschauerraum total voll. Aber fünf Minuten später sagte Rob: »Ich kann nicht. Ich fühle mich beschissen.« Gabby hat wieder alle zusammengetrommelt, und wieder haben alle sich bemüht, Rob umzustimmen. »›Wir tragen dich rauf, Rob. Es wird schon alles gut gehen.‹ Und er sagt: ›Okay, ich mach's.‹ Aber dann wollte er wieder nicht.« Also wurde das Konzert abgesagt. Band und Star verließen den Veranstaltungsort. Production Manager Wob blieb zurück, um dem Publikum mitzuteilen, dass Robbie nicht auftreten würde. Im Hotel wurde dann ein Arzt gerufen. Später am selben Abend sagte der Star die gesamte Tournee ab. »Er lag einfach nur rum und hat in die Glotze gestarrt, als würde ihn das alles nicht kümmern, und alles, was er sagte, war: ›Ich werde die Tour nicht machen.‹«, erinnert sich Gabby. »Die ganze Zeit über habe ich Tim in London übers Telefon auf dem Laufenden gehalten. ›Alles okay, er macht es‹, ›nein, er macht es nicht‹, ›ja, er macht es‹. Es war einfach furchtbar.«

Soweit es Rob betraf, war es sein Auftritt und seine Entscheidung. Band und Crew würden bezahlt werden, und wenn er nicht auftreten konnte, dann konnte er eben nicht. »Seht es mal so«, sagt er dazu. »Ich bin in Schweden angekommen, aber ich konnte einfach nicht auf die Bühne. Ich konnte nicht auftreten. Ich konnte mich nicht präsentieren. Was ich damals von mir gehalten habe, was ich geglaubt habe, wie ich bin oder wie ich aussehe. Scheiße, ich schwöre, ich dachte schon jahrelang, ich wäre der Elefantenmensch persönlich. Es ist mein Job, auf die Bühne zu steigen und mich dem Urteil der Leute zu stellen. Aber mein Urteil über mich selbst fiel damals verdammt mies aus.«

Rob flog zurück zu seiner Mutter in Stoke-on-Trent. »Ich habe auf dem ganzen Flug nach Manchester geheult«, sagt Gabby. »Und er hat nicht ein Wort mit mir gesprochen. Er hat die ganze Zeit mit Chris Sharrock Backgammon oder Karten gespielt. Das alles war ihm einfach scheißegal.« David sieht die Geschichte etwas anders. Für ihn war Rob ein »verwundetes Tier«. »Er war erschöpft. Das war ein Typ auf der Höhe seiner Alkohol- und Drogenabhängigkeit. Sein ganzes Leben bestand aus Krankheit und Verweigerung. Natürlich konnte er nicht so einfach zugeben, dass das etwas mit ihm selbst zu tun hatte. Aber der Grund für seine Erschöpfung war, dass er sich allen möglichen Dreck in die Nase gestopft und zu viel gesoffen hat.«

Nachdem er also gerade wieder eine Bombe hat platzen lassen, geht Rob mit langsamen Schritten zur Tür hinaus. Drinnen spielen alle verrückt. Production Manager Wob rasselt brüllend alle möglichen Anweisungen runter. Franksy wird an seinem Handy fast wahnsinnig. Die Mitglieder der Band schnappen sich ihre Mäntel und sagen einfach: »Wir fahren nach Hause.«

Als Mick ziellos zurück zu der nun überflüssig ausstaffierten Bühne wandert, rennt Franksy ihm nach und ruft ihn zurück in die Garderobe. Ehe Rob zum Hotel zurückfährt, hätte er noch etwas zu sagen. Mick folgt dem Tourmanager in die Garderobe, ohne recht zu wissen, was vor sich geht. Franksy und Josie stehen mit ernsten Gesichtern an der Seite. Rob sieht ziemlich unglücklich aus. Plötzlich sieht er den

Schlagzeugtechniker an. Will er sich etwa entschuldigen, weil er Mick gleich zweimal in diese Lage gebracht hat? »Hör mal, Mick«, sagt er. »Ich möchte nicht, dass du denkst, das hätte irgendwas mit dir zu tun oder so. Ich wollte dir nur sagen ... dass wir dich reingelegt haben.«

Franksy, Josie und David brechen in schallendes Gelächter aus.

»Du kleiner Bastard!«, schimpft Mick, als Rob ebenfalls zu lachen anfängt und den Techniker umarmt. »Ich dachte noch, irgendwas stinkt hier, aber ihr habt mich drangekriegt.«

David kann diesen Scherz nicht ganz so einfach abtun, denn sie sind wieder einmal in Stockholm, dem Ort, an dem sich das damalige, wahrhaft düstere Desaster abgespielt hat. Trotzdem fühlen sich alle nach dieser Einlage besser, irgendwie entspannt, denn dieses Mal ist alles anders. Rob ist gesund. »Für mich war schon etwas Erleichterung dabei«, sagt Rob, »weil ich dieses Mal wusste, dass ich auftreten kann.«

Immer noch lachend machen sich alle auf den Weg zur Kantine. Neben dem Frühstück und dem Mittagessen für die Crew bereiten Küchenchef Graham Morrissey und sein Team auch für jeden ein Vier-Gänge-Abendessen zu, serviert auf Tischen mit richtigen Tischdecken, Kerzen und Servietten. Auf der Speisekarte des heutigen Abends stehen Karotten-Dill-Suppe oder Salat Niçoise; Rinderschmorbraten, Putenschnitzel, Brasse, Spinat, Blätterteigtaschen mit Ziegenkäse, Spaghetti mit Zucchini, rote Peperoni und Kalamata-Oliven, Schokoladen-Käsekuchen, frischer Obstsalat und eine Käseplatte. Alles serviert in einer beschlagnahmten Garderobe, in der zu beiden Seiten noch reihenweise Kleiderbügel von Haken an den Wänden hängen.

Die Fans vor dem Veranstaltungszentrum wissen natürlich nichts von dem Quatsch hinter der Bühne, während sie für einen Pint Lagerbier in Plastikbechern anstehen oder für Hamburger in matschigen Brötchen oder ein Souvenir von dem Merchandisingstand auf der linken Seite des Foyers (betrieben von Richie Stephenson und Waff Walker, die ebenfalls zur Crew gehören, aber mit ihren Waren in einem eigenen Van unterwegs sind). Da gibt es Robbie-Schals, Robbie-Mützen, Robbie-Jacken, Robbie-Fußballtrikots, wie das auf *Sing When You're Winning*, Robbie-Decken, Robbie-Hosen und Unterhosen, Robbie-Sportbeutel, Robbie-Becher, Robbie-Poster und Anstecker, Robbie-Tourprogramme, sogar einen Schlüsselanhänger in Form eines Flaschenöffners (der, wie Franksy ironisch anmerkt, unglücklicherweise, bedenkt man die derzeitige Lage des Stars, aussieht wie ein gigantischer Kokslöffel).

Inzwischen ist die Arena schon ziemlich voll geworden. Vor dem schweren, schwarzen Vorhang, hinter dem sich Robbies Bühnenaufbauten verbergen, spielt die schwedische Vorgruppe *Mew.* Als ihr Auftritt zu Ende ist, flammen die Scheinwerfer auf. Eine Leinwand wird von der Decke herabgelassen, und ein Video zeigt eine Blondine, die sehnsüchtigen Blickes Bilder von Robbie anstarrt. Dann taucht er selbst als Silhouette an der Tür auf und setzt sein Autogramm auf das oberste Foto.

Die Aufregung steigert sich, als der Ansager das Wort ergreift. Vor diesem Publikum funktioniert der Gag mit H von den *Steps* nicht, aber das macht überhaupt nichts, denn nun streifen schon die Scheinwerfer über die Menge, verwandeln die unzähligen Köpfe vor der Bühne in winzige, runde Silhouetten. »Robbie! Robbie!«, hallt es von dem »Carmina Burana«-Band aus den Lautsprechern. »Robbie! Robbie!«, antworten eifrige Schweden vor der Bühne. Langsam wird die Band auf einer Plattform aus luftiger Höhe abgesenkt. Fil, Gary und Yolanda laufen zur Vorderseite der Bühne – und dort, ein wenig unruhig, ist Rob, der sich nun in Robbie verwandelt, den Künstler, der wie eine Lichtgestalt auf seinem mit Lichtschläuchen verzierten Thron aus dem erhöhten Boden im Hintergrund der Bühne in dem silbernen Käfig, genau in der Mitte, auftaucht. Langsam erhebt er sich, stolziert über die Bühne zu den silbernen Stufen auf der rechten Seite. Die Menge im vorderen Bereich vor der Bühne hüpft schon jetzt aufgeregt auf und ab und wirbelt wie wild mit den Armen durch die Luft. Dies ist ein kritischer Augenblick: Robs erste Schritte auf der Bühne müssen den Bann einer katastrophalen Vergangenheit brechen, und, wie sich zeigen wird, eine neue Art von Tournee einleiten, genauer, eine neue Art von Rob. Aber davon weiß das Publikum nichts; die Menge freut sich einfach auf die Show.

»Mein Name ist Robbie Williams«, sagt er. »Ich will euch unterhalten, und euch, euch, euch ...« Und schon ist er voll drin, springt, stolziert, tanzt, verbeugt sich am Mikro und dirigiert das Auditorium. Rund um ihn herum ziehen die Bandmitglieder ihre eigene Show ab. Zu seiner Linken steht Gary, scheinbar im Spiel erstarrt; zur Rechten rennt Fil wie ein Derwisch über die Bühne, springt auf die gewaltigen schwarzen Boxen am Rand der Bühne, dann wieder runter, tanzt wie ein lebendig gewordener Pogo-Stick mit Turboantrieb, bearbeitet mit ausholenden Bewegungen seine Gitarre. Dahinter Yolanda, die dann und wann wie ein Panther über die Bühne saust. Etwas weiter hinten: Claire, die grinsend auf der linken Seite hinter ihren Keyboards herumhüpft; der zierliche Chris, kaum zu sehen hinter den Drums (ab und an fliegen die Sticks durch die Luft, um gleich darauf mit sicherer Hand wieder aufgefangen zu werden); Lockenkopf Guy, der auf der rechten Seite seine Keyboards bedient, »Wie ein Lehrer vor seiner Schulklasse«, kommentiert Franksy. Ganz weit rechts außen singen die Backgroundsängerinnen Katie und Tess schmachtend in ihre Mikros.

»Hebt eine Hand in die Luft, jetzt beide Hände!«, ruft Robbie der Menge zu, und überall in der Arena folgen ihm die Menschen willig, diesem bemerkenswerten, charismatischen Phantom, so weit weg da oben auf der Bühne.

»Ich habe mich eine ganze Weile von vorn bis hinten selbst verabscheut«, sagt Rob über Robbie. »Und das ist nicht gerade förderlich für das Selbstvertrauen.

Ich liebe es, Beifall zu bekommen.
Ich glaube, es liegt in der Natur
des Menschen, dass er von ande-
ren die Bestätigung hören will:
»Du bist gut.« Das geht jedem so.
Ich bilde da keine Ausnahme.
Ich komme mir wichtig vor,
wenn die Leute klatschen.

Es läuft im Wesentlichen einfach
darauf hinaus, aus der Angeberei
eine Kunst zu machen.

Genau das habe ich getan.
Ich habe die Angeberei zu
einer Kunst erhoben.

Wenn du kein Selbstvertrauen hast und jeden Abend auf die Bühne musst, dann ist das nichts als Arbeit, eine verdammt schwere Arbeit. Das Einzige, was mich in dieser Zeit dazu gebracht hat – und dabei möchte ich nicht wie ein Geldraffer klingen – war Geld. Einfach, weil ich so viel Kohle wie möglich machen musste, ehe jeder merken würde, dass ich einfach Scheiße bin, und alle sich von mir abwandten. Weil ich dachte, es müsste zwangsläufig so kommen.«

»Gott sei Dank gab es Britney Spears«, stellt David später fest, »weil er einen wirklich großartigen Auftritt hingelegt hat – im Grunde nur ihretwegen. Sie stand neben der Bühne, und er hat so richtig losgelegt. Ich wusste, dass es ihm keinen Spaß gemacht hat – am Bühnenrand hat er mir eine Grimasse gezogen –, trotzdem war es ein glänzender Auftritt.«

Die Schweden sind begeistert, aber alles andere als bereit, ihm einfach aus der Hand zu fressen. Rob bringt »Old Before I Die« und »Lazy Days«, aber richtig in Fahrt kommen sie erst bei »Hey Jude«. Bei dem nachfolgenden »Better Man« nimmt das Tempo ab, und die Zuschauer schwenken brennende Feuerzeuge, kleine schunkelnde Flammen in der Dunkelheit. Eine stille, kurze Verbeugung und »Tak«, das schwedische Wort für Danke, bringt Rob endlich den Jubel ein, den er so sehr braucht. »Geht es euch gut?«, fragt er, worauf direkt vor der Bühne ein verblüffender Aufschrei erklingt. »Bist du gerade gekommen?«, fragt er lachend. »Kann mal jemand mit Eimer und Schaufel kommen. Da unten ist alles nass.«

Gelächter antwortet ihm aus dem Zuschauerraum. Nun, sagt er, würde er einen Song für sie spielen, den sie alle kennen. Röhrender Beifall. »Ihr Lügner!«, schimpft er scherzhaft. »Ihr habt ihn noch nie gehört.« Die Leute ganz vorn haben die ersten beiden Alben, die hinten nur das dritte Album, also können sie ihn nicht kennen. »Nein, nein«, fügt er dann hinzu, als er merkt, dass seine Witzelei nicht ganz so gut angekommen ist und er in Gefahr ist, allen Boden wieder zu verlieren, den er gerade erst gutgemacht hatte, dass er den Menschen zulächeln muss, dass er freundlich sein und sie mit seinem magischen Charme zurückgewinnen muss. »Ihr Leute da hinten, ich kann euch nichts als meine Liebe geben. Willkommen in der Robbie Williams Show!«

Am Ende von »Kids« verbeugt sich Rob vor dem jubelnden Publikum, dann ist er weg, gleich nach der Band, hastet im Lichtschein von Franksys Taschenlampe die Stufen hinunter, um aus der Mineralwasserflasche zu trinken und sich von der niedlichen französischen Garderobière mit dem schwarzen Bubikopf den Schweiß abtupfen zu lassen. »Mehr! Mehr! Mehr!«, fordert die Menge vor der Bühne im Chor. Brauen abwischen, raus aus dem Anzug, rein in ein weißes T-Shirt und wieder raus auf die Bühne.

»Ladies und Gentlemen«, ruft Rob. »Jemand hat morgen Geburtstag.« Er beantwortet die Hochrufe mit seinem typischen Kleinjungengrinsen. Nickt, plaudert, breitet gewandt die Hände aus. »Vielen Dank«, sagt er. Dann: »Stopp, stopp!« Er starrt zum Rand des Zuschauerraums. »Gerade habe ich gesehen, wie ein paar Leute ihre Mäntel angezogen haben und gegangen sind. Ladies und Gentlemen, dieses Geburtstagskind ist nicht sehr glücklich. Verabschieden wir sie mit einem lauten ›Fuck off‹. Eins, zwei, drei – fuck off!« Dann, nach einem perfekt einsetzenden Trommelschlag: »Und jetzt eine Ballade.«

»Ihr seid heute Abend wirklich großartig«, schwindelt er, als »She's The One« zu Ende ist. »Ich fühle mich, als hätte ich ein Stück meines Herzens an euch verloren. Ladies und Gentlemen, ich will eure Hände sehen!« Und dieses Mal ist der Wald aus Fingern, die sich zu »Millennium« erheben, so dicht und ebenmäßig wie eine ausgedehnte Wasseroberfläche. Hier und dort schaukeln einige hingerissene kleine Meerjungfrauen über dem See aus Händen. Auf der anderen Seite der Bühne hat David die Lippen zu einem breiten Grinsen verzogen. Das Unheil von Stockholm ist jetzt endgültig überwunden. Er und Josie klatschen über ihren Köpfen wild in die Hände.

Als sich Rob und die Band nach der Show mit Tee, Bier oder Champagner nach Wahl in ihre Garderoben im Backstagebereich zurückziehen, entledigen sich die Crewmitglieder eines Teils ihrer Kleidung und gehen mit nacktem Oberkörper daran, die ganze harte Arbeit, die sie zuvor verrichtet hatten, wieder auseinander zu nehmen, Instrumente und Monitore in Koffern zu verstauen, Scheinwerfergerüste und die Bühnendekoration abzubauen, alles zu demontieren und reisefertig zu verpacken, um es gleich darauf über die langen Rampen auf die wartenden Trucks zu verladen. Während sich dieser Liebesdienst bis in die frühen Morgenstunden hinzieht, kehren Rob und die Band ins Hotel zurück, ehe sie sich auf den Weg zu der After-Show-Party im Café Opera in Stockholm begeben, etwa vierhundert Meter entlang dem Flussufer vom Grand Hotel entfernt. Katie Kissoon verabschiedet sich schon vorher. Wie gewohnt macht sie ihrem Spitznamen »Two Sips« alle Ehre und zieht sich auf ihr Zimmer zurück.

Rob, Stargast des Abends in dem üppig mit Pflanzen dekorierten, von Glaswänden eingerahmten Salon, wird von der schnatternden Gemeinde der Nachtschwärmer an den runden Tischen bereits begierig erwartet. Auch die Band ist offensichtlich eingeladen, ebenso wie Franksy und Tom. Als Tom über die überfrorenen Pflastersteine auf die wartenden Gäste, die hinter den gläsernen Wänden deutlich zu sehen sind, zuhält, sprechen ihn zwei gertenschlanke junge Blondinen an. Normalerweise passiert ihm so etwas nicht. Aber die Mädchen haben lediglich eine Frage, die er von Tourneen längst gewohnt ist: Kommt Robb-iiiieeee auch zu der Party?

Tom bleibt bereitwillig stehen und unterhält sich mit ihnen. »Wenn ihr in der Nähe bleibt, kriegt ihr ihn vielleicht zu sehen.«

Als er weitergeht, lacht er herzhaft. »Fans!«, sagt er, obwohl er insgeheim hofft, die drei Mädchen vom Puppenalarm der vorangegangenen Nacht würden auch auf der Party auftauchen. Den Gerüchten zufolge war er dafür verantwortlich, dass sie überhaupt in dem Hotel gewesen sind. Er hält per E-Mail Kontakt zu ihnen, seit er das letzte Mal während einer Tournee in Stockholm war.

Die Gastgeber der Party, die Macher der schwedischen Niederlassung von Robbies Plattenfirma EMI, warten am hinteren Ende des Restaurants an einem VIP-Tisch auf einem Podest, das durch ein Seil abgetrennt ist. Sollte Robbie auftauchen, wird er einen Schock erleiden. In der Mitte des Tisches steht eine ganze Reihe glänzender Wodkaflaschen, umgeben von einem hilfreichen, aber untergeordneten Vorrat an Tonic Water. Eine Kellnerin macht mit Champagnergläsern die Runde. Und wer kommt da über die Treppe auf der rechten Seite aus der Disko herbeigetrippelt? Das »Puppenalarm-Trio«! Und Tom geht sofort mit ausgebreiteten Armen auf sie zu, um sie zu begrüßen.

Etwa zwanzig Minuten später betritt auch Rob, begleitet von Josie, David und seinen Bodyguards, das Restaurant. Er sieht aus wie eine Mischung aus einem Würdenträger und einem Invaliden mit seinem Mantel und der schwarzen Mütze. Hellwach schnellen seine Augen hin und her, heften sich nacheinander auf jedes einzelne Mitglied seiner Band, erfassen ihre entspannten Gesichter ebenso wie die Weingläser in ihren Händen. Für einen Augenblick ist Unsicherheit spürbar, Band und Anhang wissen nicht recht, wie die neuen Spielregeln aussehen. Zählt das hier als einer dieser geschlossenen Räume, aus denen es kein Entrinnen gibt? Wird es Rob etwas ausmachen, ihn verlocken, verärgern? Franksy hat schon einmal erlebt, wie es ist, wenn Rob sich entscheidet, die Finger von Drogen und Alkohol zu lassen. »Dann geht er an die Bar, während alle um ihn herum trinken und die Party in vollem Gang ist, und plötzlich meint er, er müsse ein Bier trinken. Und wenn er dann einige Biere getrunken hat, ohne wirklich zu wissen, was das in mentaler Hinsicht für ihn bedeutet, wenn er erst einmal angefangen hat, dann ist das der Auslöser, und es geht mit anderen Sachen weiter.«

Der eine oder andere lässt seinen Drink unauffällig verschwinden. Aber Rob ist okay. Alle haben Spaß, und warum auch nicht? Er geht zu dem Tisch, an dem ihn das schwedische Team erwartet. »Nein«, sagt er, »es ist nicht schwer«, und bleibt gerade lange genug, dass jeder ihm noch zum Geburtstag gratulieren kann.

Ebenfalls anwesend ist ein fünfköpfiges Team, das Robs Tournee dokumentiert. Katie, stellvertretende Leiterin, ist schon jetzt total fasziniert von dem ganzen Durcheinander um Rob. Sie selbst stammt aus Morecambe und findet, dass Rob den Jungs, mit denen sie aufgewachsen ist, sehr ähnlich ist. Bald darauf unterhält sie sich mit ihm darüber. Er ist ein Superstar, trotzdem ist er, in gewisser Weise, auch ein ganz normaler 26-jähriger Typ. »Er ist wie eine Kombination aus zwei, drei meiner Freunde, als ich sechzehn war. Da war einer, der sehr charmant war und gut flirten konnte, genau wie er. Er nimmt sofort Augenkontakt auf, wenn man ihn ansieht, und dann fühlt man sich gleich wie ... als würde er dich küssen und in die Arme nehmen.« Dennoch ist sie der Meinung, er sollte während der Tournee jemanden bei sich haben, den er nicht bezahlt, jemanden, der einfach nur ein Freund ist.

Guy ist ein bisschen enttäuscht, dass das niedliche Mädchen auf der anderen Seite des Raumes so kühl zu Rob war. »Er hat ihr erzählt, dass er Geburtstag hat, und sie gefragt, ob sie auf dem Konzert war, und sie sagt einfach nur ›ja‹, und das war alles. Sie hat ihm nicht einmal einen Geburtstagskuss gegeben.«

Fil pflegt währenddessen eine weitaus zielstrebigere Konversation und versprüht seinen raren, schlüpfrigen Charme, während er unentwegt auf die hübscheste Vertreterin des Puppenalarm-Trios einredet. Ehe dieser Abend zu Ende ist, hat sich aus dieser Unterhaltung eine intensive öffentliche Knutscherei entwickelt. Dagegen kommt Tom trotz seiner heroischen Bemühungen auf der Tanzfläche bei den beiden Freundinnen der jungen Schönheit nicht so recht weiter.

Um 2 Uhr 30 morgens stehen die beiden hageren Blondinen immer noch vor dem Hotel, zittern im Takt in einer Nische, ganz in der Nähe der Drehtür am Eingang zur Lobby. Was um alles in der Welt haben die beiden in dieser bitteren Kälte noch hier verloren?

»Ich weiß«, gibt Katarina lachend zu. »Es ist wirklich ziemlich albern. Ich habe all diese Mädchen gesehen, die auf die *Backstreet Boys* gewartet haben, und ich dachte: O mein Gott, was tun die nur? Ich würde so etwas nie tun! Aber Robbie ist so ... so ...«

»Anders.«

»Ja, vollkommen anders. Ich bin schon sein Fan, seit ich noch ziemlich klein war. Vielleicht zehn oder so.«

Wann wird er morgen abreisen, wollen sie wissen.

Und wie sollte es anders sein, sie sind natürlich auch am nächsten Tag da. Treu ergeben steht Katarina zur Mittagszeit an der Spitze einer kleinen Versammlung von Fans vor der Drehtür. Als Robbie herauskommt und zum Wagen geht, hält er kurz inne, um ein paar Autogramme zu geben – leider geht sie leer aus.

Er hat mit der Bewunderung von Tausenden junger Mädchen gelebt, seit er sechzehn war. Inzwischen hat er sich daran gewöhnt. So stur sie auch davon überzeugt sein mögen, dass er anders ist und sie folglich eine andere Art Fan sind, weigert er sich doch, sich selbst (oder sie) als etwas Besonderes zu betrachten. »Es geht nicht nur um mich. Sie wären auch bei den *Steps* oder bei *Westlife* da, wenn die in der Stadt wären. Sie würden auf jeden warten«, sagt er gelangweilt.

3

Es ist mir nie passiert, dass ich nicht auftreten, singen oder schauspielern wollte.

Ich kann mich nicht erinnern, dass mir das jemals in den Sinn gekommen wäre. Es steckt mir einfach im Blut. Es hat mir schon immer im Blut gesteckt.

»Hat Spaß gemacht«

Während Wob, die Crew und die fünf LKW die Nacht unterwegs auf der Straße verbringen, verlassen Rob und die Band die Zusammenballung der kleinen Inseln des Archipels von Stockholm mit dem Flugzeug (beruhigenderweise sind die Flugbegleiter alle nicht mehr ganz so jung). Nach einem kurzen Flug über die funkelnde See und die klar erkennbare neue Brücke zwischen Dänemark und Schweden setzen sie etwas holprig in Kopenhagen auf.

Yolandas Nase steckt tief in einem dicken Buch – *Geisha*. »Ich lese leidenschaftlich gern«, sagt sie beinahe entschuldigend und lässt ein strahlendes Lächeln aufblitzen. Das gehört zu den Dingen, die sie an Tourneen besonders liebt: Endlich hat sie Zeit zum Lesen. Zu Hause in Tottenham Hale, wo zwei Kinder und ein Ehemann ihre Aufmerksamkeit fordern, kommt sie kaum dazu, wie sie mit bedauernder Miene erklärt.

Fil schläft in der Zwischenzeit. Tom, der seine Missgunst nur unzureichend hinter einem herzhaften Lachen versteckt, erzählt, Fil hätte die süßeste Auslöserin des Puppenalarms in der letzten Nacht mit auf sein Zimmer genommen.

Heute ist Robs Geburtstag, und es findet kein Konzert statt. Stattdessen steht am Abend eine Art Feier zu Robs Ehren auf dem Programm. Als der Bus, den die Band gemietet hat, den Flughafen verlässt und auf die Straße nach Kopenhagen einbiegt, spekulieren die Bandmitglieder über die Art der bevorstehenden Party – »Orangensaft-Rave« vielleicht?

Als der Bus in dem von Fahrrädern beherrschten Verkehr in der Innenstadt das Tempo drosselt, schnappt sich Franksy das Mikrofon der Sprechanlage, um die anderen zu informieren. Robs Party wird in einem Club, einige Minuten vom Hotel entfernt, stattfinden. Eine Überraschungsband soll für Stimmung sorgen, und hoffentlich wird auch Rob auftauchen und ebenfalls etwas zum Besten geben ...

»Auf seiner eigenen Party!«, ruft Claire lachend von den hinteren Sitzen.

»Davon abgesehen«, fährt der Prince of Darkness fort, »hoffe ich, ihr alle werdet einen netten Aufenthalt in Kopenhagen haben. Nicht vergessen, wir sind ganz in der Nähe von Christiania.« Wissendes Gelächter kommentiert die Erwähnung der berühmten Hippiesiedlung der Stadt, in der Haschisch gleich plattenweise öffentlich in der »Pusherstreet« gehandelt wird. »Aber seid vorsichtig«, warnt Franksy, »falls ihr dahin wollt. Benehmt euch nicht zu auffällig. Hängt nicht in Rudeln rum, und erzählt nicht, dass ihr Engländer seid und in einer Band spielt. Des Weiteren wünsche ich euch allen einen angenehmen Abend in Kopenhagen.«

Aber als sich die Bandmitglieder gegen neun an der Bar treffen, geht es auf der Party etwas ungeordnet zu. Jemand hat Rob erzählt, die Paparazzi hätten Wind von der Sache bekommen und würden den Club belagern, also geht er nicht hin. Guys Frau ist aus London hergekommen, also geht Guy auch nicht hin. Drummer Chris geht auch nicht. Vielleicht, sagt Fil lachend, ist er nach Christiania gefahren und kommt nie wieder zurück. Aber wie auch immer, die »Überraschungsband« wird auch nicht auftreten. Also, wer will noch hin?, fragt Franksy. Vielleicht sollten wir alle einfach zu Rob raufgehen?, schlägt Gary vor. Wir können nicht alle zu ihm raufgehen, widerspricht Fil, und außerdem trinkt er sowieso nur Wasser. Also, ja, die Mehrheit will noch hin und wenigstens mal einen Blick auf die Party werfen. Als sie alle zusammen zur Vordertür hinausgehen, verschwindet Katie Kissoon unauffällig im Fahrstuhl.

In dem Club hat sich die Crew, leuchtend bunt gekleidet, bereits voll ins Getümmel gestürzt und sich unter die geladenen dänischen Gäste gemischt. Wer hier eine Berühmtheit ist und wer nur ein Normalsterblicher, ist inzwischen kaum noch zu unterscheiden. Auf jeden Fall gibt es einige sagenhafte Frisuren zu sehen. Jeder ist begierig, eine Band spielen zu sehen, also stellen die angetrunkenen Crewmitglieder kurzerhand eine zusammen, deren einziges ernstzunehmendes Mitglied Fil ist.

»Ladies und Gentlemen«, verkündet der Leadsinger Little Jez, »Nirvana!«

Dann erfüllt ein Lärm den Club, der gefährlich an klappernde Mülleimerdeckel erinnert. »Batley Entertainment – live!«, brüllt Jez in dem alles beherrschenden Krach. Fils Gesicht hat sich angesichts des Radaus, den seine »Band« veranstaltet, mehr und mehr in eine Grimasse verwandelt. »Nein, nein, neeeiiiiin!«, stöhnt er, ehe er aufspringt und die Bühne verlässt.

Und Rob taucht gar nicht erst auf. Er bleibt in seinem Zimmer und spielt Karten mit den Leuten, die von den IE-Leuten zum »Inner Sanctum«, zum intimsten Kreis, gezählt werden: David, Josie, Guy, Chris und, jedenfalls heute Abend, Guys Frau Emma. »Das war richtig surreal«, sagt Guy. »Da sitzen wir in Robs Zimmer, spielen Uno und trinken Wasser, während vermutlich jeder denkt, er würde seinen Geburtstag damit verbringen, sich die Kante zu geben und mit zwei Puppen ins Bett zu gehen.« Guy grinst. »Was in einem anderen Jahr durchaus hätte zutreffen können.«

»Geburtstage haben für mich sowieso keine Bedeutung«, sagt Rob. »Das ist rein zufällig der Tag, an dem ich geboren wurde, und das ist alles. Da gibt es kein ›Und heute trinkt er nicht, aber vielleicht sollte er, vielleicht vermisst er es, weil das sein Geburtstag ist.‹ Es ist einfach nur eine von vielen Tournächten.

An meinen Geburtstagen habe ich sonst immer total verrückt gespielt. Auch nur eine zusätzliche Ausrede oder ein Freifahrtschein, ein paar Tage lang auszurasten.

Aber den beschissenen Freifahrtschein könnte ich mir genauso gut ausstellen, weil Dienstag ist oder Vollmond. Besonders bei Vollmond. Das war immer schon die beste Ausrede. ›Wow, wir haben Vollmond, das macht mich ganz irre, weil ich mit all diesem spirituellen Kram im Einklang bin, also werde ich mir heute Nacht drei Gramm mehr reinpfeifen.‹«

Selbstachtung

Es ist Mittwoch, der 14. Februar. Valentinstag in Kopenhagen. Die Straßen sind voller Blumen. Herzförmige Luftballons mit der Aufschrift: »JEG ELSKER DIG« fliegen an jeder Ecke über den Marktständen. Das Stadion ist kleiner und flacher als in Stockholm, und im Aufenthaltsbereich stehen rote Rosen in schlanken, hohen Vasen.

In seiner Garderobe macht Rob vor der Show einen ganz entspannten Eindruck. Bequem zurückgelehnt sitzt er auf der Kunstledercouch, spielt mit seiner Gitarre und erzählt von seiner Entwicklung von einem unterschätzten Mitglied der Band *Take That* zu seinem derzeitigen Status als Superstar.

»Als David und Tim das erste Mal zu mir kamen, war ich ein echtes Koks-und-Bier-Monstrum«, erinnert er sich grinsend. »Ungewaschen, unrasiert, wirres Haar, einfach richtig peinlich. Ich habe mich mit ihnen zusammengesetzt und angefangen, meine Gedichte zu rezitieren. Und ich konnte ihre Gesichter sehen. Ich wusste, dass diese Gedichte ankommen, weil ich sie schon so oft besoffen in irgendeinem fremden Badezimmer oder, na ja, ihr wisst schon, auf irgendeiner Party, rezitiert habe. Ich werde nie vergessen, wie ich voll war und mir Bono und George Michael geschnappt habe und sie dazu gebracht habe, mit mir in ein anderes Zimmer zu gehen und sich meine Gedichte anzuhören. Und Tim und David haben sie auch gefallen. Ich konnte es ihnen an der Nase ablesen.

Ich habe mit der Schreiberei angefangen, als ich noch bei *Take That* war. Ich wusste, dass ich nicht ganz untalentiert bin, weil die Zeilen melodisch waren. In meinem Kopf habe ich immer Songs daraus gemacht. Ich weiß noch, wie ich durch die Dean Street in Manchester gegangen bin, wo es viele Prostituierte gibt. Und ich habe über sie geschrieben. Dann habe ich den Song Gary Barlow am Telefon vorgesungen und ihn gefragt, was er davon hält. Erst herrschte nur Stille am anderen Ende.« Rob fängt an, Barlows Stimme nachzuahmen. »›Ist in Ordnung, Junge‹. Aber dann sagt er zu jemand anderem: ›Robbie hat jetzt damit angefangen, selber Stücke zu schreiben. Würde passen, wenn wir eine Rock-'n'-Roll-Band hätten.‹

Dann habe ich einen Rap für einen Song mit dem Titel ›Once You've Tasted Love‹ geschrieben. Das stammt noch aus der Anfangszeit von *Take That,* ist aber nie ein Hit geworden. Trotzdem werde ich nie vergessen, wie ich den Song im Radio gehört und geweint habe, weil etwas, das ich geschrieben habe, im Radio lief. Damals saß ich auf dem Rücksitz eines Vans auf der M6, und es hat sich ziemlich deutlich gezeigt, dass niemand daran interessiert war, dass ich etwas schreibe. Von da an wurde mir mehr und mehr bewusst, dass das nicht die Rolle war, die ich spielen sollte. Andererseits habe ich auch gedacht, ich wäre ziemlich schlecht, also hat es mir nichts ausgemacht. Aber dann waren wir während einer Europa-Tournee von *Take That* in Düsseldorf, und ich weiß noch, dass ich ziemlich deprimiert war. Wegen all dem, was um mich herum los war, wegen der Lage, in die ich mich gebracht hatte. Also fing ich an, Gedichte zu schreiben, um wenigstens einen Teil des Kummers loszuwerden, und plötzlich dachte ich, es ist die Mühe wert, ich habe doch Talent.«

Dieser selbstkritische Mann hat wenig Ähnlichkeit mit dem, der gerade zwei Abende zuvor in Stockholm so geschickt die Massen aufgepeitscht hat. Aber statt das Thema einfach fallen zu lassen oder ganz der Vergangenheit zuzuschreiben, sieht er seinen Gästen nun offen und ernsthaft in die Augen und fährt fort: »Wisst ihr«, sagt er, »ich kann einfach keinen Stolz auf etwas entwickeln, das ich gemacht habe – das ist so eine Krankheit von mir. Ich finde es sehr schwer, anzuerkennen, dass ich etwas geschaffen habe. Umso mehr, wenn ich vor all diesen Leuten stehe. Das ist wirklich verdammt schade. Es so unglaublich schade, dass mein Selbstwertgefühl mir nicht erlaubt, mich zurückzulehnen und mich über all das zu freuen, was ich erreicht habe. Ich stehe auf einer Bühne in einem vollen Stadion, die Leute singen meine Songs. Für jemanden, der sich darüber freuen kann, muss das herrlich sein.

Ich habe schon vor langer Zeit eine Fassade aufgebaut, hinter der ich meine Unsicherheit verstecken kann, meinen Mangel an Selbstwertgefühl, und diese Fassade ist hundertmal größer als ich selbst. Was für ein Bild ich auch von mir gebe, welchen Eindruck ich den Leuten von mir vermittele, es ist ein Bild, das ich wie einen Schutzschild vor mir hertrage – großspurig, unverschämt, selbstsicher, arrogant –, aber so bin ich nicht. Rob ist ein anderer als Robbie. Robbie ist der, der jeden Abend auf die Bühne steigt und brüllt: ›Let me entertain you.‹ Wenn ich nicht auf der Bühne bin, würde ich niemals irgendjemanden fragen, ob ich ihn unterhalten soll.« Er verzieht die Lippen zu einem liebenswerten Grinsen. »Ich hätte viel zu viel Angst, dass die Antwort ›nein‹ wäre.« Und die Aufrechterhaltung dieser Fassade hat ihren Preis – Rob hat es absolut satt, auf Tournee zu gehen.

»Wie oft muss ich das noch machen«, überlegt er, »ehe ich endlich begreife, dass es mich krank macht? Andere Leute scheinen damit ganz gut klarzukommen, aber ich sehe nur Madonna an und frage mich: Warum tut sie das immer noch? Warum ist es so wichtig, sich dauernd zu verändern? Sie ist jetzt schon über vierzig. Sie sieht großartig aus, wirklich toll. Aber ich verstehe nicht, warum sie immer noch glaubt, dass sie das tun muss.

Ich könnte einfach alles sabotieren. Ich könnte sagen: Ich hasse diesen ganzen Scheiß, und ich mache es einfach nicht mehr. Dann würde ich mich ein Jahr zurückziehen und sagen, ja, jetzt fühle ich mich tatsächlich viel besser; es gibt ein paar Dinge in meinem Leben, die ich auf die Reihe bekommen habe. Und vielleicht hätte ich meinen Spaß daran. Aber im Augenblick habe ich nur das Gefühl, ich könnte alles sabotieren. Auf alles scheißen.« Er blickt auf, und uns allen ist erschreckend klar, dass er meint, was er sagt. »Wenn mir diese Tour zu viel wird, gehe ich einfach weg.«

Aber als der Auftritt näher rückt, ist die persönliche Angst, die noch eine Stunde vorher so deutlich war, nicht mehr zu spüren. Der zweifelnde, unglückliche Rob ist durch den beschwingten Robbie ersetzt worden, den selbstsicheren Mann, der den Wortführer macht, als die Bandmitglieder sich zur Vorbereitung auf den Gig auf dem Korridor vor den Garderoben versammeln. Dabei sind Robbie, die ganze Band, David, Josie, Flo, die französische Gewandmeisterin, Marv und Jonah, die Bodyguards, und jeder, der sonst noch in der Nähe ist: Die Knie leicht gebeugt, stellen sie sich Arm in Arm in einem großen Kreis auf und fangen an, ein Gebet an den King des Rock 'n' Roll zu sprechen. Es ist Robs ausdrücklicher Wunsch, dass alle sich an dem Gebet beteiligen.

»Elvis«, intoniert er, »schenk mir die Gelassenheit, hinzunehmen, was ich nicht ändern kann ...«

»Aha!«, erwidert die Band, und alle drehen ihre Knie nach links.

»Den Mut, das zu ändern, was ich ändern kann ...«

»Aha!«, ertönt der Refrain, während sämtliche Knie nach rechts rucken.

»Und die Weisheit, zwischen beiden zu unterscheiden.«

»Danke!«, brüllt die Gemeinde.

Dann, angeführt von Franksy, marschieren sie alle an den aufgeklebten weißen Pfeilen entlang Richtung Bühne. Vor ihnen erklingen Jubelrufe und aufgeregtes Geschrei, laut genug, dass die Einstimmungsmusik des Abends, Queens »Fat Bottomed Girls«, beinahe untergeht. In diesem erhitzten, aufregenden Radau nehmen die Bandmitglieder ihre Plätze auf dem Podest ein, während Rob unter der Bühne auf seinem leuchtenden Thron wartet, bereit, sich in den silbernen Käfig in der Mitte der Bühnenaufbauten heben zu lassen.

Dieser Raum unter der Bühne ist ein merkwürdiger, düsterer höhlenartiger Bereich. An den Wänden hängen gerahmte Fotos von Robs persönlichen Idolen, absteigend von Platz eins bis vier: Frank Sinatra, Sammy Davis Jr., Muhammed Ali und Dean Martin. Als das Jubelgeschrei draußen sich zu einem neuen Höhepunkt steigert, läuft er in seinem schwarzen Anzug an den Bildern vorbei und erweist ihnen auf sei-

I am the greatest!!! I'm young; I'm
beat. They all must fall in the round I call.
That's the only way I'll ever get licked. The
world should be pretty like me. It ain't bragging if you can back it up. Float
like a butterfly, sting like a bee. I'm so mean, I make medicine sick. I shook
up the world. Me! Whee!!!
Muhammad Ali

ne ganz persönliche, rituelle Art die Ehre: »Ich küsse sie alle«, erklärt er, »weil sie mir in kritischen Augenblicken meines Lebens den Mut und die Inspiration gegeben haben, mehr aus mir zu machen, als all meine Unsicherheiten eigentlich zulassen würden. Wenn du einfach die Tatsache weglässt, dass Muhammed Ali ein großartiger Athlet war, vielleicht der Beste aller Zeiten, dann bleibt ein Mann, der couragiert genug ist, gegen alle Widerstände für das einzutreten, woran er glaubt. Er war und ist ein Prophet. Er war charmant, wusste sich auszudrücken, er war attraktiv, und er war flink. Es macht mir Mut, so jemanden zu sehen. Und ich versuche, so viel wie möglich von diesem Gefühl in mir aufzusaugen, ehe ich auf die Bühne gehe, weil ich es einfach brauche. Ich brauche es wirklich.

Dann küsse ich Frank Sinatra. Er hatte eine tolle Stimme. Aber er macht mir auch Angst, weil er diese Verbindungen zur Mafia hatte, weil es eine dunkle Seite an ihm gab, die ich erfassen und sehen kann. Andererseits war er der geborene Anführer, und die Menschen haben ihn respektiert. Er war ein bemerkenswerter Künstler, der überhaupt kein Theater machen musste. Er saß einfach nur da und sang. Er musste nicht durch die Gegend rennen und tanzen und all diesen Mist abziehen. Ich versuche, ein Gefühl für diesen Charakter zu bekommen, und ein Gefühl für seine Kraft. Dann Dean Martin: Ich liebe ihn, weil er so drollig war. Wäre er kein Alkoholiker gewesen, dann wäre er genau der Typ, den man sich als Vater wünschen würde. Wenn man sich einen Vater aussuchen könnte, dann sollte er die guten Eigenschaften von Muhammed Ali, Frank Sinatra, Dean Martin und Sammy Davis Jr. haben.«

Rob boxt in die Luft, sieht auf, ab, in die Runde. Marv und Jonah sind direkt neben ihm. Er schüttelt Marv die Hand, umarmt Jonah und Gary, den Stage Manager, setzt sich dann auf seinen Thron und starrt, sacht mit dem Kopf nickend, während die Arme locker herabbaumeln, aus halb geschlossenen Augen stur geradeaus. »Gleich gehst du auf die Bühne«, murmelt er, »und ›Fat Bottomed Girls‹ läuft, und die Gitarren dringen direkt in deine Seele, der Gesang geht durch den ganzen Körper.« Wieder brandet dröhnender Jubel auf – der schwarze Vorhang muss gefallen sein. Er lächelt vor sich hin und nickt, als er das Publikum den pulsierenden Chorus von »Let Me Entertain You« rufen hört. Jetzt ist Franksy vor ihm, halb auf den Knien, als wäre Rob der Papst persönlich. Franksy küsst Robs Hand, und Rob küsst Franksys. Während er dem Jubel lauscht, lächelt Rob noch immer versunken. Seine Augen sind geschlossen. Das Funkmikrofon liegt in seiner Hand – dann, whoa! Die Gegengewichte setzen sich in Bewegung, und er ist weg, oben – Robbie Williams, *the performer* – im hellen Scheinwerferlicht auf der Bühne, den Blick hinaus auf die 10 000 Gesichter gerichtet, die winkenden Arme, dieses Meer aufgeregten Beifalls.

Er tritt aus dem Käfig und geht selbstsicher die Stufen hinab.

Habe ich gesagt, mein perfekter Dad wäre eine Mischung aus diesen vier Männern: Frank, Dean, Sammy und Muhammed Ali?

Gott, ich nehme das zurück. Ich glaube nicht, dass man einen perfekten Dad haben kann. Das ist unmöglich. Menschen machen von Natur aus Fehler. Man sollte sich nur bemühen, stets sein Bestes zu geben.

Hell is gone and heaven's here
There's nothing left for you to fear
Shake your ass come over here
Now scream ...
(Die Hölle ist fort, der Himmel hier
Dir bleibt nichts zu fürchten mehr
Schwing die Hüften und komm her
Und brüll ...)

»Fuck me!«, ruft er am Ende von »Let Me Entertain You«, während er sich zum Schlagzeug zurückzieht, um sich mit einem Schluck Wasser zu erfrischen. Während »Live And Let Die« fliegen Pappbecher, bei »Better Man« landet eine Rose vor seinen Füßen.

Während Robbie routiniert sein Ding macht, sich aus der Menge Einzelne auswählt, die er mit bewundernden Blicken und frechem Grinsen umgarnt, ihnen erzählt, wie verdammt geil sie aussehen, sie bittet, »Happy Birthday« für ihn zu singen und ihnen das Mikro entgegenstreckt, während sie seine Songs mitsingen, sie zum Lachen bringt, indem er die Mädchen auffordert, ihre Titten für »Forever Texas« rauszuholen, scheint es unfassbar, dass das alles nur eine Fassade sein soll, dass er – auf welcher Basis auch immer, ob als Robbie oder als Rob – keinen Spaß daran hat.

Zwischen »She's The One« und »Millennium« bleibt er stocksteif stehen und ruft: »Eh-oh!«

»Eeeeeeeeeh-oh«, antworten die Fans treu ergeben.

»Eeeeeeeeeeeeeeeeeeeeeeeeeeeeeeeeeeeeh-oh!« Er hält den Ton ganze zehn Sekunden, und die Fans antworten ihm in gleicher Weise. Das Scheinwerferlicht streicht über ihre Gesichter, während sie singt, diese ekstatische Armee mit ihren strahlenden Augen. Direkt vor ihm erklingt ein kolossales Wimmern. »Mum, du bringst mich in Verlegenheit«, witzelt er. »Millennium« fängt an, und das vertraute Meer hochgereckter Finger breitet sich im Zuschauerraum aus.

Franksy nickt lächelnd, als er die bemerkenswerte Szenerie betrachtet. »Gut drauf, die Leute, nicht wahr?« Er schüttelt den Kopf. »Sogar so einem abgestumpften alten Sack wie mir stehen da noch die Haare zu Berge«, sagt er und deutet auf seinen Nacken.

»Ich weiß nicht, was ich sagen soll«, ruft Robbie dem Publikum zu. »Das ist eine verdammt geile Zeit für mich. Ich war gerade erst in Schweden.« Das Publikum reagiert mit Buh-Rufen auf die Erwähnung des historischen Feindes. »Und ich werde nicht noch mal hingehen. Ich habe einmal auf so einer Beerdigung gespielt, und auf dieser Beerdigung gab es mehr Leben, als die gestern Abend im Leib hatten. Die kannten nicht mal den Text des nächsten Songs. Das ist ein Sakrileg!«

Aber die Dänen kannten den Text. Heute singen sie »Angels« für ihn, ein gewaltiges Tosen aus dem Publikum, während er ganz cool eine Zigarette raucht und die Hände an die Ohren legt, um die Fans noch weiter anzufeuern. Am Ende streckt er die rechte Hand zur Faust geballt gen Himmel.

Für drei Sekunden ist er eine Statue.

Dann kniet er zwischen den Lautsprechern. Dann springt er auf und davon, die Band um ihn herum, immer Franksy und seine Taschenlampe hinterher. Als er hinter der Bühne ist, blickt er direkt in meine Richtung und zieht die Brauen hoch.

»Hat Spaß gemacht«, deutet er mit den Lippen an.

Entspannung

Wieder im Hotel, erwartet uns ein spätes Abendessen – Sandwiches und Tomatensuppe – in einem getäfelten Speisesaal gleich hinter der Lobby. Durch eine weitere Tür geht es in einen abgetrennten Raum, in dem Rob mit David und Josie zusammensitzt. Ich gehe hinein und gebe ihm das Geburtstagsgeschenk, dass ich gestern in der Lobby des Stockholmer Grand Hotels eingepackt hatte, ein paar rotgoldene Qi-Gong-Kugeln in einer Geschenkbox. Rob fängt sofort an, mit ihnen zu spielen, rollt sie geschmeidig in seinen Händen, während aus ihrem Inneren ein leises Klingeln ertönt.

Nebenan versammeln sich die Bandmitglieder, aufgekratzt aber erschöpft. Claire sitzt bei Tess und Katie, die, ganz gegen ihre Gewohnheit, ein ganzes Glas Wein vor sich stehen hat. Nach drei Schlucken erzählt sie lachend, dass sie den berühmten Hit »D.I.S.C.O« gesungen hat – in einer Session zusammen mit ihrem Bruder.

Am Nebentisch unterhält sich Tom mit einem Model, das er und Fil am Vorabend bei der geplatzten Geburtstagsparty für Rob kennen gelernt haben, und einem gut gebauten Mann mit einer dunklen Brille. »Sie war ziemlich dicht und wirklich süß«, erzählt Tom später. »Ich habe mich im Club mit ihr unterhalten und sie zu der Show eingeladen, in der Hoffnung, dass vielleicht etwas für mich dabei rausspringt. Sie taucht auf, und ich überlege, dass so eine langbeinige Blondine wie die bestimmt eine hübsche Freundin dabei hat, oder ihren Freund – immerhin war Valentinstag. Aber sie muss ausgerechnet mit ihrem kleinen Bruder auftauchen. Für mich war das ein echtes Problem. Irgendwie bekam ich da Schuldgefühle, so katholische. Ihr kleiner Bruder sitzt dabei, während ich schmutzige Gedanken über seine Schwester hege.«

»Man denkt vielleicht nicht immer daran, dann sorgt Franksy dafür, aber man sollte Rob schon aus Höflichkeit unbedingt wissen lassen, wenn man Fremde mitbringt. Also bin ich in den anderen Raum gegangen, in dem Rob mit dem Management saß, und habe gesagt: ›Rob, ich wollte dir nur sagen, dass ich dieses Mädchen und ihren Bruder mitgebracht habe –, sie ist übrigens wirklich süß.‹ Und dann habe ich ihm ganz offen gesagt: ›Ich habe nicht die geringste Chance bei ihr. Sie ist heiß, aber ich komme einfach nicht weiter. Bitte, nimm sie mir ab.‹ Also ist er etwa zwanzig Minuten später rausgekommen. Er ist rumgeschlendert, hat sie aus der Ferne beobachtet und versucht, Augenkontakt aufzunehmen, aber sie war so dicht, sie hat's einfach nicht geschnallt. Oder es war ihr egal, keine Ahnung.

Sie wollte ein Autogramm auf einer Serviette, also hat er ihre Serviette genommen und eine Weile mit ihr geredet. Dann hat er sein Autogramm auf die Serviette gesetzt, und sie ist einfach gegangen. Aber er hat gesagt: ›Oh, warte, ich habe vergessen, ein P.S. drunter zu setzen.‹ Ich saß direkt hinter ihr, also konnte ich die Notiz sehen, als sie die Serviette auseinander gefaltet hat. Da stand: ›P.S. Mein Name in diesem Hotel lautet Mr. Soundso, und ich bin in Raum Sowieso, und ich würde dich heute Nacht wirklich gern sehen.‹ Da dachte ich, yeah, haut vielleicht doch noch irgendwie hin, aber dann hat sie gesagt, ihrem Bruder ginge es nicht so gut, und sie würde nach Hause gehen, und das war's dann. Ich schätze, sie war einfach ein nettes, süßes Mädchen. Obwohl sie mich wegen der Notiz ausgefragt hat. Sie wollte wissen, was sie zu bedeuten hat. Darauf ich: ›Komm schon, du weißt, was das bedeutet.‹ Und sie: ›Was denn? Meinst du, er will Sex?‹ Und wieder ich: ›Natürlich – er ist ein junger Mann.‹«

Während sich Rob ganz tugendhaft zu einer Partie Uno in sein Zimmer zurückzieht, gibt die örtliche Niederlassung von EMI auf der anderen Seite der Stadt in Kopenhagens angesagtestem Club, dem Nasa, eine Party zu Robbies Ehren. In Abwesenheit des Stars müssen sich die schillernd gestylten Kreaturen der Nacht wohl oder übel mit Tom und Fil zufrieden geben. Letzterer konzentriert sich ganz und gar auf eine der beiden Blondinen, die er auf dem Weg in den Club aufgesammelt hat. Sie lachen und nicken einander mit all der erregten Freude neuer Freunde zu. Nach der dritten Flasche spendierten Champagners halten sie Händchen. Und als gegen drei alle mit roten herzförmigen Valentinsballons in den Händen in eine andere Bar im In-Viertel Nørrebro weiterziehen, die noch länger geöffnet hat, bleiben die beiden nicht lange. »Der Fan und der Popstar«, kommentiert ihre Freundin achselzuckend. »Da kann man nichts machen.«

Auch in seinem neuen, drogenfreien Leben überfallen Rob manchmal Augenblicke der Nostalgie. »Es gibt ein paar Leute, mit denen ich gern um die Häuser ziehen würde, und Fil ist einer davon. An der Säuferfront ist er definitiv der härteste Fall der ganzen Band. Irgendwie sind wir am Ende immer in der Scheiße gelandet, aber es hat Spaß gemacht. Ich will nicht von den Sauftagen schwärmen, als hätte ich nur Spaß gehabt, denn meistens war das nicht der Fall. Bei fünfundneunzig Prozent aller Sauftouren hatte ich keinen Spaß. Trotzdem ist er der beste Mann für eine anständige Zecherei. Er ist gut drauf. Sehr netter Kerl. Erstaunlich begabt. Die Küken stehen auf ihn. Sex ist eine Obsession für ihn, ein Zwang. Genauso geht – ging – es mir auch.«

4

Wenn ich die Bühne betrete, werde ich ein völlig anderer Mensch. Auf der Bühne bin ich ein vor Charisma sprühender Popstar. Abseits davon fällt es mir schwer, ein vernünftiges Wort hervorzubringen.

Ich weiß nicht, wie man mit anderen redet. Und so geht es mir, solange ich mich erinnern kann, abgesehen von meiner Kindheit. Als ich »Robbie-mit-den-vielen-Freunden« war.

DONNERSTAG, 15. FEBRUAR:
KOPENHAGEN – HAMBURG.

ARBEITSFREIER TAG.

ANKUNFT: 17 UHR 34

(ABHÄNGIG VOM VERKEHR, DER FÄHRE UND DEN GEZEITEN – UND DAVON, OB DIE FAHRER HAMBURG FINDEN!)

ROBS AUFTRITT: HEUTE NICHT, DANKE.

<u>NOTIZ</u>
SEID VORSICHTIG! HAMBURG IST EINE SCHÄBIGE LASTERHÖHLE, ICH KÖNNTE LEICHT VERLOREN GEHEN.

PIP PIP
THE P.O.D.

Die Robbie-Welt

Vor dem Kopenhagener Hotel wartet Robs frisch gereinigter Tourbus. Hinter den getönten Scheiben verbergen sich zwei Etagen, jede ausgestattet mit einem gemütlichen Sitzbereich. Unten gibt es eine langgezogene Reihe gepolsterter Sitze, bezogen mit einem kunterbunten Stoff, dessen Muster sich irgendjemand während eines besonders lebhaften LSD-Trips herbeigeträumt haben muss. Es gibt einen riesigen Fernseher, massenweise Videobänder und DVDs, einen Wasserkocher, Tassen, eine Obstschale, eine andere mit Süßigkeiten, ein Schränkchen mit Tee, Kaffee, Zucker und diversem Kleinkram und eine Toilette in der Nähe der Tür. Über eine schmale Wendeltreppe gelangt man ins Obergeschoss, in dem sich an einem Ende ein ähnlich gestalteter Aufenthaltsbereich befindet. Außerdem doppelstöckige, durch Vorhänge verhüllte Schlafkojen auf beiden Seiten, die sich bis zur Vorderseite ziehen, wo, direkt über dem Fahrer, ein weiterer Tisch, flankiert von zwei gepolsterten Bänken, steht.

Als Rob mit seiner Mütze den üblichen Spießrutenlauf durch die Reihen der Fans mit ihren Autogrammheften absolviert, lädt er ein Mädchen, das aussieht wie Björk, ein, für eine Minute mit ihm hinauf in das obere Deck des Busses zu gehen. »Weil sie etwas Nettes zu ihm gesagt hat«, weiß Josie, »und Rob ihr seine Mütze schenken will.«

Marv und Jonah haben wie immer alles voll im Griff. »Das Mädchen ist immer noch an Bord«, sagt Marv zu Jonah, der neben der Einstiegstür des Busses steht und die anderen Fans in Schach hält. »Sie hat ein paar Zeilen aus einem ziemlich düsteren Song von mir zitiert, der mir sehr gefällt«, sagt Rob, als sie schließlich gegangen ist. »›Killing Me‹ aus dem ersten Album. Ich konnte an ihren Augen ablesen, dass sie einen Bezug dazu hat – und auch dazu, wie ich mich gefühlt haben muss, als ich ihn geschrieben oder als ich ihn das erste Mal ganz für mich allein gespielt habe. Damals wurde mir bewusst, wie sehr ich in der Scheiße stecke. Das hat mich berührt. Dass ich sie berührt habe, mit meinen Worten. Das bedeutet mir alles.«

Derweil lacht David herzlich über Fil, der sich mit überschwänglichen Küssen von der Blondine der letzten Nacht verabschiedet, ehe er in den Bandbus steigt. »Der Abschied geht immer sehr zu Herzen«, erklärt er glucksend.

Während wir über das flache, grüne Land rasen, bleibt Rob oben bei David, Josie,

Guy und dem Schlagzeuger Chris, dem Fleischersohn aus Birkenhead. Rob nennt ihn seinen kleinen Freund. »Obwohl er zehn Jahre älter ist als ich. Aber er wohnt in meinem Haus in London, wann immer wir proben, wann immer wir irgendetwas machen. Ich habe ihn gern um mich. Er gilt als der beste Schlagzeuger der Welt, damit zieht ihn die Band ständig auf. Ich habe ein paar Schlagzeuger gefragt, wen sie für den besten Schlagzeuger der Welt halten, und es ist eindeutig Chris. Er ist die Inkarnation von Keith Moon.«

Chris ist anderer Meinung. »Es gibt keine wirklich guten Schlagzeuger mehr«, behauptet er. »Keith Moon, Buddy Rich, Jean Trooper – sie sind alle tot.« Er spielt seit seinem achten Lebensjahr, seit er während einer Seereise Gelegenheit hatte, sich an einem Instrument zu versuchen. Der Schiffsschlagzeuger war beeindruckt genug, dem Jungen ein altes Schlagzeug zu überlassen, und bereits nach einem Jahr spielte Chris in einer Jugendband. »Das war eine hervorragende Methode, meine Mum und meinen Dad aus dem Haus zu treiben«, erzählt er. »Sie sind nie ausgegangen, bis ich angefangen habe, Schlagzeug zu spielen. Dann sind sie in Clubs gegangen und haben sich den Kick geholt, wenn die Leuten sagten: ›Oh, seht euch nur den kleinen Schlagzeuger an‹. Da war ich neun, sah aber aus wie fünf.«

Chris ist schon bei Rob, seit der seine Solokarriere gestartet hat. Früher war er zusammen mit Guy bei *World Party,* und Guy hat ihn überredet, Rob bei seinem ersten Demoband zu helfen. »Wir haben ein bisschen rumimprovisiert und uns gegenseitig eingeheizt«, erinnert er sich. »Ziemlich inspirierend. Das ist so mit Rob, irgendwie unerklärlich. Der Faktor X. Ein besonderes Charisma. Es färbt einfach ab, schon weil ich immer gern Eindruck schinde. Da könnte auch eine Putzfrau während der Probe vorbeikommen, und ich würde das Gleiche tun. Aber wenn Rob da ist, ist es zehnmal so stark, weil er einfach Dampf macht. Das macht einen echten Star aus, so etwas bewirken zu können.«

Im unteren Aufenthaltsbereich sitzen sich Marv und Jonah auf den psychedelischen Polstern gegenüber und gehen ihrem Vierundzwanzig-Stunden-Wachdienst für den Mann nach, den sie den Prinzipal nennen. Rob gibt selbst zu, dass er einen recht eigentümlichen Lebensstil pflegt. »Eigentlich verrückt. Aber ich habe sie engagiert, weil ich oft so paranoid war, dass ich nicht schlafen konnte. Dann rief ich mitten in der Nacht David an, und er musste vorbeikommen und mich abholen. Meistens bin ich am Ende in seinem Haus oder einem Hotel gelandet. Dann dachte ich, scheiß drauf, ich kann es mir leisten, ständig jemanden um mich zu haben. Und mit etwas Glück wird mich das von diesem Gefühl mitten in der Nacht befreien, mir vor lauter Paranoia beinahe in die Hosen zu machen. George Harrison, Jill Dando, Brad Pitt. Die Liste der Verrückten da draußen ist endlos lang. Und jeder weiß, wo ich wohne. Das ist allgemein bekannt. Die ganze Nacht über klingeln irgendwelche Leute an meiner Tür, da muss ich doch wach werden.«

Marv und Jonah legen großen Wert auf die Feststellung, dass sie nicht zu der üblichen Art von Bodyguards gehören, wie man sie im Musikgeschäft antrifft. Sie sind nicht die typischen harten Jungs oder Muskelpakete, ihr Metier ist die sogenannte unauffällige Abschirmung. Zu den Kunden des Sicherheitsdienstes, dessen Leiter Jonah und Marv sind, zählen unter anderem Diplomaten, Top-Geschäftsleute und Politiker. Sinn und Zweck ihrer Arbeitsweise ist es, möglichen Zwischenfällen zuvorzukommen, statt aufzuräumen, nachdem etwas passiert ist. Die meisten Sicherheitsunternehmen vernachlässigen die Hintergrundarbeit, die Planung. »Du weißt«, erklärt Jonah, »wo die Hotelausgänge sind; du hast Routenpläne ausgearbeitet, Zeitpläne, hast dir angeschaut, wer sich bereits auf der Straße herumtreibt, Fans, Presse, wie viele Kameras da sind ...«

In Bezug auf ihre Kunden und sich selbst sind sie die Diskretion in Person. Ja, sagen sie, sie haben sich bei den Marines kennen gelernt. Und ja, es gibt auch bei den Marines Einheiten, die dem Special Air Service der britischen Armee gleichen.

»Wart ihr auch bei so einer Spezialeinheit?«

»Kein Kommentar«, sagt Jonah mit einem angespannten Lächeln. Etwas später erzählt Marv von den »vielen Freunden beim Militär, die leider nicht mehr unter uns sind.«

»Wenn du sagst, sie sind nicht mehr unter uns ...?«

»Dann heißt das, sie sind beim Schöpfer.«

Aha.

Aber sie arbeiten gern für Rob, sagen sie. Sein Laden ist sehr professionell aufgebaut und ziemlich familiär. »Wir sind Fremde«, sagt Jonah, »aber wir wurden wie Familienmitglieder willkommen geheißen. Und hier schlägt man sich nicht dauernd bis sechs Uhr morgens die Nächte um die Ohren, es gibt nicht ständig irgendwelche Partys, die bis Gott weiß wann dauern, keine zertrümmerten Einrichtungen und so ein Zeug. Das passiert einfach nicht. Stattdessen spielen wir Uno bis drei, vier Uhr morgens.«

Irgendwann kommt Rob runter, um auf die Toilette zu gehen. Halb singend kommt er wieder heraus. »Die Vergangenheit liegt längst hinter dir«, kräht er. »Hab gerade einen neuen Song geschrieben«, erzählt er Guy, der sich in der Mikrowelle eine Portion Pasta aufwärmt. »The past is all behind you-ou ... Wo ist die Gitarre?«

»Oben.«

Beide gehen nach oben, und schon hallen die Klänge einer kreativen Improvisation herunter. Nach einer Weile kommt er wieder runter und steckt den Kopf in den Küchenbereich. »In einer halben Stunde findet ein Uno-Spiel statt«, sagt er. »Zehn Pfund, und ihr seid dabei.«

GÜNNI
MAN
M XL 433

GÜNNI
MAN
M XL 433

GÜNNI
ROHPROG
MAN
M XL 433

Aber der Bus hat die Fähre nach Deutschland erreicht, ehe es so weit ist, und rollt zu seinem angewiesenen Platz auf dem von Abgasen vernebelten Ladedeck. »Jonah«, ruft Marv plötzlich von oben. »Er will spazieren gehen.«

Sofort treten die beiden in Aktion. Hastig streifen sie ihre Ausrüstung über: Mikrophone, Kopfhörer, Baseballkappen und ausgebeulte Hüfttaschen, deren Inhalt allein Gott kennen dürfte. Dann ist Jonah draußen und demonstriert die Vorgehensweise der unauffälligen Abschirmung in der Praxis: Fahrzeuge überprüfen, sich einen Überblick über die Personen in den Fahrerkabinen verschaffen, den Aufzug zum Oberdeck kontrollieren. Schließlich ertönt ein weiterer Ruf von Marv. Rob hat seine Absichten geändert. Er wird doch nicht spazieren gehen. Auftrag abgebrochen.

Drei Decks weiter oben lädt ein strahlender Frühlingstag zum Verweilen ein. David, Franksy und Fil sind auf dem Vorderdeck und genießen jene Zwanglosigkeit und Anonymität, die Rob verwehrt bleiben. Heute sehen sie viel mehr wie Rock 'n' Roller aus, Franksy mit der schwarzen Baseballkappe und dem Ledermantel, Fil mit Sonnenbrille und Jeans. David macht Anstalten, zusammen mit einem Quartett tatteriger alter Damen in den Aufzug zu steigen. »Nimmst du sie mit in dein Zimmer?«, ruft Franksy, und David überlegt es sich anders. Die Vorstellung, diese gekrümmten Mitsiebzigerinnen in ihren Windjacken wären Davids Groupies, löst eine Menge Gelächter aus.

Als die beiden Tourbusse die Fähre verlassen, drängen sich alle fünf Mitglieder der Dokumentationsmannschaft in Robs Bus, einschließlich ihrer Kameras und Mikrophone – ein verdammt gewichtiger Haufen unauffälliger Beobachter. Einige Kilometer weiter taucht Rob wieder an der Treppe auf. »Habt ihr Geld dabei?«, fragt er. Es kostet zehn Pfund, an dem Uno-Spiel teilzunehmen, das in fünf Minuten anfängt.

Oben, in der engen Kabine, sitzen alle um einen Tisch herum. Obwohl ungezwungen in T-Shirt und Jeans gekleidet, macht Rob heute einen sonderbar angespannten Eindruck. Ständig bewegt er die beiden Qi-Gong-Kugeln in seiner Handfläche, und sein Blick flattert durch den beengten Aufenthaltsbereich, als würde er dem unruhigen Flug eines gefangenen Schmetterlings folgen. Er raucht Kette, und sein Unbehagen ist für alle spürbar. Es ist unmöglich, nicht mit ihm zu fühlen. Vom Saufen abgesehen, tut er wirklich, was er kann, um den Leuten um ihn herum, auf die er dank seiner Berühmtheit nicht verzichten kann, das Leben so einfach wie möglich zu machen. »Uno!«, schreit Rob. Er hat gewonnen. Dann: »Uno!« Er hat schon wieder gewonnen.

Wer zweihundertundfünfzig Punkte erreicht, scheidet endgültig aus dem Spiel aus. Aber der Bus ist bereits in Hamburg angekommen, ehe irgendjemand von uns auch nur in die Nähe dieser Summe geraten konnte. »Okay, wir werden Folgendes tun«, verkündet Rob, »wir treffen uns in fünf Minuten in meinem Zimmer und spielen das Spiel zu Ende.« Er lächelt dieses unwiderstehliche Lächeln und gestikuliert wie ein

Regisseur, wenn die Szene im Kasten ist, wedelt mit beiden Händen auf und ab, die Zeigefinger ausgestreckt. »Weil das meine Tour ist.«

Also treffen sich um Punkt 6 Uhr 30 alle in Robs Suite in unserer neuesten Nobelherberge, in deren Foyer sich bereits eine Horde aufgedonnerter deutscher Fans versammelt hat. Rob raucht, arbeitet mit den QiGong-Kugeln. »Glastisch«, stellt er mit einem schiefen Lächeln in Richtung Josie fest, als die Karten ausgeteilt werden.

Das Uno-Spiel geht weiter. Nachdem er selbst uns alle wieder zusammengetrommelt hat, wird Rob uns nicht wieder fortschicken, aber die intime Atmosphäre des Busses ist verloren gegangen, und Rob scheint lediglich aus pflichtbewusster Höflichkeit weiterzuspielen. Irgendwann steht er auf, tritt an eines der hohen Fenster heran und öffnet es. Eisige Luft strömt in den Raum. Es wird kalt, was die Stimmung noch weiter zu verschlechtern scheint. Aber, genau wie sonst auch, niemand sagt: »Hey, Rob, lass uns das verschissene Fenster wieder schließen, ja?«

Ein Steak trifft auf einem Servierwagen mit einer Blume samt Vase ein. Rob steht auf, trägt das Steak zum Tisch und stopft es sich gierig in den Hals, während wir spielen. Man kann fühlen, wie sehr er sich danach sehnt, all den Trubel los zu sein, all diese Leute um ihn herum, die ein Stück von ihm für sich wollen.

Die Robbie-Welt

»Die Leute sagen niemals nein zu ihm«, erzählt Josie, »weil er nie etwas Absurdes verlangt. Er hegt keine abscheulichen Wünsche. Aber er arbeitet hart, und es gibt nicht viel, was man ihm verweigern könnte.«

»Ich sage immer zu Rob«, fügt David hinzu, »›wenn du einen Elefanten willst, um dich hinter der Bühne bei Laune zu halten, dann gehe ich los und suche einen verfickten Elefanten.‹ Es klingt wie ein Scherz, aber es ist die reine Wahrheit. Es dreht sich alles darum, ihn glücklich zu machen. Das hört sich vielleicht übertrieben an, aber das ist es nicht, denn wir alle wissen, dass am Ende des Tages, gegen neun Uhr abends, Rob sich wieder aufraffen und seine Show bringen muss. Und das ist ein verdammt stressiger Job. Offen gesagt, wenn er plötzlich unbedingt Golf spielen will, wenn er Gokart fahren will, Fußball spielen, was auch immer, dann machen wir das. Er nennt das die Robbie-Welt, nicht die Robert-Welt, in der all diese Leute im Grunde nichts anderes tun, als auf jede seiner Marotten zu reagieren. Und das ist auch okay, aber es ist nicht wirklich real. So etwas kann man nicht dauerhaft leben. Viele Bands fallen immer wieder auf den Umstand herein, dass sie in so einer Welt leben. Aber eigentlich macht man nur während einer bestimmten Zeit seinen Job und kümmert sich um den Boss, weil der Boss die Brötchen verdient.«

»Es liegt auf der Hand, dass er nicht einfach durch die Straßen ziehen und einkaufen gehen kann wie jeder andere«, sagt Gabby Chelmicka. »Andy Franks ist übrigens spitze, wenn es darum geht, ihn zu zerstreuen; wir nennen ihn Mr. Extra Curricular, den großen Organisator.«

Für den heutigen Abend organisiert Franksy einen gemeinsamen Ausflug in das englische Kino Hamburgs, in dem der gerade erst angelaufene Film *Hannibal* gespielt wird – aber auch dieser Ausflug hat wenig mit den Erlebnissen normaler Menschen gemeinsam. Jonah und Marv haben sich bereits entschuldigt und mit dem Spiel aufgehört, um das Kino auszukundschaften, sich Ein- und Ausgänge anzusehen, zu überprüfen, wer sich im Foyer und auf der Straße vor dem Kino aufhält. Sobald Rob und die Band auftauchen, ist die Operation Kino in vollem Gang. Der Tourbus bleibt nicht etwa vor dem Kino stehen, wo alles hell erleuchtet ist, Menschen Schlange stehen und jede Menge Zirkus abgeht, sondern vor den mattgrauen Türen des Notausgangs auf der Rückseite des Gebäudes.

Rob tritt auf die Straße hinaus, unauffällig gekleidet in schwarzer Mütze und grauem Trainingsanzug, und folgt Jonah durch den schäbigen Korridor zu der Notausgangstür am unteren Ende des Kinosaals. Die etwa zwanzig Mitglieder von Band und Crew, die ebenfalls an dem Ausflug teilnehmen, sind ihnen direkt auf den Fersen. Rob sucht sich einen Platz in den hinteren Reihen, und Marv setzt sich direkt hinter ihn. Jonah widmet sich inzwischen der Operation Popcorn, verlässt unerkannt den Kinosaal und kommt bald darauf mit einer mittelgroßen Tüte gesalzenem Popcorn ohne Butter aus dem Foyer zurück. »Man kann mit allen Eventualitäten fertig werden«, sagt Jonah. »Es müssen nur genug Leute parat stehen, die sich um die jeweilige Situation kümmern, ohne dass der Prinzipal in irgendeiner Form belästigt wird. Soweit es den Kunden betrifft, geht alles seinen normalen Gang. Alles ist rosarot, alles läuft rund.«

Gegen Mitternacht ist die Bar des Atlantic Kempinski angefüllt mit einer lärmenden Mischung aus Crew und Band (in dieser Stadt sind beide im selben Hotel untergebracht). Claire vermisst ihren Verlobten Dylan; sie hat ihn in London angerufen, und er war genauso betrunken wie sie. Tom ist mit anderen Dingen beschäftigt. »Jesus, Mann«, jammert er. »Fil bumst die Mädels, und ich kriege die verdammten E-Mails.« Die Hübscheste aus dem Puppenalarm-Trio meldet sich täglich. Fil kippt sich trotz seiner vorangegangenen harten Nacht schon wieder einen hinter die Binde. Er und Yolanda lachen über eine Lokalzeitung, in der ein unübersetzbarer Artikel unter der Überschrift »SEXY ROBBIE WILLIAMS« steht.

Für Yolanda ist es die erste Auslands-Tournee mit der Band, und, soweit es sie betrifft, eine gute Tour. »Robs Management und die Leute, die er als Tourmanager und so angeheuert hat, sind einfach toll. Es sind wirklich nette Leute. Liebenswürdig, wenn man so will.«

Sie hat mit vierzehn angefangen, Bass zu spielen, vorher hatte sie in der Schule schon Blockflöte, Klarinette, Trompete und Gitarre gespielt. »Aber dann habe ich angefangen, nur noch die Basssaiten der Gitarre zu benutzen – das ist die Art Musik, die zu mir spricht. Mit fünfzehn wusste ich, dass ich Bass am liebsten spiele. Hat lange gedauert, nicht wahr?«, sagt sie mit diesem gewinnenden Zittern in der Stimme.

Sie hat bei Sainsbury's gearbeitet, um sich ihre erste Gitarre zusammenzusparen. Dann konnte sich eine der kleinen Bands, in denen sie gespielt hat, ein wenig profilieren, und sie ging auf Tournee. Sie hat für die Band einer Jonathan Ross-Pilotsendung vorgespielt, die dann doch nicht produziert wurde, aber dabei Paul Weller kennen gelernt, der sie eingeladen hat, sie solle (sie imitiert ihn) »vorbeikommen und ein bisschen improvisieren, Mädchen.« Also schloss sie sich für eine Weile seiner Band an, und als sie sie wieder verließ, wusste sie, wo es langging.

Bei Robbie ist sie erst seit letzten September. Guy kennt sie noch aus seinen Zeit bei den Lemon Trees (deren Schlagzeuger ein guter Freund von ihr war). Damals hat sie auch manchmal mit ihm gearbeitet, aber sie hatten den Kontakt nicht aufrechterhalten. Dann, letzten Juli, bekam sie einen Anruf aus seinem Büro, und sie wurde gefragt, ob sie es mit Robbie versuchen wolle; nach der ersten gemeinsamen Probe mit Guy, Gary und Chris hat man ihr vorgeschlagen, sich der Band anzuschließen.

Tatsächlich hat sie davor nie einen Auftritt von Rob gesehen. »Und ich habe nie besonders viel von diesem ganzen Pressezeug mitgekriegt, weil ich nicht so auf die Poppresse oder das Fernsehen achte.« Guy fand es gut, dass sie keine besonderen Erwartungen mitbrachte und keine Ehrfurcht vor dem Star empfand. »Er meinte, ich hätte mich Rob gegenüber bei unserem ersten Treffen ziemlich natürlich verhalten. Sein Gesicht kam mir irgendwie bekannt vor, aber mein Stil war eher: Alles klar, Kumpel, nicht: Oh, wow, das ist Robbie Williams!«

»Yo«, sinniert Rob lächelnd. »Ich war gerade ziemlich am Jonglieren, eine Kabinettsumbildung sozusagen. Und da kommt die Lady rein, und es war wie: ›Oh, da ist Yolanda‹. Es war, als wäre sie immer schon da gewesen. Und auf der Bühne sieht sie einfach toll aus.«

Verstörungen

»Die Mehrheit der Fans, die in den Foyers oder vor den Hotels oder vor meinem Haus herumhängt, vermisst die Liebe in ihrem realen Leben. Zu der Überzeugung bin ich jedenfalls gekommen.« Ein neuer Morgen ist angebrochen, und Robs Bus ist vom Hotel aus unterwegs zu einem Fußballspiel mit einem ortsansässigen Team deutscher Techniker. Zurück bleiben zwei Reihen Fans, die ihre Autogrammhefte vor den getönten Scheiben des unteren Aufenthaltsbereiches schwenken. Rob kann sie sehen, sie ihn aber nicht.

»Es liegt auf der Hand, dass sie die echte Liebe in irgendeiner Form vermissen; von ihren Eltern, ihrem Freund oder irgendjemand anderem, der sie schlecht behandelt hat. Also setzen sie auf eine Liebe, die absolut unerreichbar ist – mich. Oder wer auch immer gerade das Objekt ihrer Wünsche sein mag. Nehmt mich raus und setzt Ronan Keating ein. Oder Bono. Oder wen auch immer. Mir ist aufgefallen, dass viele von ihnen magersüchtig oder übergewichtig sind – und wenn du wirklich hingehst und mit ihnen redest, merkst du, dass sie alle in irgendeiner Form erkrankt sind, an ihrem Leben erkrankt. Sie sind extrem gehemmt oder extrem schüchtern. Oder einfach nur sehr jung, genau.

Da war dieses Mädchen, das mich die ganze Zeit verfolgt hat; sie war sehr, sehr mager, und sie hat gehumpelt. Sie hatte diese auffallenden schwarzen Haare. Seit den Anfangstagen von *Take That* war sie immer dabei. Irgendwann kam der Tag X, und ich konnte diese ganze Hysterie nicht mehr ertragen, diese Leute, die sich in mein Leben drängen und mich anstarren. Ich konnte es einfach nicht mehr aushalten. Man kann sich einem anderen Menschen doch nicht einfach aufdrängen, oder?«

Er beugt sich zu Chris rüber und starrt ihn einige Sekunden lang bohrenden Blickes an. Chris weicht zurück und lacht, wie es nur ein Liverpooler kann. »Seht ihr!«, sagt Rob. »Und ich habe es nur ein paar Sekunden lang getan.«

»Jedenfalls«, fährt er fort, »während ich immer mehr getrunken und immer mehr Drogen genommen habe, reagierte ich aggressiv, wenn ich breit war; erst recht, wenn ich verkatert war. Und so ging das Tag für Tag. Da war der Stress, auf Tour zu gehen, was auch immer darzustellen, also habe ich gesoffen. Und wenn mir dann Fans in die Quere kamen, war ich ziemlich abweisend. Dann habe ich gesagt: ›Warum seid ihr immer noch da? Ich habe schon seit Jahren nicht mit euch gesprochen. Das einzige Mal, das ich mit euch gesprochen habe, war, als ich euch aufgefordert habe, zu verschwinden, also warum kommt ihr immer wieder zurück? Kein vernünftiger Mensch würde sich im gleichen Raum mit jemandem aufhalten wollen, der ihn nicht sehen will.‹ Antwort: ›Wir haben dich zu dem gemacht, der du heute bist.‹ Wenn ein Mr. Sainsbury oder wer auch immer anfängt, seine Produkte zu verkaufen, dann geht auch niemand hin, klopft an seine Tür und verlangt sein Geld zurück, weil er Äpfel bei ihm gekauft hat. Die Leute kaufen meine Platten, weil sie sie mögen; sie gehen in meine Konzerte, weil sie sie mögen. Sie würden schließlich nicht kommen und kaufen, wenn es ihnen nicht gefallen würde, also schulde ich niemandem irgendetwas.

Jedenfalls war ich gerade aus Deutschland abgereist und in diesem Hotel in Island eingetroffen, als das Telefon klingelt und das Mädchen dran ist, die mit dem lahmen Bein und den schwarzen Haaren. Sie sagt: ›Hallo‹, und ich sage: ›Hallo‹. ›Robbie‹, sagt sie, ›weißt du, wer hier spricht?‹ Ich sage: ›Ich habe das Gefühl, ich weiß, wer du bist.‹ Sie sagt: ›Weißt du, wie ich heiße?‹ Ich sage: ›Nein.‹ Sie sagt: ›Oh, Robbie, ich folge dir schon seit sieben Jahren.‹ Ich sage: ›Bist du das humpelnde Mädchen mit den schwarzen Haaren?‹ Sie sagt: ›Ja.‹ Ich sage: ›Nein, ich weiß nicht, wie du heißt.‹ Sie sagt: ›Ich folge dir seit sieben Jahren, und du kennst nicht mal meinen Namen. Ich wollte dir nur sagen, dass ich dir nicht mehr folgen werde.‹ Ich sage: ›In Ordnung.‹ Sie sagt: ›Ist das alles?‹ Ich sage: ›Ja.‹ Und dann: ›Um dir die Wahrheit zu sagen ...‹

Und dann hatten wir diese Diskussion. Für mich ging es um Liebe, es war ein Gespräch über Liebe. Ich sage: ›Hör mal, was machst du eigentlich? Wie alt bist du?‹ Sie war siebenundzwanzig oder so. ›Es ist Zeit, dass du erwachsen wirst und dir ein eigenes Leben aufbaust. Du bist mir die ganze Zeit nachgelaufen, und ich habe nie mit dir gesprochen. Ich habe dich höchstens angeschrien. Also, ich weiß nicht, wer du bist, und ich will auch nicht wissen, wer du bist. Du sagst, du möchtest meine Freundin sein. Freunde tauchen nicht in irgendwelchen Hotelfoyers auf und hocken da rum, wenn ich sie nicht sehen will. So wirst du meine Freundschaft nicht erringen, und so Leid es mir tut, wir werden niemals Freunde sein.‹ Sie sagt: ›Du hast Recht.‹ Und ich: ›Hör mal, kümmer dich um dich selbst. Und bitte: zieh los und bau dir ein eigenes Leben auf. Und ich meine nicht: bau dir ein Leben auf Ausrufezeichen; ich sage das wirklich mit Liebe. Geh und bau dir ein Leben auf, weil das hier kein Leben ist.‹«

Paradoxerweise hat es Rob sehr schwer, echte Freunde zu finden; er kann sie an den Fingern einer Hand abzählen. Jonathan Wilkes, sein Mitbewohner, den er schon sein ganzes Leben lang kennt. Ein paar Mädchen in London und ein paar Typen in L.A., und das war's. »Ich habe Bekannte und ein paar Kumpel, aber ich habe keine richtigen Freunde. Das ist schon traurig. Mein bester Kumpel in der Schule war Lee. Ich und Johnny lachen miteinander, aber Lee und ich haben gelacht und gelacht und gelacht. Als wir aufgewachsen sind, haben wir viel Zeit miteinander verbracht. Dann habe ich ihn irgendwann angerufen, und ich glaube, das war der Moment, in dem ich die ganzen Leute zu Hause einfach aufgegeben habe. Ich fragte: ›Ich würde dich gern sehen, kann ich vorbeikommen?‹ Und er sagte: ›Na ja, ich muss mich noch anziehen und das Haus putzen.‹ Es war ihm peinlich, dass sein Haus so unordentlich war. Das hat mich wirklich traurig gemacht, weil ihm das früher völlig egal gewesen wäre. Da gehst du mal sechs Monate weg und wirst ein Popstar, und wenn du zurückkommst, bist du Robbie Williams. Du bist einfach nicht mehr dieselbe Person.«

Als Robbie Williams, der Popstar, auf dem Spielfeld in irgendeinem namenlosen Teil der ausgedehnten Vorstadtsiedlungen Hamburgs eintrifft, sind die Presseleute bereits vor Ort und springen hastig aus ihren Autos, begierig, eines dieser kostbaren, überaus lukrativen Fotos von Robbie zu schießen. Marv und Jonah sind so-

fort zur Stelle und überlegen, wie sie die Paparazzi von dem Platz fernhalten können. Aber Rob will sie reinlassen. »Lass sie doch ein paar Fotos machen und ihre Geschichten verkaufen«, sagt er zu seinen Aufpassern. Nein, er würde kein Interview geben, aber es mache ihm nichts aus, wenn sie da blieben. So ange sie sich im Hintergrund aufhielten und den Umkleidekabinen fern blieben. Außerdem will er Marv, Jonah und Pompey, seinen dritten Bodyguard, auf dem Spielfeld in seiner Mannschaft sehen.

Damit bleibt es Josie überlassen, die Presseleute in Schach zu halten. Sie, das zierliche Persönchen in dem karierten Mantel, versucht nun also, die Presseleute am vorgegebenen Ende des Zauns festzuhalten, weit weg von den Umkleidekabinen. Aber sie hören nicht auf sie. »Warum sollten wir?«, fragt ein mürrischer, grauhaariger Typ mit hartem deutschem Akzent auf Englisch. »Bitte, würden sie dort bleiben?«, ruft Josie – ebenfalls auf Englisch. Vergeblich, ein hartnäckiger blonder Journalist in schwarzem Kordanzug fragt sie eifrig aus; auch er versucht sich, trotz seines scharfen Akzents, an der englischen Sprache. Lachend kommt sie zurück und ahmt ihn nach:

»›Robbie iss a bick football fan? Of vich Club?‹«

»›Port Vale.‹«

»›I have never heard of zis.‹«

Während das Spiel läuft, fängt es an zu regnen, trotzdem wird der Zuschauerhaufen immer größer. Weitere Fotografen tauchen plötzlich auf rennen mit ihren Kameras um das Spielfeld; ein besonders entschlossenes Pärchen versucht sogar, auf den Platz zu gelangen. Dann, einzeln, zu zweit oder zu dritt, treffen die Mädchen mit Regenschirmen und bunten Handys ein, bis schließlich weit über hundert von ihnen am Zaun stehen und ihr Idol im Regen angaffen. An diesem Donnerstagmorgen, bei diesem rein privaten Anlass, der nirgends bekannt gegeben worden war.

Nach dem Spiel geht es in ein Aufnahmestudio in einem anderen abgelegenen Stadtteil. Hinter einer unauffälligen Stahltür führt eine schäbige Betontreppe zu einem Aufenthaltsbereich mit Sofas, Obstschalen auf den Tischen und einem Kühlschrank voller alkoholfreier Getränke. Im Nebenraum sitzt Guy neben einem langhaarigen Tontechniker mit gemusterten braunen Pantoffeln vor einem riesigen Steuerpult. Yolanda, das Haar zu einem Knoten hochgesteckt und mit einer gewaltigen Sonnenbrille auf dem Kopf, hat es sich zusammen mit Chris, dem Schlagzeuger, auf einem der Sofas bequem gemacht. Hinter einer Glasscheibe sitzt Rob in seinem grauen Trainingsanzug auf einem Hocker vor dem Mikro. Hinter ihm jagt eine langsam rotierende Spiegelkugel bunte Lichtstrahlen durch den Raum.

Gabby Chelmicka ist auch da. Sie ist für ein paar Tage aus London eingeflogen, um sich zu vergewissern, dass alles läuft. Sie sagt, es passiert ziemlich oft, dass Rob und Guy mitten in einer Tournee ins Studio gehen, um irgendwas aufzunehmen.

»Songs schreiben ist Robs Leidenschaft, und die muss unterstützt und angeregt werden, sonst wird er verrückt vor Langeweile. Robs Gehirn arbeitet sehr schnell, und es fällt ihm schwer, sich zu entspannen und einfach nur still rumzusitzen.«

Wie aufs Stichwort kommt Rob mit seiner Gitarre aus dem Aufnahmeraum. »Wann kommt das Essen, Josie?«, fragt er. Dann setzt er sich, schlägt die Saiten an und singt leise. Mit diesem Lied ist er gestern schon im Bus dahergekommen. »Everybody's toxic in this town, I am a child and the child is feeling down ...«

»Sollen wir es erstmal unbearbeitet aufnehmen?«, fragt Guy, und schon geht Rob zurück und fängt erneut an, seinen Song zu singen.

»Allo allo allo«, hallt Guys Stimme aus den Lautsprechern.

»Ich steh nur hier und sag allo-lo-lo-lo-oo«, scherzt Rob auf seinem Stuhl an dem großen, kreisrunden Mikro. Dann geht er zu der Spiegelkugel. »In meinem neuen Haus werde ich mir auch so ein Piano wie dieses anschaffen«, sagt er und streicht mit den Fingern über die polierte, glänzende schwarze Oberfläche.

»Das in meinem Haus hat ein gutes Format«, sagt Guy. »Boudoir grand heißt es.«

Guy geht wieder zurück zum Schaltpult und macht sich an die Arbeit, während Rob auf seinem Hocker alles gibt.

»All God's children fade and die, in the name of ›Let's get high‹. Ay-men! Then we do it again«, singt er.

Rauchschwaden steigen von einer Kippe im Ascher auf und kräuseln sich um das Knie in der Trainingshose. Mit verkrampften Händen singt er weiter und wippt nervös auf seinem Hocker herum. Dann spielt ihm Guy das mit Rhythmen unterlegte Band wieder vor. »Du hast es hingekriegt«, verrät er dem Star, »oder etwa nicht? Du bist einfach der Beste.«

Josie kommt mit einem Tablett voller Essen vorbei. »Kann ich jetzt etwas essen?«, fragt Rob. »Ich werde nämlich allmählich hungrig.« Dank seines gedämpften Stoke-Akzents klingt das Wort »hungry« beinahe wie »angry«. Er nimmt seinen Teller und verlässt den Aufnahmeraum. Guy geht hinein, um dem Gesang, den Rob eben aufgenommen hat, ein paar Klaviertakte hinzuzufügen. Rob schaufelt den Teller leer und beendet seine Mahlzeit mit einem langgezogenen, kräftigen Rülpser.

»Nicht schlecht!«, kommentiert lachend der deutsche Techniker am Schaltpult mit dem bereits wohlbekannten, harten Akzent.

Rob kehrt in den Aufnahmeraum zurück. Guy nickt ihm durch die Glasscheibe aufmunternd zu und dirigiert mit dem Finger.

»I want to cry, but I don't make a sound, I am your child, and your child is feeling do-o-own«, singt Rob und bricht ab.

»Was denkst du?«, erkundigt sich Guy vorsichtig.

»Es sind nur Worte.«

»Ja. Sollen wir sie fürs Erste vergessen?«

»Hältst du es für Mist?«

»Ich bin nicht sicher. Ich schätze, es muss ziemlich laut werden, wenn du weißt, was ich meine? Es muss richtig aggressiv klingen. Irgendwie Bizkit-mäßig. Fred Durst-mäßig.«

Yolanda lacht. »Chili Peppers-mäßig«, sagt sie.

»Der schreit nicht«, widerspricht Rob.

»In Amerika schreien alle«, kontert Guy.

»Wirklich, tun sie das?«

»Verschaffen sich eben Gehör.«

»Amerika«, sinniert Rob. »Wenn ich da leben würde, dann würde ich schreien.«

Und so geht es weiter, belangloses Gerede zwischen den Jams. »Sticks and stones may break my bones«, kräht Robbie, »words can burn a happy home – hick!«

Liebe Güte. Rob hat Schluckauf. »Du brauchst nur einen heftigen Schrecken«, meint Guy. »Das hat meine Mutter immer zu mir gesagt, als ich noch klein war.«

»Dann legen wir eben noch mal los – hick«, entgegnet Rob. »Everybody's toxic in this – hick.«

Sie geben Tox-hick zu Gunsten eines anderen Liedes auf. »Hat es einen Namen?«, erkundigt sich der deutsche Techniker.

»Nenn es ›Total Bollocks, Part One‹«, sagt Guy ironisch, was in diesem Zusammenhang so viel wie ›alles Mist‹ bedeutet. Offenbar hat er geahnt, was jetzt kommt. Musik hallt durch das Studio, als Rob, Guy und Yolanda gemeinsam loslegen. Rob improvisiert auf der Suche nach passenden Worten zu der Melodie: »Move, move, move, okay ... I see your picture and I get high ... I see your picture, I want to die. Going to groove, groove, groove, girl on me ... Going to lay your clothes around me ... why don't you live, live, live with me.« Mitten in dem höchstens halb verständlichen Geschnatter ist plötzlich »I see your picture and I get high« klar und deutlich zu verstehen. Dann, ebenso überraschend: »I love L.A.« Abrupt bricht Rob ab.

Eine andere Melodie, ein anderer Text drängt sich auf. »I love you, baby, but she's the one. I see your picture ...« Immer deutlicher wird Robs klagender Gesang. Ich kann einzelne Zeilen verstehen: »I'll be your dad ... She touches places that I never ... She's the finest ...«. »I love you, baby, but she's the one«, kehrt immer wieder, und plötzlich taucht ein ganzer Vers auf:

I see your picture, she lives near me,
I went in her house once, I was on TV,
Her boyfriend loves me, I didn't care,
Because I got to smell – *her underwear*.
(Ich sehe dein Bild, sie lebt nicht weit von mir,
einmal ging ich in ihr Haus, ich war im Fernsehen,
ihr Freund steht auf mich, aber mir war's egal,
denn plötzlich roch ich – ihre Unterwäsche.)

»Der Vers, den ich gerade gesungen habe, war gut«, sagt Rob nach einer Weile, und sie beschließen, es aufzunehmen. Das Unterwäsche-Thema bleibt erhalten, obwohl sich die anderen Worte verändern. Der Freund wird zum Ehemann, wird zum Kameraden, Zeitgenossen, Kerl, Mensch, Typ, er liebt sie, er wird ihr erzählen, sie weiß, dass ich sie sehe, so wie ihr Typ, ich werde sie beobachten und ihren Typ ficken ...

»Wirklich gut«, sagt Guy, als sie schließlich aufhören. David gefällt es auch, aber jetzt wird es erst mal Zeit für Robs Selbsthilfe-Treffen. Später wird er vielleicht zusammen mit Franksy über die Reeperbahn bummeln. »Ich will sehen, wie sehr es mich abstößt«, sagt er, »und gleichzeitig auf sonderbare Art auch anturnt.« Als wir das Hamburger Studio verlassen, hat das Mädchennetzwerk sein Idol längst wieder aufgespürt. Etwa fünfzehn von ihnen warten an der Hintertür mit Kameras und Autogrammheften. Außerdem ein paar Typen.

Gabby lacht, als wir in den Bus steigen, um zum Hotel zurückzufahren. Die Mädchen wollen ihn vögeln, und die Jungs wollen er sein. Er ist der Sinatra seiner Zeit, obwohl er gestern Abend gesagt hat, mit dem Filmteam im Nacken, das ihn ununterbrochen beobachtet, käme er sich vor wie ein Hauptdarsteller in einem von David Attenboroughs Tierfilmen.

Als Fil das zweite Mal in Folge dasselbe hervorragende italienische Restaurant, betrieben von einem Deutsch sprechenden Inder, aufsucht, bestellt er die gleiche Vorspeise wie beim letzten Mal – und auch das gleiche Menü. Er mag ja recht unsentimental in Bezug auf Mädchen sein, für Essen gilt das jedoch offensichtlich nicht.

»Na ja, wenn man auf Tour ist, dann ist Sex etwas anderes als sonst. Es ist eine nette Ablenkung, ein Spaß, und dann ist da auch dieser Umkleidekabinen-Humor dabei. Im Bus sagt dann jeder am nächsten Tag: ›Waah! Fil hat einen Bums gehabt. Na los, erzähl mal‹, oder so was.«

»Vielleicht gehört das einfach zur Show. Die ganze Sache ist nur ein einziger Ego-Trip. Du gehst auf die Bühne und bekommst Aufmerksamkeit, und wenn du runtergehst, fühlst du dich, als hätte dir jemand eine Million Pfund geschenkt, und du denkst, hey, das ist toll. Ich muss einen wegstecken und Kapital aus dem Erfolg schlagen. Das ist wie bei den Drogen und dem Alk und all dem alles geschieht nur aus diesem Grund. Das Problem ist, dass diese Sachen in dein – ich will nicht sagen ›normales Leben‹ – in dein anderes Leben überschwappen. Hier ist mein Tour-Leben, da ist mein Leben zu Hause – und die Grenzen fangen an zu verschwimmen. Du kommst nach Hause«, erzählt er lachend, »und du fängst an, nach dem Zimmerservice zu rufen und die Neun für ein Freizeichen vorzuwählen.«

Während der zweiten Flasche nicht eben billigen Chiantis (aber zum Teufel damit, er hat schließlich gerade ein großartiges Geschäft mit einem Verlag abgeschlossen), taut Fil plötzlich auf und erzählt von seiner tschechischen Vergangenheit; von der Zeit in Prag, als er noch ein Kind war; davon, wie sein Vater, ein Psychologe, mit der Familie nach England geflohen ist, als Fil gerade acht Jahre alt war; wie der kleine Fiat 127 mit all ihrer Habe an der Grenze auseinandergenommen worden ist. Fils Familie hatte etwas Geld in einer Vase versteckt, »versteckt unter zerknülltem Zeitungspapier und so. Und dieser Grenzer, der den Wagen durchsucht hat, steckt die Hand da rein. Wenn er das Geld gefunden hätte, hätte er uns sofort zurückgejagt, aber er hat nur eine Weile in dem Papier rumgewühlt und die Hand wieder rausgezogen – so sind wir durchgekommen.« Bis dann, als sie drei Tage später mitten in einem Sturm endlich in Dover angekommen sind, dieser Wagen an ihnen vorbeischleudert und gegen eine Klippe kracht. Der Wagen hätte sie beinahe in der Sekunde, in der sie britischen Boden betreten hatten, ausradiert ...

In England wurde alles nur noch schlimmer, und der kleine tschechische Beatlesfan musste sich ständig verprügeln lassen, weil er kein Englisch sprach. »Aber das hat sich schnell geändert«, sagt er heute. »Kinder schnappen eine Menge auf, wenn sie einfach ins kalte Wasser geworfen werden – ich konnte innerhalb von sechs Monaten ziemlich gut Englisch sprechen. Aber ich war trotzdem immer noch der Blitzableiter für die anderen.«

Fils Vater hat ihm im Alter von acht, neun Jahren Gitarre spielen beigebracht. »Ich wusste, dass ich verdammt gut war, Mann. Das soll nicht arrogant klingen oder so. Das war einfach eine Sache, an der ich mich festhalten konnte, weil der Rest meines Lebens so beschissen verlief. Ich habe so oft wie möglich die Schule geschwänzt, um Gitarre zu spielen.

Und am Ende habe ich beim Gitarrenunterricht in der Schule ausgeholfen. Eines Tages hat eines der Kids in der Schule mich spielen hören und zu einem anderen Typen im Raum, der schon seit Urzeiten Gitarre gespielt hat, gesagt: ›Scheiße, ist der Eisler gut. Meinst du, er könnte was draus machen?‹ Und dieser ältere Junge stellt sich vor mir auf und sagt: ›Keine Chance. Der wird nie irgendwas auf die Reihe kriegen. Weil es einfach zu schwer für ihn ist. Du wirst es einfach nicht schaffen. Gewöhn dich schon mal an den Gedanken. Lern irgendwas anderes. Sicher, du spielst ganz gut Gitarre, aber du wirst es nicht schaffen. Sieh mich an.‹

Und hier bin ich heute.« Fil grinst zufrieden. Viele Jahre später, nachdem er seine Lehre abgeschlossen hatte und in den hinterletzten Schweineställen aufgetreten ist; nachdem er in dieser peinlichen Prog-Rockband *(Nexus)* gespielt und acht Stunden am Tag geübt, doch nicht die Geduld aufgebracht hat, eine Musikhochschule zu besuchen; nachdem er einen Anruf von Guy bekommen hat, dem er bei einem Gig mit Zoe, der Frau mit dem Lied ›Sunshine On A Rainy Day‹, begegnet ist; nachdem er Rob als Solokünstler hat abheben sehen und mit ihm in Slane Castle gespielt hat – nun, nach all dem geht er eines Tages an einem Pub in Somers Town vorbei und sieht ein Schild mit dem Namen dieses Typen, auf dem ein Auftritt für den Weihnachtsabend angekündigt ist. »Ich dachte, das kann doch gar nicht sein, also bin ich reingegangen. Ich dachte, ich muss einfach hingehen und nachsehen, also habe ich gesagt: ›Ihr müsst mir die Werbezettel zeigen. Gibt es da ein Foto von dem Kauz?‹ Und die Wirtin sagt: ›Klar, sicher‹, und dann holt sie dieses Poster raus. Peng. Er ist es. Und ich dachte nur: Yessssss! Leider war ich am Weihnachtsabend nicht in der Stadt. Anderenfalls hätte ich alles stehen und liegen gelassen und wäre da aufgetaucht. Ich habe ihm stattdessen eine Nachricht hinterlassen, etwa in dieser Art: ›Ich weiß nicht, ob du dich noch an mich erinnerst, aber ich bin der Junge, von dem du gesagt hast, er würde überhaupt nichts auf die Reihe kriegen. Aber ich habe verdammt viel auf die Reihe gekriegt, kürzlich erst, vor einer halben Million Leute in Slane Castle. Netten Auftritt wünsche ich dir. Traraa, du Fo ...‹ So was in der Art – und das hat sich sehr, sehr gut angefühlt, wirklich.«

Rob bringt der Erfolg natürlich nicht nur Lohn, sondern auch Probleme. Später, wieder im Hotel, hocken Band und Crew in der Bar, und das Foyer ist schon wieder voller Fans. Er ist tatsächlich schon mal runtergekommen, sagt uns die zwanzigjährige Bine, die sich zusammen mit drei Freundinnen ein Zimmer teilt. Aber leider hat er kehrt gemacht und ist geradewegs zurück in den Aufzug gegangen.

»Ich bin für zwei Minuten unten gewesen«, sagt Rob, »und alles ist auf mich zugekommen. Die Augen der Fans haben sich auf mich geheftet und sind einfach nicht wieder weggegangen. Vier oder fünf Leute sind auf mich zugekommen, in diesen ersten zwei Minuten. Sie hatten sich Mut angetrunken und haben irgendwie geglaubt, sie hätten ein Recht auf mich. Also war es Zeit für mich, Reißaus zu nehmen und in mein Zimmer zurückzugehen. Ich kann da nicht bleiben. Ich weiß nicht, wie andere das aushalten können. Manchmal starren sie dich auch nur an und verfolgen dich die ganze Nacht. Aber selbst wenn sie nicht näher kommen und nichts sagen, wenn du ständig zwanzig Leute mit dir rumschleppst, wo du auch hingehst, dann willst du dein Zimmer nicht mehr verlassen, oder?«

Es steckt ein furchtbarer Teufel in mir. Und er kommt nicht hervor, um sich gegen andere zu richten; er will nur, dass ich mich selbst zerstöre. Ich habe eine Krankheit, die mit meiner eigenen Stimme zu mir spricht und mir sagt, ich wäre nicht krank. Und das ist meine dunkle Seite.

5

SAMSTAG, 17. FEBRUAR:
HAMBURG.

ROB AUF DER BÜHNE: 21 UHR 15.

BITTE RUFT AN, WENN IHR GÄSTE HABT.
WIR SIND EIN BISSCHEN EINGESCHRÄNKT.

»*MAN SOLLTE JEDEN TAG MIT EINEM LÄCHELN BEGINNEN, DANN HAT MAN ES WENIGSTENS HINTER SICH.*«
W. C. FIELDS.

PIP PIP
THE P.O.D.

Auf der Suche nach Robert

Vor dem Auftritt in Hamburg, als Rob mit freiem Oberkörper in seiner Garderobe sitzt, meint er, es gäbe einen Grund, warum gestern Abend so viele Fans im Hotel waren. Als David und er das Studio verlassen hatten, hatten sie gleich wieder die Presse im Nacken, die schon seit dem Fußballspiel hinter ihnen her war und ihn nun auch noch zu dem Selbsthilfetreffen verfolgte.

»Wir haben den Wagen gewechselt und die meisten von ihnen abgehängt, aber da war dieser besonders hartnäckige Typ von Radio Hamburg, der mir sogar bei dem Treffen aufgelauert hat. Ich dachte, was jetzt? Schließlich ging ich zu seinem Wagen und kehrte mein nettestes Ich heraus. So was wie: Hör mal, ich komme aus einem Ort, wo Aufrichtigkeit noch etwas zählt. Ich setzte mich also zu ihm und sagte: ›Hey, Kumpel, wie geht's?‹ Ich schüttelte ihm die Hand, und dann sagte ich: ›Ich bin gerade auf dem Sprung zu einer sehr persönlichen Angelegenheit, und ich wüsste es sehr zu schätzen, wenn du mir nicht weiter folgen würdest.‹ Und er: ›Klar. Wenn du mir erzählst, wo ich dich später finde.‹ Eigentlich hätte ich antworten müssen: ›Okay, cool, ich sage dir, was wir tun. Heute Nacht um elf habe ich eine halbe Stunde für dich.‹ Und dann hätte ich ›Fuck off‹ sagen und weggehen sollen. Ja, das hätte ich tun sollen, aber ich habe ihn nur angesehen und gesagt: ›Das ist nicht verhandelbar, und ich habe nicht vor, dich zu bestechen.‹ Er hatte seine ganze Ausrüstung dabei, Mikro, Mini-Disk-Rekorder. Dann klingelte sein Telefon, und ich habe in den Wagen gegriffen und mir seine Ausrüstung geschnappt, das Mikro aus seiner verdammten Buchse gerissen, den Mini-Disk-Rekorder weggeworfen, das Mikro auf einen Baum geschleudert und bin einfach gegangen.

Kochend vor Wut bin ich zu dem Treffen gegangen. Ich dachte: Da schütte ich dir mein Herz aus, und du behandelst mich immer noch wie einen beschissenen – als wäre ich nichts wert. Als würden dir meine Gefühle überhaupt nichts bedeuten. Du willst mich verletzen, das macht mir Angst, und das wiederum macht mich wütend.

Wir gingen also zu dem Treffen, und als ich wieder rauskam, waren da vier Polizisten und schätzungsweise fünfzehn andere Leute. Während ich in der Sitzung war, hat er über Handy live im Radio gesprochen und ganz Hamburg erzählt, was ich gerade mache. Deswegen sind die ganzen Leute gekommen. Also habe ich mich an diesen sicheren Rob-Ort zurückgezogen und habe einfach diese verdammt verrückte Robbie-Welt verlassen. Ich bin ins Auto gestiegen und habe gefragt: ›Marv, was hat die Polizei gesagt?‹ Im Grunde haben die Polizisten diesem Typen von Radio Hamburg gesagt, er soll sich verpissen. Marv ist losgezogen, hat sein Zeug zusammengesammelt, es ihm zurückgegeben und gesagt, er soll verschwinden.«

»Es war witzig. Als wir wieder im Hotel waren, war es wirklich witzig. Aber während es passiert ist, war es das überhaupt nicht. Typen wie der sind eine Art Abschaum.«

Auf der Suche nach Robert

»Wir sind schon früher trocken auf Tour gewesen«, sagt David Enthoven, »aber dieses Mal kommt es mir zum ersten Mal so vor, als hätte Rob diese Entscheidung wirklich für sich selbst getroffen. Vielleicht hatte er vorher das Handtuch noch nicht wirklich geworfen, aber ich glaube, dieses Mal hat er es getan. Er ist extrem angreifbar. Beim besten Willen, ich kenne sonst niemanden – wie viele Monate ist er jetzt trocken, zwei Monate? – der unter solchen Umständen tatsächlich da rausgehen und sein Bestes geben kann. Das Letzte, was du willst, ist vor zehntausend Leuten zu stehen und sie zu unterhalten. Alles, was du wirklich noch willst, ist, so ein Treffen aufzusuchen oder mit mir oder anderen Leuten, die gegen die gleichen Ängste ankämpfen, reden, statt rauszugehen und diese Person darzustellen, diesen Entertainer – Robbie. Er versucht, Robert zu finden, aber dann muss er wieder raus und Robbie sein. Das ist das Problem bei der Sache.«

David erzählt ganz offen, was er für Rob zu tun hat. »Mein Job bei der Tour ist wirklich ziemlich simpel. Ich muss Rob helfen, eine möglichst gute Gemütsverfassung aufzubauen, damit er da rausgehen und seinen Job machen kann. Und sein Job ist es, jeden Abend zehn- bis fünfzehntausend Leuten ein Lächeln auf die Gesichter zu zaubern. Darum verbringen wir sehr viel Zeit miteinander, und wir wissen beide, welche Rolle ich dabei spiele. Manchmal zieht er mich auf, indem er sagt: ›David, du musst dafür sorgen, dass ich mich gut fühle. Das ist dein Job.‹ Es geht einfach um Bestärkung. Ich schätze, es kostet unglaublich viel Mut, zu tun, was er tut, solange er in diesem Zustand ist. Es ist einfach meine Aufgabe, ich muss ihn unterstützen, diesen Mut aufzubringen und ihm helfen, seine Gemütslage zu stabilisieren. Am Ende liegt es allein bei ihm, rauszugehen und die Leute zu unterhalten.«

»Diese Treffen sind ein absolut lebensnotwendiger Teil der Tournee, nicht wahr?«

»Ja, das sind sie. Im Grunde ziehen wir los, um kleine Oasen zu suchen. Wir erleben gute Treffen und schlechte Treffen, aber es ist immer gut, von der Tour wegzukommen und einfach nur ganz normale Belgier oder Deutsche aufzusuchen, die Englisch sprechen und mit den gleichen Problemen zu kämpfen haben. Sie teilen ihre Kraft miteinander. Du redest tatsächlich darüber, wie es ist und wie es bei dir läuft. Das Tolle an diesen Treffen ist, dass du reingehst und weißt, jeder im Raum hat dasselbe Problem wie du. Sie haben alle begriffen, dass genug genug ist, und sie versuchen, den Tag zu überstehen, ohne einen Drink zu nehmen.«

Wirklich cool

Davids Interesse daran, dass Rob trocken bleibt, ist mehr als nur rein professionell. Nachdem sein eigenes Leben durch Alkohol und Drogen traumatisiert, man könnte beinahe sagen, definiert worden ist, kann er so ein Thema nicht auf die leichte Schulter nehmen. Seit seinen Anfangstagen im Musikgeschäft hat er regelmäßig Drogen und Alkohol konsumiert. In den Siebzigern, als sein Lebenslauf als Manager schon eine ganze Reihe Rocklegenden aufzuweisen hatte, war David – mit seinen eigenen Worten – »der coolste Typ des ganzen Blocks. Ich hatte die *Easy Rider*-Maschine, bin immer die King's Road rauf- und runtergefahren. Ich war die verfickte Rock 'n' Roll-Antwort auf ...« Er schüttelt den Kopf und lacht über das absurde Leben seines jüngeren Selbst. »Jeder sagte: ›Ja, David ist wirklich cool‹ und all das. Und im Inneren war ich nur ein verängstigter kleiner Junge. Ich konnte nur cool sein, wenn ich voll war, voll bis zum Anschlag.«

»Ich konnte immer aufhören«, fährt er fort. »Ich hatte nie ein Problem damit, aufzuhören. Darin war ich wirklich gut. Ich konnte drei, vier Tage aufhören, manchmal auch einen Monat. Aber dann wurde mir immer langweilig und ich habe wieder angefangen. Ich blieb eine Weile trocken und dachte: was jetzt? Und dann haben mich all diese Gefühle überfallen, die Unzulänglichkeit, die mangelnde Selbstachtung. Damit bin ich nicht klargekommen. ›Nehmen wir noch einen!‹ Versuchen wir, all diese tiefen Gefühle zu killen.«

Schließlich überschritt 1977 sein Drogenkonsum endgültig das noch entspannende Maß, und seine Partner forderten ihn auf, EG, den Managementladen, den er selbst mit aufgebaut hatte, zu verlassen. »Ich wurde damals immer unberechenbarer. Zu viel Kokain und diverse andere Substanzen.« Der folgende Abstieg war »verdammt schmutzig, um ehrlich zu sein. Ich habe die Dinge nicht gerade gut gedeichselt.« David verlor seine Frau, seine beiden Kinder, das große Haus auf dem Land, seine Sammlung von dreiundvierzig Motorrädern, »einen Riesenbatzen Geld, das ich schlicht bei einem irrsinnigen, drogenumnebelten Gelage in den Wind geschossen habe.« Schließlich endete er in einem Zimmer an der Südküste, inzwischen zu einem völlig fertigen Heroin- und Kokainsüchtigen verkommen. »Jedem, wirklich jedem habe ich die Schuld gegeben, aber mich selbst habe ich nicht einmal angesehen und folglich auch nicht kapiert, dass ich derjenige war, der mich wieder aufrichten musste.«

Irgendwann hatte er den absoluten Tiefpunkt erreicht. Um Weihnachten 1986 dachte er sehr ernsthaft daran, sich umzubringen. »Und ich kam zu der Überzeugung, dass das eine ziemlich gute Option wäre. Ich war wieder auf Speed und Alkohol, was eine ziemlich beschissene Kombination ist. Ich konnte nirgends hin. Meine Kinder wollten mich nicht. Meine Freunde wollten mich nicht. Meine Mutter war tot. Ich lebte dort, wo sie gelebt hatte, mit all ihren Klamotten um mich rum. Das war Irrsinn. Ich habe in ihrem Bett gelebt.«

Stattdessen rief er in seiner Verzweiflung einen Freund an, einen trockenen Alkoholiker, und ging im Januar 1986 in eine Reha-Maßnahme in der Broadway Lodge in Weston-super-Mare. Dort blieb er zehn Wochen. »Ich wollte so etwas nie wieder erleben. Es hat mir furchtbare Angst gemacht. Ich erinnere mich, wie ich hinterher zum Bahnhof gegangen bin und eine Brandy-Werbung gesehen habe, und ich dachte, oh, Gott, das würde jetzt gut tun. Und dann dachte ich: tu's doch, du blöder Arsch. Du hast gerade zehn Wochen in der Hölle verbracht. Willst du dir das wirklich noch mal antun?«

Also blieb er trocken und hangelte sich langsam zurück in ein normales Leben. »Tim kann dir erzählen, in welchem Zustand ich war. Er ist damals sogar in die Klinik gekommen, um mich zu besuchen, der Gute. Er hat mir Zigaretten mitgebracht. Später, als ich dann wieder durch die Musikindustrie getaumelt bin, auf der Suche nach einem Job, konnte ich den Leuten buchstäblich nicht mehr in die Augen sehen.«

David zog in ein möbliertes Zimmer und ging Klinken putzen, »um ein Parfüm zu verkaufen, das genauso gerochen hat wie tausend andere Parfüms«. Aber tief im Inneren war er immer noch fest entschlossen, »das zu tun, was ich wirklich wollte und von dem ich wusste, dass ich gut darin war.«

Eines Nachts, in einem möblierten Zimmer in Parsons Green »unterwegs zurück nach Chelsea, wo ich nach meinem Gefühl definitiv hingehörte«, hatte er so etwas wie eine Offenbarung: »Ich saß in diesem winzigen Zimmer mit meinem alten Collegekoffer im Haus einer wirklich süßen Frau. Ich habe nur fünfundsiebzig Pfund Miete bezahlt, und ich hatte fünfundsiebzig Pfund in meiner Tasche. Meine ganze Habe war in diesem Zimmer verteilt und bestand aus so gut wie nichts, weil ich alles verbrannt hatte, all meine Anzüge und alles. Ich muss schon seit zweieinhalb Jahren trocken gewesen sein. Und ich dachte, yeah, es ist okay. Ich war glücklich.«

Mit vierundvierzig Jahren entschloss sich David endgültig, ins Musikgeschäft zurückzukehren und einen neuen Anlauf zu wagen. Er zog mit Maren zusammen, seiner zukünftigen Frau. »Sie hat mir die Kraft gegeben, im Alltag zu bestehen«, sagt David.

Mit einer Gruppe namens *The Grid* fing er neu an. Dann hörte Brian Ferry, dass er wieder dabei war, und rief ihn an. Das war für ihn »das Sprungbrett, um wieder richtig an die Arbeit zu gehen.« Bald darauf bot ihm Tim Clark einen Platz in seinem Büro an, und die beiden alten Kumpels fingen an, »ein bisschen mit kleinen Musicalproduktionen herumzuspielen.« Dann wurden ihnen *Massive Attack* empfohlen.

Ich habe mich nie als den Boss gesehen, ich betrachte mich immer nur als den Typen, der ganz vorn auf der Bühne steht. Der große Unterschied ist, dass ich mehr als die anderen verdiene.

Die Crew ist immer so nett zu mir gewesen, es war immer eine Gemeinschaftsanstrengung. Es läuft nicht auf »ich und sie« oder »sie und er« hinaus.

Ich weiß, dass sie mich mit Respekt betrachten, und sie wissen, dass ich der Mann bin, der ihr Gehalt zahlt, aber ich glaube nicht, dass irgendeiner von ihnen Angst vor mir hat.

Ich glaube, dass sie mich alle aufrichtig mögen.

WILLIAMS
8

»Das hat uns wirklich auf die Beine geholfen. *Massive* waren verdammt cool. Brian war alt und cool, aber *Massive* waren jung und cool.« Und schließlich gerieten sie durch einen Anruf von einem von Brian Ferrys Steuerberatern an Robbie Williams.

Vom Umgang mit Robbie

Richie Stephenson, der Fanartikel-Verkäufer, ist hochgradig nervös. Er hat das Fußballspiel am Mittwoch verpasst, was unter Tourneebedingungen eine ernsthafte Sünde darstellt. Und jetzt zeigen ihm alle die kalte Schulter. Er weiß, warum, schließlich hat er alle im Stich gelassen, aber das war nicht seine Schuld ...

Sogar Rob verhält sich seltsam. »Ich denke, du solltest dich später mit Franksy unterhalten«, sagt er kühl, als er Richie begegnet. Dreieinhalb Stunden wird Richie auf die Folter gespannt, und jedes nur denkbare Szenario geht ihm durch den Kopf.

Dann taucht Claire an seinem Stand auf, um sich ihr Freikontingent an Waren zu holen, nur für den Fall, dass er morgen nicht da ist, wie sie sagt. Little Jez und Adam kommen vorbei, um ihn zu umarmen, als wäre es sein letzter Tag.

Jetzt, eine Stunde vor dem Konzert, schiebt Franksy den zitternden Verkäufer in Robs Garderobe. »Setz dich«, sagt Rob, der gerade einen Stapel Autogrammkarten für Josie unterschreibt, ohne Richie auch nur einmal in die Augen zu sehen.

»Du bist am Mittwoch nicht zum Fußball gekommen, nicht wahr?«

»Nein«, sagt Richie. Er mag nicht erklären, dass sein Lieferwagen zugeparkt war, weil das zu sehr nach einer lahmen Ausrede klingt, also bleibt er still sitzen, während Rob mit erster Miene weiter Autogramme schreibt.

»Ich habe beschlossen ...«, fängt Rob an, verstummt dann aber. Richie ist auf das Schlimmste gefasst. Der lange Weg zurück nach Preston, das Ende seiner Karriere, in deren Verlauf er praktisch jedes Konzertsaalfoyer in ganz Europa kennen gelernt hat. »Ich habe beschlossen ... dich den ganzen Tag zu verarschen.«

Während sie alle lachen, nimmt Rob ihn in die Arme, und Richie ist unglaublich erleichtert. »Danke, und meinen Beifall dazu«, murmelt er.

»Ich schätze, man soll aufhören, wenn es am Schönsten ist«, sagt Franksy. Eigentlich hatte der Prince of Darkness vorgehabt, den armen Richie drei Tage lang zu quälen, »dann hättest du dir nachts noch ein paar Gedanken machen können«, aber schließlich haben er und Rob sich doch noch erweichen lassen.

Bühnenmischung

Oben in seinem kleinen Bereich links der Bühne, die hochgewachsene Gestalt ein wenig zusammengekauert, weit über seinen mächtigen Monitor gebeugt, huscht der Kanadier Martin mit geübter Hand über endlose Reihen bunter Drehregler; sie

TDK

SONNTAG, 18. FEBRUAR:
HAMBURG – BERLIN.

ANMERKUNG:
WIR MÜSSEN EIN BISSCHEN FRÜHER LOS, WEIL ROB DRINGEND NACH BERLIN MUSS. WIR HABEN DANN EINEN TAG FREI, UND ES GIBT EINE MENGE KULTURELLE DINGE ZU BESTAUNEN. MACHT EUCH EINEN SCHÖNEN TAG.

»WER ANGST HAT, HAT MEHR VERTRAUEN IN DAS BÖSE ALS IN DAS GUTE.«

PIP PIP
THE P.O.D.

mischen nicht die Musik, die das Publikum hört, sondern die, die jedes einzelne Band-Mitglied auf der Bühne benötigt, um danach zu spielen, und die direkt vor ihrem jeweiligen Platz aufgenommen wird. »Fil hört gern viel von den Drums, Snaredrum und so, um sein Timing zu halten. Guy muss natürlich seine Keyboards hören können, und dann hat er es gern, wenn er auch den Gesang und Claires Keyboard hören kann. Die Drums muss ich ihm nicht so laut draufgeben, weil er auf der Bühne nah bei Chris steht.«

»Aber siebzig Prozent der Zeit passe ich auf, was Rob tut.« Wenn Rob über die Bühne rennt, muss Martin den Sound ständig korrigieren, indem er jeder Bewegung folgt. »Er ist so gut wie überall. Diese beiden Monitore in der Mitte der Bühne sind nur für ihn gedacht.«

Hinter dem Kanadier steht sein ›Babysitter‹, Dave ›Dribble‹ Poynter im Dunkeln, kaut gelangweilt auf einem Kaugummi herum und wartet darauf zu übernehmen, falls Martin auf die Bühne muss oder aus irgendeinem anderen Grund verschwindet. »Sie nennen mich Dribble, weil ich ziemlich oft durch die Gegend dribbele«, erklärt Dave ziemlich ungerührt.

Dies ist nun schon das vierte Konzert der Tournee, und allmählich sind alle mit Robs Auftritt vertraut. Die Art, wie er die Hände lose baumeln lässt; der Kussmund, den er immer wieder zieht; wie er rechtslastig bei »The Road To Mandalay« den Kopf schüttelt; die Art, wie er über die Bühne stolziert bei »Forever Texas« – »Pretty la-ady, am-aze me«; wie er sich auf jemanden aus dem Publikum konzentriert, obszöne Gesten macht, sich einen Finger in den Mund steckt und langsam wieder rauszieht, rein und raus, mehr als vielsagend, dann zieht er die Brauen hochzieht, macht kehrt und lässt irgendjemanden mit offenem Mund und weit aufgerissenen Augen stehen; wie er während »No Regrets« eine Zigarette raucht und tatsächlich wie Frank Sinatra ans Ende der Bühne schreitet; wie er bei »Paint By Numbers« wie ein Kind über die Bühne hüpft; sein kleiner Riff am Anfang von »Love Supreme«. »You – *don't* – want-to-fuck-with-*Robbie*. Cause *Rob-bie* – will fucking-*kill*-you.« In dieser Nacht fügt er hinzu: »I'm a bad man.«

Es gibt noch ein paar andere Neuerungen. Wenn er das weibliche Publikum – bei »Forever Texas« – auffordert, die Brüste zu zeigen, dann tut er das auf Deutsch: »Zeigt mir eure Titten«, was großes Gelächter auslöst. Es gibt noch einen anderen Joke, den Wob ihm ebenfalls in großen Lettern auf den Monitor vorn auf der Bühne schickt. Jemand im Hotel, so erklärt er dem Publikum, hat ihm geraten, er soll sagen: »Alles fit im Schritt?«, wenn er wissen will, wie die Leute drauf sind. Natürlich weiß er, dass das nicht bedeutet: Wie geht es euch? Die Menge jedenfalls hat ihren Spaß, und die Jugendlichen grölen vor Freude in dem Wissen, dass ihre Eltern ganz bestimmt furchtbar schockiert wären.

Auch Gary hat seine Fans: Einige Mädchen wedeln mit Karten, auf denen die Buchstaben G, A, R und Y stehen. »Aber was du nicht weißt«, sagt Rob auf der Bühne zu Gary, »ist, dass die da drüben vermutlich Gary Barlow meinen. Ich habe mal in einer Band namens *Take That* gespielt«, erklärt er. Rob neigt nicht gerade dazu, sein Publikum zu überschätzen.

Nach der Show lungern die Gary-Fans – Stephanie, Zena und Maria – immer noch an der Bühne herum. Warum mögen sie Gary so sehr?

»Er ist nett.«

Wenn sie sich entscheiden dürften, den Rest ihres Lebens mit Gary oder mit Robbie zu verbringen, wen würden sie wählen?

Das Trio erbebt vor Lachen. »Ich glaube, mit Robbie würde mehr Zeit bleiben«, sagt Zena ganz pragmatisch. »Ich meine nur, weil Gary schon älter ist.«

»Ich würde Guy wählen«, sagt Stephanie. »Aber der ist verheiratet.«

Haben sie keine Freunde?

»Oh, doch.«

Und was denken die darüber?

»Sie hassen es.«

B-Seite

Mit dunkler Brille und einer hellgrünen Wollmütze auf dem Kopf tritt Rob aus dem Aufzug des Atlantic Kempinski. Obwohl seine Augen hinter den Brillengläsern nicht zu sehen sind, ist unverkennbar, dass er sich in der ganzen Eingangshalle umblickt und jedes Detail aufnimmt. Dann, Jonah nur einen Meter hinter sich, die Hände halb gespannt und auf alles vorbereitet, ist Rob auch schon durch die Drehtür hinaus, stürzt sich mitten hinein in den Spießrutenlauf durch die Reihen der Fans und in seinen Bus, gefolgt vom üblichen Anhang, bestehend aus David und Josie. »Robbie, Robbie!«, brüllen sie und halten ihm die Autogrammhefte hin, aber er unterschreibt heute gar nichts, erklärt Rob, als er kurz auf halber Strecke unter der strahlenden Sonne stehen bleibt. »Hört mal, macht euch einen schönen Tag. Geht und tankt ein bisschen Sonnenwärme. Nein«, wiederholt er dann noch einmal gegenüber einem besonders hartnäckigen Fan. »Wenn ich ein Autogramm gebe, dann muss ich allen eines geben.« Dann lächelt er breit. »Pass auf dich auf. Bis später.«

Es folgt die Band. Claire hält einen Strauß Rosen im Arm, den ihr Verlobter, Dylan, ihr zum Valentinstag hat schicken lassen. »Ich habe jede Rose aufgehoben, die er mir je geschenkt hat«, sagt sie mit einem halb entschuldigenden Grinsen auf den Lippen, und tatsächlich klingen ihre Worte wie eine Zeile aus einem von Robs Songs. Fil hat in der Zwischenzeit einen Zeitungsausschnitt aus einem englischen Boulevardblatt erhalten, das ihn und Robbie im Clinch abbildet: »FIL'S GOT A HOBBY«, steht unter dem Foto, »HE LOVES SHAGGING ROBBIE« (Fil hat ein Hobby, Poppen mit Robbie). Er ist nicht gerade glücklich darüber, verkündet er, während er den anderen den Zeitungsausschnitt zeigt.

Gary Nuttall nimmt seinen üblichen Platz neben Morris, dem Fahrer, ein – er leidet unter der Reisekrankheit und sitzt daher immer ganz vorn. Der Besuch in Hamburg hat ihm Spaß gemacht, ein bisschen spazieren gehen, ein paar Shops besuchen. »Nicht *diese* Art Shops«, sagt er lachend. Aber der verwahrloste Zustand der Reeperbahn und allem gefällt ihm sehr. »Wegen der Verknüpfung zu den Beatles. John Lennon hat immer gesagt, die beste Musik hätten die Beatles in Deutschland gemacht.«

Gary hat erst 1977, nach dem Tod von Elvis, angefangen, sich mit Musik zu beschäftigen. Er selbst war damals elf. »Und der Typ hat mich mehr und mehr fasziniert.« Der erste Song, den er je auf der Gitarre zu spielen gelernt hat, war ›Wooden Heart‹ – »ein ziemlich alter und einfacher Elvis-Song.« Sein Vater war Amateurgitarrist, der an den Wochenenden oft in Arbeiterkneipen gespielt hat; er brachte Gary die Grundkenntnisse bei, den Rest lernte Gary allein, indem er sich Platten anhörte und die Lieder nachspielte. Bald trat auch er in kleinen Clubs auf. »Und ich habe es geliebt, all diese alten Lieder zu spielen. Roy Orbison, Fats Domino, Little Richard – tolle Burschen.«

Als er etwa achtzehn war, begann seine Pub-Band-Phase. Nun spielte er nicht mehr nur Coverversionen alter Songs, sondern selbst geschriebene Stücke mit Bands, an deren Namen er sich nicht mehr erinnern kann. Dann wurde der Schlagzeuger von Face – Garys zweiter ›richtiger‹ Band – gebeten, für Robbie Williams vorzuspielen. Er bekam den Job und rief Gary an, um ihm zu sagen, dass auch noch ein Gitarrist gesucht würde. »Der Witz dabei ist, dass ich mich schon damals im Bett am wohlsten gefühlt habe. Einer meiner besten Freunde hat immer zu mir gesagt: ›Gary, du wirst es nie zu etwas bringen, wenn du den ganzen verdammten Tag im Bett rumliegst.‹ Smiley hat mich gegen 15 Uhr 30 angerufen, und ich lag im Bett. Wäre ich losgezogen, um mir Arbeit zu suchen, hätte mich der Anruf gar nicht erreicht.«

Guy und Fil gingen ins Borderline, um ihn spielen zu sehen, und schon hatte er einen Vertrag. Nun gehörte er zur Band von Robbie Williams, deren Mitglieder sich für *TFI Friday*, eine Show, die damals auf Channel Four Television lief, alle in weiße Anzüge geworfen hatten. Gary fand es großartig, zur Abwechslung mal ein bisschen Geld zu haben, aber er bezweifelte, dass dieser Zustand auch nur ein ganzes Jahr andauern würde.

»Eine der ersten Sachen, die Rob mir sagte, als ich zur Band stieß – und ich bin auf Anhieb gut mit Rob klargekommen, irgendwie hat das vom ersten Augenblick an geklappt, ich liebe ihn einfach, er ist toll – also, er sagte: ›Hör mal, Gary, ich werde dich nicht verarschen, wenn diese Geschichte nicht funktioniert. Wenn nichts passiert, gehöre ich nicht zu den Leuten, die den Karren endgültig in den Dreck fahren oder es endlos weiter versuchen. Wenn es nicht hinhaut, dann war's das.‹ Das war sein Standpunkt: Wenn es nicht hinhaut, hört er auf und macht etwas anderes.«

Dann wurde »Angels« veröffentlicht. »Wir saßen im Fond des Wagens und ich erinnere mich, wie Rob gesagt hat: ›Wenn ich Songs wie diesen höre, glaube ich, dass alles gut gehen wird.‹ Und als der Song auf Anhieb in die Top 10 kam, dachte ich, das wird wohl doch ein bisschen länger halten. Aber dann ging es erst richtig los. Es war einfach faszinierend. Für Rob muss das allerdings ein gewaltiger Druck sein. Ich kann mir überhaupt nicht vorstellen, wie das ist, im Mittelpunkt all dieser Aufmerksamkeit zu stehen, aber für jemanden wie mich ist es toll, dabei zu sein und das alles mitzuerleben. Ein Teil davon zu sein und trotzdem die Möglichkeit zu haben, einfach irgendwo spazieren zu gehen. Niemand weiß, wer zum Teufel du bist. Das ist das Beste an der ganzen Sache.«

Es ist alles so enorm schnell gegangen. Gary erinnert sich an Robs ersten Soloauftritt 1997 im Peacock Centre in Wokong, ein großer Raum, der Platz für zwei- bis dreitausend Leute bot, und er war nicht mal zur Hälfte voll. »Daran muss ich immer denken, wenn wir einen Auftritt in Slane Castle oder in einem großen Stadion haben. Dann überlegst du, wie konnte das passieren? Ich habe immer gehofft, irgendwas Unfassbares würde passieren, weil Rob so gut ist, und das sage ich nicht nur so. Er ist ein echter Könner vor dem Publikum. Sehr charismatisch. Sogar, wenn er nicht bei der Sache ist, auch in den schlimmsten Augenblicken – die Augenblicke, die er für seine schlimmsten hält – ist er großartig.«

Und großzügig obendrein, wie Gary meint. Rob hat ihm die B-Seite von *Lazy Days* für einen seiner eigenen Songs überlassen: »She Makes Me High«. »Ich dachte, das ist doch mal ein wirklich großherziger Typ. Dem macht es nichts aus, mit wem er sein Ding macht. Für ihn ist das nicht so wichtig wie für viele andere. Er ist einfach sehr offen.

Ich weiß noch, wie der Song rauskam. Meine Freundin und ich waren in jedem Laden, haben uns die CD angesehen, haben auf die Rückseite gesehen und meinen Namen gelesen. ›Yeah, da ist er drauf.‹« Die Erinnerung bringt ihn zum Lachen. »Das war der reine Irrsinn. Und es hat mich wirklich nach vorn gebracht, weil er einer der besten Sänger im Land ist.«

Und wie steht es mit *seinen* Fans?

Gary lacht sein atemloses, leicht schrilles Lachen. Das Problem ist, dass er sie gar nicht sehen kann, weil er beim Auftritt seine Brille nicht trägt und die ersten Reihen nur verschwommen wahrnehmen kann. »Wir steigen aus dem Bus, und Rob geht einfach an ihnen vorbei. Ich neige immer dazu zu sagen: ›Wie geht es euch? Alles okay bei euch? Habt ihr ihn schon gesehen?‹ Einfach stehen bleiben und hallo sagen. Weil ich immer denke, sie stehen da draußen rum, es ist kalt und so hat wenigstens jemand hallo zu ihnen gesagt.«

Seine Fans haben Recht: Gary ist nett.

6

Ich weiß nicht, wonach ich bei einer Frau suche. Ich bin gar nicht auf der Suche.

Ich halte mich an Männer.

ROBBIE
EPSON
VIP

Rock-'n'-Roll-Veteran

Wie sich herausstellt, liegt das Hotel im Ostteil Berlins. Im strahlenden Sonnenschein dieses Montagmorgens heben sich die Gestalten, die über die Charlottenstraße schlendern, wie tintige Silhouetten vor dem glänzenden Pflaster ab. Tim ist wegen des Konzerts nach Berlin geflogen; nun spazieren er und David durch die breiten Straßen auf der Suche nach einem Café, Rock 'n' Roll-Veteranen in schweren Mänteln.

Tim Clark ist die andere Hälfte des zweiköpfigen IE-Teams, derjenige, der in London bleibt und dort die Fäden zieht, während David mit dem Künstler auf Tour geht. Er ist schlanker als David, braungebrannt und wettergegerbt (wie es sich für einen Menschen gehört, der im Busch von Kenia großgeworden ist und der davon geträumt hat, eines Tages Romanschriftsteller zu werden). Wenn er einen über die rechteckigen Gläser seiner randlosen Brille hinweg scharfen Blickes mustert, kann man sich vorstellen, dass er in Geschäftsdingen mächtig zur Sache geht und in diesem Bereich ebenso gute Arbeit leistet wie David auf der anderen Seite für die Menschen. Sie bilden ein recht entspanntes Team, und sie ziehen sich ständig mit der lockeren Vertrautheit alter Freunde auf.

Sie kennen einander schon seit 1968, als David *King Crimson* bei Island Records untergebracht hat. Tim hatte schon seit Ende 1964 für Island gearbeitet, ursprünglich als »bescheidener Lagerverwalter«. Die Arbeit bei Island war überaus aufregend, sagt er heute, obwohl anfangs »alles, was wir hatten, jamaikanische Musik, ein kleines amerikanisches Rhythm&Blues-Label und ein paar Rugby-Songs waren.« Dann landete Island mit Millie und »My Boy Lollipop« und mit der *Spencer Davis Group* und »Keep on Running« zwei große Hits, und sie konnten anfangen, mit Bands aus der Underground-Szene zu arbeiten – Steve Winwoods *Traffic, Free, Spooky Truth, Jethro Tull* und *Mott the Hoople.* »Es war wirklich toll«, stimmt David zu. »Ich erinnere mich, wie ich mit dem Motorrad nach Neasden gefahren bin. Du gehst in diesen Raum und überall stehen Kisten voller Platten rum. Ein totales Chaos, aber trotzdem richtig klasse, weil praktisch alle Platten, die sie verkauft haben, wirklich cool waren. Und der allgemeine Enthusiasmus war durchaus begründet. Wir haben *King Crimson* von Decca weggeholt, das war dieser Scheißbau an der Themse, lange Korridore, und das ganze Ding haben die nur im Vertrauen auf Mantovani und sein Orchester gebaut, der kaum was an Platten verkauft hat ...«

1972 war es Tim gelungen, *Roxy Music* bei Island unter Vertrag zu nehmen, »gegen den beachtlichen Widerstand von beinahe allen anderen.« Und mit ihnen kamen *Cat Stevens, ELP* und *Bad Company* hinzu. »Wir hatten wirklich die coolsten Untergrundbands«, erinnert sich Tim. »Und die coolsten Folkys.« *Fairport Convention, Nick Drake, John Martyn*, die *Thompsons*. Dann, als Tim zum Marketingleiter aufstieg, kam auch noch *Bob Marley* dazu.

Es war eine aufregende Zeit für Island, aber auch für Davids Managementgruppe EG und für ihre gemeinsame Einstellung gegenüber der kreativen Arbeit, die sie fördern wollten. »Für mich war das Tolle an Tim«, erzählt David, »dass er tatsächlich die Visionen der Künstler geteilt hat. Dass seine Covertexte nicht nur dem Firmenimage gedient haben, sondern vielmehr versucht haben, zu erklären, worum es den Künstlern ging ...«

Das ist eine Philosophie, die beide Manager auch bei ihren heutigen Unternehmen in den Mittelpunkt rücken, lange nach den Veränderungen in den späten Siebzigern und den Achtzigern, als Tim zusehen konnte, wie die ersten unabhängigen Label, Island eingeschlossen, sich an die großen Plattenfirmen verkauft haben. »Ich schätze, David und ich sind die beiden übrig gebliebenen, die immer noch an die Ideale der Sechziger glauben, was, einfach ausgedrückt, bedeutet, den Künstlern mehr Freiheit einzuräumen. In gewisser Weise könnte man uns als Macher bezeichnen. Die Künstler haben eine Vision, und wir helfen ihnen, sie zu realisieren.«

»Und vermutlich seid ihr eher in der Lage, Robs Vision wahr zu machen, als ein Siebenundzwanzigjähriger?«

»Ja, sicher. Das hat etwas mit unserer Erfahrung zu tun. David und ich haben, jeder auf seine eigene Art, so ziemlich alles in dieser Branche mitgemacht, außer selbst als Künstler oder Produzenten aktiv zu werden. Wir waren Lagerarbeiter, Roadie und sind in leitende Positionen aufgestiegen. Wir haben von beiden Seiten des Verhandlungstisches aus Verträge abgeschlossen, sowohl aus der Perspektive einer Plattenfirma, als auch aus der des Künstlers. Folglich kann uns so leicht keiner hinters Licht führen.«

Für beide ist es wichtig, Rob die schöpferische Freiheit zu geben, das zu tun, was er will. »Wir denken, uns bleibt nichts«, betont Tim, »ohne die Künstler, die Musiker, diese exzentrischen, überaus talentierten Leute, die sich einfach nicht in Schubladen quetschen lassen wollen. Auf keinen Fall wurde Rob von seiner Plattenfirma in ein bestimmtes Schema gepresst. Nichts könnte weiter von der Wahrheit entfernt sein. Rob hat selbst bestimmt, wie er sich geben will.«

»EMI hatte vor«, wirft David lachend ein, »›einen gut aussehenden jungen Mann‹ aus ihm zu machen. Und alles was er tut, ist, seinen Arsch zu zeigen. Also konnten sie ihn wirklich mal am Arsch lecken.«

Gedränge auf dem Korridor

»Willkommen in der Welt des Wassers«, sagt Rob lächelnd. Links der Tür stehen einige Lehnsessel in dem kleinen Korridor um einen niedrigen Kaffeetisch gruppiert. Auf einer Anrichte stehen Evian, Cola und diverse andere nichtalkoholische Getränke bereit. Rob macht heute Abend einen gänzlich entspannten Eindruck, aber er sagt, er wäre nicht sehr glücklich über den Auftritt. Er glaubt, nicht so gut gewesen zu sein wie in Hamburg.

Er und David spielen schon wieder Uno und schmeißen mit gewohnter Routine die diversen Aktionskarten auf den Tisch. »Ich danke dir«, sagt Rob, als er eine Runde gewonnen hat. Schließlich hört David auf, und Josie und Marv steigen ein. Josie lacht, nachdem ein Fan Franksy draußen drangsaliert hat, ihm doch einen Tipp zu geben, wo Robb-iiiieee jetzt hingeht. »Oh, bitteeee«, bettelt sie. »Kannst du uns nicht einen kleinen Tipp geben?« »Wohl mit dem Klammerbeutel gepudert, was?«, lautete Franksys gegrummelte Entgegnung.

Rob, absolut fröhlich und doch rastlos, hetzt durch das Spiel und ruft ungeduldig die Namen seiner Mitspieler, sobald einer von ihnen mehr als eine Sekunde zögert. »David!«, »Mark!«, »Marv!« Auch in ihm lauert ein »Better Man«, der immer nett sein möchte, trotzdem ist er immer noch die prinzliche Hoheit. »David, würdest du bitte so nett sein, das Fenster zu öffnen?«, fragt er. Zu anderen Zeiten hört er einfach auf zu spielen, um stattdessen Bruchstücke seiner eigenen Songs zu singen. Dann wieder sieht er einen plötzlich an und lächelt ohne ersichtlichen Grund.

Etwas später fangen wir an, uns gegenseitig aufzuziehen. Ich erzähle David und Josie, dass sie mich, wenn sie Nacht für Nacht am Rand der Bühne stehen und zu Robs Songs tanzen, an die Charaktere in *Winnie Puh* erinnern. Der große, kahlköpfige David in dem lässigen Shirt im Nelson-Mandela-Stil, und die vergleichsweise zierliche Josie neben ihm – Puh und das Ferkel (auch wenn ich das jetzt nicht laut aussprechen mag).

»Und ich?«, fragt Rob.

»Nein, du erinnerst mich eher an das *Dschungelbuch*.«

»Was bin ich? Ein geplagter Gibbon?«, fragt er und lacht lauthals.

Es ist zwei Uhr morgens, trotzdem sitzen immer noch einige Fans in der Bar im Erdgeschoss. An dem Tisch neben der Tür sitzen Marlene und Heide aus Rostock und trinken Tee. Marlene, rötlichblonde wirre Haare und Mandelaugen, ist Studentin. Ihre Freundin, ganz in Schwarz, lange dunkle Haare und ein auffallend beweglicher Mund, ist gerade mit der Schule fertig und wartet darauf, sich an der Universität einzuschreiben. Beide standen beim Konzert in der ersten Reihe, und vor allem Heide hat sich mit ihrem vampirhaft guten Aussehen deutlich von der Menge abgehoben.

Von Angesicht zu Angesicht stellt sich heraus, dass die beiden mehr als nur dumpfe Schönheiten sind; beide sprechen ziemlich gut Englisch, sind gewitzt und nicht um Worte verlegen. Sie waren noch sehr jung, als die Mauer fiel, erzählen sie, weshalb sie nicht viel über das alte Ostdeutschland wissen. Aber, beharrt Heide, es war gar nicht so schlecht in der alten Zeit. Zumindest hatten alle Arbeit.

Plötzlich taucht Jonah auf und sieht mich mit hochgezogenen Brauen an. Ich hatte behauptet, zu Bett gehen zu wollen, habe dann aber einen Umweg über die Bar gemacht. Jonah bietet uns allen einen Drink an, aber die beiden Mädchen müssen noch heute Nacht nach Rostock fahren und bleiben deshalb bei ihrem Tee. »Halt mir den Platz frei«, sagt Jonah.

Als er Platz genommen hat, wirkt die Konversation plötzlich irgendwie gestelzt. »Wie viele Männer versteckst du in deinem Keller?«, fragt er Heide. Die kichert, während ihr Blick hastig zwischen ihrer Freundin und mir hin- und herhuscht. Sollte das ein Witz sein, eine Anmache oder was?

Ein paar Minuten geht es so weiter, dann klingelt Jonahs Handy. Er steht auf und geht raus, kommt aber gleich darauf zurück, setzt sich und verzieht die Lippen unter seinem Schnurrbart zu einem breiten, etwas nervösen Lächeln. »Spielt ihr gern Karten?«, fragt er die Mädchen. Oben fände ein Kartenspiel statt, und sie bräuchten noch einen Spieler. Aber nur einen. Hat Heide vielleicht Interesse?

Sie kichert bezaubernd. Nein, nein, sie ist ganz zufrieden hier unten mit ihrer Freundin, entgegnet Heide. Jonah ist etwas besorgt, dass sie vielleicht nicht ganz kapiert haben könnte, worum es geht. Die Person, für die er arbeitet, würde gern Uno mit ihr spielen. Heide lacht. »Oh, nein, ich glaube nicht, dass ich Uno spielen will. Das ist doch ein Spiel für Kinder, nicht wahr?«, sagt sie.

»Du musst nicht Uno spielen«, sagt Jonah und murmelt kaum hörbar: »Sind die doof?«, als sein Handy erneut klingelt. Dieses Mal wirkt das Gespräch, er steht direkt um die Ecke, geheimnisvoller und ernsthafter. Die Mädchen haben derweil genau verstanden, worum es geht. Sie hätten nichts dagegen, zu Robbie raufzugehen, aber Heide will nicht allein mit Jonah gehen.

Das Telefon immer noch am Ohr, kommt er zurück und erzählt – wem auch immer am anderen Ende –, dass er bald zurück sein wird. »In Begleitung«, setzt er mit schwerer Stimme hinzu.

Eine Minute später, und Marv ist ebenfalls da. Er ist weitaus direkter als sein Kollege. »Ihr wisst, für wen wir arbeiten, oder?«, fragt er und erklärt, dass eben diese Person sich sehr glücklich schätzen würde, Heide in ihrem Zimmer begrüßen zu können. »Diese Person«, fügt Jonah mit einem bedeutungsschweren Nicken hinzu, »ist die, deren Konzert ihr kürzlich gesehen habt.«

»Oh«, ruft Heide lachend. »Michael Jackson!«

Die beiden Bodyguards wechseln verärgerte Blicke, ehe sich Jonah mit seinem breitesten Grinsen wieder Heide zuwendet: Warum geht sie nicht einfach mit rauf und sieht sich selbst an, um wen es geht? Sie können beide mitkommen. Dann kann die eine bleiben und Karten spielen, und die andere kann mit ihnen gehen. Mit ihm und seinem Kollegen.

Die beiden Mädchen haben nicht die Absicht, sich zu trennen, und selbst wenn sie zusammen bleiben, werden sie mit Marv und Jonah nirgends hingehen. »Mit dir würden wir raufgehen«, sagen sie zu mir. Und dumm wie ich bin – und von den Mädchen ganz angetan und ein wenig besorgt um sie – stimme ich zu.

Wir steigen also zu fünft in den Lift, einer so verlegen wie der andere. Auf dem Korridor klopft Jonah an Robs Tür. Ein gedämpftes ›Herein‹, und Jonah scheucht uns hinein. Rob ist da, allein, am Ende des kleinen Flurs, der in die Suite hineinführt. Er sieht uns, diesen Haufen Leute, den er nicht eingeladen hat, und schon ist alles vorbei.

»Tut mir Leid«, murmelt er, »zu viele Leute.«

Aber er schreit nicht rum, er ist höflich wie immer.

»Gute Nacht«, sagt er noch.

Wir gehen wieder hinaus und zurück an die Bar, und ich krümme mich beinahe vor Verlegenheit. Als die Mädchen weg sind, wird Jonah philosophisch. Im Grunde war das einfach Scheiße. Aber durch solche Situationen lernt man, sich aufzurappeln, es abzuschütteln und sich auf den nächsten Tag vorzubereiten.

Etwas später taucht Marv auf. Alles okay, sagt er. Er hat mit Rob darüber gesprochen, und der Boss fand, die Geschichte wäre eigentlich ganz lustig.

Es ist schon eine bizarre Situation für einen jungen Mann, gefangen in einem Hotelzimmer zu hocken, während Horden von aufgedonnerten jungen Frauen im Foyer auf ihn warten. Nicht alle würden sich auf mehr als ein Kartenspiel einlassen, aber es bleiben immer noch mehr als genug, die es tun würden, wohl wissend, dass sie im Gegenzug nicht gerade viel zu erwarten haben. Rob kann nicht runterkommen und sich wie ein normaler Mensch unterhalten oder flirten (und auf diese Art herausfinden, wer was will), weil sie ihn einfach überrennen würden. Darum überlässt er das Anschleppen ziemlich oft den Menschen in seiner Umgebung, die sein Vertrauen genießen.

★

Einer dieser Tage

Während Crew und Band in der Nacht eine Achteinhalb-Stunden-Reise zu Lande nach Düsseldorf hinter sich gebracht haben, nehmen der Prinzipal und sein engster Kreis das Flugzeug. Zwei polierte schwarze Wagen warten in der hallenden Betongarage unter dem Hotel auf Rob. Eilends werden wir zum Flughafen befördert und geradewegs in die Abflughalle geführt.

Rob scheint sich keine weiteren Gedanken über den Vorfall der vergangenen Nacht zu machen. »*Die ist* hübsch«, stellt er fest, als eine kecke blonde Stewardess vorbeikommt. Wie mag er sich fühlen? »Ich war einfach nur tagelang in meinem Zimmer«, sagt er mit dieser singenden Elvis-Stimme. »Inzwischen schon eine Woche lang«, fügt er mit seiner normalen Stimme hinzu. »Und wenn ich nicht in meinem Zimmer war, war ich im Bus, und wenn ich nicht im Bus war, dann war ich im Flugzeug. Da kann man auf die Dauer schon ein bisschen ...«

»Platzangst bekommen?«

»Yeah. Wisst ihr, wenn ich allein bin und mich in meinen eigenen Kopf zurückziehe, und das tue ich unweigerlich bei allen möglichen Gelegenheiten, dann ist das kein schöner Ort, mein Kopf, allein ... wegen der Gedankenmuster. Manchmal bin ich ununterbrochen damit beschäftigt, böse Gedanken abzuwehren.«

Er schnappt sich ein Buch und liest, blickt aber immer wieder übellaunig aus dem Fenster. Es ist kein guter Tag. Als wir in Düsseldorf im Hotel ankommen, wartet die ganze Presseschar auf uns. Kaum betritt Rob das Hotel, kommt auch schon der Hotelmanager auf ihn zu, um ihn zu begrüßen. Unverhofft steht er im Mittelpunkt. Und er ist wütend. »Das war so ein kahl werdender alter Knabe in einem dieser Anzüge, die Hotelmanager anscheinend überall auf der Welt verpasst bekommen. Er greift sich einfach meine Hand, und als ich ihm die Hand schütteln und hallo sagen will, versucht er, meinen Arm so zu führen, dass ich mich automatisch den ganzen Presseleuten zuwenden müsste, die hinter mir Schlange stehen. Er hat tatsächlich versucht, mich umzudrehen, um ein Foto von sich und mir in die Zeitungen zu bringen. Und so behandelt man verdammt noch mal keinen Gast in einem Hotel. In einem Hotel erwartet man Privatsphäre, und das genau ist der Grund, warum ich in ein Hotel gehe.«

Rob verlangt sofort, dass die ganze Band umzieht. Am Ende können Franksy und David ihn überreden zu bleiben. Abgesehen von dem Organisationsaufwand, den ein Umzug erfordern würde, gibt es in ganz Düsseldorf kein anderes Hotel dieser Kategorie, das imstande wäre, die ganze Band noch in dieser Nacht unterzubringen. Aber Rob ist nicht zufrieden. Außerdem, sagt Josie, hat er eine wunde Kehle. Am Veranstaltungsort zieht er sich dann auch in seine Garderobe zurück, und die Garderobiere, Flo, bereitet ihm ihren speziellen Thymianheiltee mit Honig zu.

Ich bin voll des
überschwäng-
lichen Lobes
für jedes einzel-
ne Mitglied
meiner Band.

Ich hasse es, diese Art
von Sprüchen über
»meine Tänzerinnen«
oder »meine Band«
zu lesen

– aber es ist die Wahrheit.

Ich liebe sie.

Load-out-Sandwich

Auf halbem Wege durch den großen Innenraum befindet sich ein abgezäunter Bereich, in dem Ton- und Lichttechniker Light-Show und Sound für das Publikum mischen und überwachen. Auf dem Podest im Hintergrund sitzt die hagere Liz Berry, Creative Director und Licht-Designer in einer Person. Ihr lockiges dunkles Haar fällt beinahe bis auf den Tisch mit den Monitoren, Schaltpulten und Computerbildschirmen. Zu ihrer Linken, vor einer weiteren Lichtkontrolltafel, hockt ihr jungenhafter Assistent Rich Gorrod in T-Shirt und Shorts, mit dem sie sich schon den ganzen Nachmittag ein kokettes Wortgefecht liefert.

»Du magst Scheiße sein«, sagt sie zu ihm, »aber billig bist du nicht.«

Unter dem Podest arbeiten die Tontechniker, in deren Verantwortung es liegt, den richtigen Sound für das Publikum abzumischen. Vorn in der Mitte, vor einem silbernen Schaltpult, das derart mit kunterbunten Dreh- und Schiebereglern vollgepackt ist, dass man vermutlich auch ein Flugzeug damit fliegen könnte, steht Tontechniker Dave Bracey, Gabby Chelmickas Ehemann. Hier sind sie alle in einer ganz anderen Welt, die andere Vorbereitungen erforderlich macht. »Wir haben ein Problem«, sagt dann auch Wob, während er sich in seinem schwarzen Seidenhemd an das rostbraune Geländer lehnt, das später die Zuschauer auf Abstand halten soll. »Wir erwarten heute neun Busladungen Engländer. Spielen wir nun das deutsche oder das englische Band?« Sie entscheiden sich schließlich für das deutsche Band, auf dem anstelle von »This is a public announcement« (Dies ist eine öffentliche Ankündigung) »Achtung! Achtung!« zu hören ist.

Von hier aus, dieser einsamen Insel inmitten des Publikums, den unteren Rand des Blickfeldes von einer endlosen Reihe dunkler, winkender Silhouetten gesäumt, gleicht das Konzert einem Spektakel erster Güte. Die Light-Show wertet die ganze Sache eindeutig auf: die blendenden weißen Lichtblitze, die den Beginn der Show markieren; die orangefarbenen Spots, die bei »Old Before I Die« aufleuchten; die gitterförmig verlaufenden weißen und rosafarbenen Lichtstrahlen vor dem blauen Hintergrund zu »The Road To Mandalay«.

Daves erstaunlich große Hände schweben über dem Schaltpult und nehmen unentwegt winzige Korrekturen an der Tonmischung vor. Am Ende sagt er, die Show wäre okay gewesen. Er legt Wert darauf, nur dann etwas zu Rob zu sagen, wenn er der Ansicht ist, dass der Auftritt außergewöhnlich gut war. »Ich gebe vielleicht bei jeder dreißigsten Show einen Kommentar ab. Es gibt nichts Schlimmeres, als mit Leuten zusammenarbeiten zu müssen, die dauernd sagen: ›Das war fantastisch! Das war brillant!‹ Du weißt schließlich selbst genau, dass du an manchen Abenden tolle Arbeit leistest und an anderen nicht ganz bei der Sache bist.« Rob weiß diese

Ehrlichkeit durchaus zu schätzen; wenn Dave sagt, es hat ihm gefallen, dann weiß er, die Show war gut.

Heute – Dave verzieht das Gesicht – war es so la-la. Es hat schon bessere Konzerte gegeben.

Als die Band zurück zu dem in Ungnade gefallenen Hotel, zu ihren Betten oder Partys (und heute Abend definitiv für mehr als einen von ihnen: Tändeleien mit Fans) fährt, bleibt die Crew im Stadion zurück: Jedes einzelne Stück muss demontiert, auf einen der fünf großen Lastwagen geladen und noch während der Nacht zu dem morgigen Veranstaltungsort in Stuttgart überführt werden. Sie nennen diesen hektischen Arbeitsgang mit der Untertreibung, die denen eigen ist, die ihr Brot im Schweiße ihres Angesichts verdienen, das ›Load-out‹, was im Showbiz für den vollständigen Abbau, die Verladung und den Weitertransport sämtlicher Kulissen, Requisiten, Kostüme, schlicht der gesamten Ausstattung einer Produktion steht.

Wenn Zeit so hoch im Kurs steht, passiert einfach alles auf einmal. Der hochgewachsene Bühnenarbeiter in dem T-Shirt mit der Aufschrift: NORTHERN SCUM‹ (Abschaum des Nordens) klettert eine der beängstigend schmalen Leitern hinauf, um die Ketten unter dem Dach abzunehmen; Lichttechniker stöpseln Scheinwerfer aus und rollen Kabel am Rand der Bühne zusammen; andere Handwerker bauen hinten auf der Bühne Robs Spezialkäfig auseinander. »Willkommen im Chaos«, sagt Little Jez, während er eine von Guys Gitarren, eine Gibson Akustik, liebevoll in ihrem mit tiefrosa Plüsch gepolsterten Koffer verstaut.

Wob und seine sechsundzwanzig Mitarbeiter verfügen außerdem über ein Team von Untergebenen, die sie durch die Gegend scheuchen können: ortsansässige Handwerker, deren Fähigkeiten und Nutzen von Stadt zu Stadt variieren. Düsseldorf ist in dieser Hinsicht weder berühmt noch berüchtigt, wer allerdings beabsichtigt, einen Film über nasenberingte, langhaarige oder kahl rasierte mehrfach tätowierte Ökokrieger zu drehen, der könnten hier fündig werden

Liz Berry, die mit der Demontage ihres Kontrollpultes beschäftigt ist, gibt sich vollends unbeeindruckt angesichts der eher unheimlich aussehenden Unterstützung. »Du kannst dir das schwere Ende schnappen. Ich bin schließlich ein Mädchen«, sagt sie zu einem Westgoten mit Pferdeschwanz, der aussieht, als könnte er sie mit einem kurzen Daumendruck zerquetschen.

»Entschuldigen Sie, Sir«, sagt Dave zu einem herumtrödelnden, schlaksigen Jugendlichen mit sieben Nasenringen, »wenn Sie gerade nichts zu tun haben, dann nehmen Sie das, wickeln Sie es auf und packen Sie es in eine Kiste.«

Kisten, überall sind Kisten; bepackt mit Instrumenten, Ketten, Lautsprechern, Scheinwerfern, Kontrollpaneelen und allem möglichen Krempel, bereit, an den wachsamen Augen von Stage Manager Gary Currier vorbei über eine lange Rampe in die kalte dunkle Nacht transportiert und auf einen der fünf silbern glänzenden Lastwagen verladen zu werden. »Zwei Leute hierher«, kommandiert Gary. »Wenn ihr mal bei diesem LKW helfen könntet.«

Unter all dem ohrenbetäubenden Klirren und Krachen und Donnern und Hämmern, dem Knarren von Ketten und dem Dröhnen von Motoren, das durch das Stadion hallt, ist er kaum zu hören. In der Mitte der Bühne richtet ein Mann mit bloßem Oberkörper und einem enormen schwarzen Tattoo auf der haarigen Brust die einzelnen Scheinwerfer an einem abgelassenen Träger gleichmäßig aus. »Das kostet genauso viele Kalorien wie ein Orgasmus«, grunzt er. »Und wie viele sollen das sein?«, fragt Liz.

Die »Backline Crew« – Schlagzeugspezialist Mick, die Gitarrentechniker Jez und Adam, Keyboardtechniker Jules, Monitor Engineer Martin und Babysitter Dribble – sind als Erste fertig und verschwinden vergnügt in der Dusche und ihrem Bus, während Lichttechniker, Zimmerleute und Bühnenarbeiter weitermachen müssen. Sie nennen sich selbst den »Country Club«, erzählt Jez, weil sie diejenigen sind, die früh gehen und spät kommen. Das weitere Load-out ist »immer das Gleiche«, wie er grinsend erklärt, bis der Veranstaltungsort leer und die fünf Trucks voll sind. Wer will, nimmt am Morgen noch eine Dusche, sagt Wob und lehnt sich an seinem Laptop im Produktionsbüro zurück. Aber ungewaschen in den Bus zu steigen gilt als absolut legitime Alternative für Crewmitglieder – Stinken und ab dafür. Der Aufbau beginnt pünktlich um 7 Uhr.

In den Crewbussen findet kein nettes gemeinsames Essen statt. Anstelle einer richtigen Mahlzeit wird ein Stück Baguette mit Schinken oder Käse und Salat vollgestopft, das berühmte »Load-out-Sandwich«, und mit einem Schluck Bier oder Wein hinuntergespült.

Jules kippt sich fröstelnd Rioja aus einem Plastikbecher in die Kehle. Dies ist die zweite von drei aufeinander folgenden Nächten dieser Art, also werden sie heute wohl nicht allzu heftig feiern. Sie trägt das gleiche Outfit, das sie schon seit den Proben in der London Arena kennzeichnet – schwarzes T-Shirt, schwarze Shorts. Sie reist immer nur mit schmalem Gepäck, sagt sie. Schwarze T-Shirts und Shorts für eine Woche, und »ein paar T-Shirts, die nicht schwarz sind, für die freien Tage«.

Oben verbreitet Martin, der Kanadier, einige nützliche Tipps für den Umgang mit der Crew, erstens und vor allem: nicht in den Bus scheißen. »Das ist Regel Nummer eins.« Dann gibt es noch die Fünf-Minuten-Regel: Wer seinen Sitzplatz im Aufenthaltsbereich verlässt, hat fünf Minuten Zeit, ihn wieder zu beanspruchen, ehe jemand anderes ihn einnehmen darf. Und schließlich: Trage niemals Arbeitskleidung an freien Tagen. Das ist ätzend und wird mit einer Flasche Wein geahndet.

Martin arbeitet seit Mai 1999 für Rob. Damals war er für das Monitoring bei einem Gig in Kanada engagiert worden und ist dabei geblieben. »Ich weiß eigentlich nicht viel über ihn, abgesehen von dem, was in den Klatschspalten steht. Wenn wir uns ausnahmsweise mal über den Weg laufen, sage ich hallo und er sagt hallo, aber das ist dann auch schon alles. Er ist mein Boss, sicher, aber ich glaube nicht, dass allzu viele Leute besonders viel Zeit mit ihren Bossen verbringen, und das ist in diesem Geschäft auch nicht anders.«

Endlich wird der Motor gestartet, ein Gang eingelegt, und die Kolonne der Tourbusse und Lastwagen setzt sich in Richtung Autobahn in Bewegung. Nächster Halt: Stuttgart, außerdem, auch wenn das noch niemand ahnt, ein Zwischenfall, der auf der ganzen Welt für Schlagzeilen sorgen wird.

7

Wenn die Musik zu »Fat Bottomed Girls« beginnt, überkommt dich an einem Punkt der Tour ein Gefühl der Euphorie. Du schickst dich gerade an, die Bühne zu betreten, die Gitarre packt dich völlig, und der Gesang putscht dich wirklich auf.

Dann erwischst du wieder andere Tage, an denen du denkst: Oh, schon wieder »Fat Bottomed Girls«. Ich muss für die nächste Stunde und vierzig Minuten auf die Bühne. Wie, zum Teufel, soll ich das machen?

Martial Arts Legends Presents
Grappling
World Gracie
Championships
ARNOLD
Rodriguez Unplugged

Der neue Rob

7 Uhr. Das Load-in beginnt mit einer Reihe gelber Kreidekreuze auf dem Boden, hingekritzelt von »Big« Jez Craddick, der nach einer Karriere bei den Royal Engineers, wo er Panzer fuhr und kommandierte, ins Musikgeschäft wechselte. »Einer meiner Freunde meinte einmal, ich wäre institutionalisiert«, sagt er. »Wer in der Rock 'n' Roll-Branche arbeitet, ist zwangsläufig ziemlich institutionalisiert.«

Jez markiert die ›Anker‹ entsprechend der Positionen, an denen Robbies gesamtes Set – Beleuchtungs- und Videoträger, Aufzug, Vorhänge, Breitbandleinwand, Kabuki – an Bühnenketten von der Decke herabhängen wird. »Es liegt völlig an ihm«, sagt Wob, der von unten zusieht, »für absolute Genauigkeit zu sorgen. Er kann uns den Tag retten oder versauen. Wenn er auch nur den kleinsten Fehler macht, landet nichts auf der Bühne.«

Währenddessen lassen der kahl rasierte Bodengerüstbauer Andy Jupp und Stage Manager Gary Currier Kisten mit Ketten und Draht aus dem ersten der fünf riesigen Lastwagen draußen von einer neuen, vor Ort angeheuerten Mannschaft ausladen. Zusätzlich hat Big Jez vier Hochgerüstbauer hoch oben unter das Dach und zwei andere Gerüstbauer auf die Bühne geschickt. Jetzt beginnen sie damit, von der Bühnenrückseite her die Beleuchtungsanker aufzuhängen und werfen schlingernde blaue Zugseile herab. Im Hintergrund rollen ständig weitere Kisten von der Laderampe eines LKW.

8 Uhr 30. Das fünfköpfige Catering-Team hat seine Küche ausgeladen, die geblümten Pastiktischdecken auf den Tischen ausgebreitet und die absolut unverzichtbare Lavazza-Kaffeemaschine ausgepackt. Die Küchenchefs Graham und Chris beugen sich über Pfannen, in denen Speck und Eier brutzeln. LKW-, Busfahrer und alle anderen, die gerade nicht anderweitig beschäftigt sind, nehmen zum Frühstück Platz. Mairead versorgt die Gerüstbauer und Beleuchter, die keine Zeit für eine Pause haben, mit Schinkenbroten.

9 Uhr. Die Kisten des zweiten LKWs sind ausgeladen, sofort wenden sich Gary und seine Leute dem dritten mit den Trägern und Dimmern zu. Auf der Bühne wird der hintere Träger zusammengesetzt und mit halbzölligen Stahlbolzen verbunden – von Zimmermann George Osborne, unverkennbar durch den schwarzen Hut, den er ständig trägt. Nachdem die weiße Breitbandleinwand und die Vorhänge an dem Träger befestigt worden sind, hängt Andy die Ketten ein.

9 Uhr 30. Die Sound-Crew ist eingetroffen. Sherif unterhält sich mit dem Vertreter des Promoters, um herauszufinden, wie voll die Arena heute Abend sein wird. Sobald er in Erfahrung gebracht hat, wo genau sich die Zuschauer aufhalten werden, misst er in Windeseile mit einem Laser Höhe und Entfernung und gibt die Daten in das Programm seines Computers ein. Erst danach setzt er die endgültigen Winkel der fünf PAs fest, um sicher zu stellen, dass die gesamte Arena perfekt abgedeckt wird. Alle Lautsprecher müssen mit einer bestimmten Zeitverzögerung so aufeinander abgestimmt werden, dass die Musik den gesamten Zuschauerbereich exakt synchron bestreicht.

10 Uhr. Creative Director Liz Berry ist in der Arena erschienen und trinkt gähnend einen Kaffee. Aus grauen gepolsterten Koffern packt sie ihr Beleuchtungs-Kontrollpult aus. Im Hintergrund wird der vierte LKW entladen – Ton- und Video-Zubehör. Auf der Bühne steigt gerade der mittlere Beleuchtungsträger in die Höhe, von dem sechs lange Maßbänder herabbaumeln. »Sollte er nicht genau waagrecht ausgerichtet sein, würden die Winden des Aufzugs unter ihm unterschiedlich stark belastet werden«, erklärt Andy. »Er muss das Gewicht einer ganzen Band heben, also ist das äußerst wichtig.« Unter dem Träger beginnt George damit, den Aufzug zusammenzubasteln. »Das Ganze ist echt so was wie ein riesiger Meccano-Stabilbaukasten«, sagt er. »Das Spielzeug wird einfach nur größer.«

11 Uhr 45. Nur der vordere Beleuchtungsträger liegt jetzt noch auf dem Boden. Der Rest des Bühnen-Sets wird herangerollt, Aluminiumsegmente mit stählernen Verbindungselementen, eine speziell ausgeklügelte Konstruktion aus Haken und Scharnieren, die perfekt ineinander greifen, Robs silberne Treppe zur Linken und die Rutsche, die er bisher noch nie benutzt hat, zur Rechten. Robs berühmter Stuhl wird ausgepackt. Bei Tageslicht und ausgeschalteten Leuchtschläuchen sieht er ziemlich unscheinbar aus.

12 Uhr 15. Schließlich taucht der Country Club auf. »Eine Kleinigkeit hier, eine andere da, geht man die Dinge zu lässig an, kann man ganz schön ins Schwitzen kommen«, sagt Mick, der Schlagzeugspezialist. Er, Adam, Jules und Little Jez arrangieren das Schlagzeug, die Keyboards und Gitarren im Aufzug. Jules zurrt einen blauen Sicherungsgurt fest. »Sollte etwas schief gehen und die Band abstürzen, wird zumindest das Keyboard an seinem Platz bleiben«, witzelt sie. Solche Sprüche kann sie sich nur leisten, wenn die Band nicht in der Nähe ist, denn bei einer Probe lief tatsächlich etwas mit dem Aufzug schief. Damals hob sich der hintere Teil aufgrund »menschlichen Versagens« durch Big Jez um rund fünfzehn Zentimeter. Guy, der unter Höhenangst leidet, musste anschließend einen Hypnotiseur aufsuchen, um am Abend die Fahrt mit dem Aufzug durchstehen zu können. Also darf kein weiterer Fehler dieser Art vorkommen.

Um 12 Uhr 55 stehen sämtliche Instrumente an ihren Positionen, und die Zimmerleute können die Mechanik testen. »Okay, Jungs, haltet euch bereit!«, ruft Big Jez.

Der Aufzug steigt an seinen sechs dünnen Stahltrossen, die von dem Träger herabhängen, in die Höhe, mit ihm eine begeisterte Jules. Der dritte Abschnitt des schwarzen Teppichbodens – der Marley – wird ausgerollt und unter dem Aufzug verlegt. Nachdem er festgeklebt ist, kann man Robbies Leitmotiv lesen, das in Weiß darauf gepinselt ist: »NON ILLEGITIMI CARBORUNDUM« – (Lasst euch von den Drecksäcken nicht kaputt machen.) Und danach: »ELVIS GRANT ME SERENITY – ROBBIE WILLIAMS A.D. 2000.«

Nach dem Mittagessen können sich einige der Gerüstbauer und Zimmerleute für eine Stunde oder so auf den Pritschen in ihren Bussen aufs Ohr hauen. Aber der lange Tag der Crew ist noch nicht zu Ende. Jetzt, da die Bühne aufgebaut ist und die Arena abgedunkelt werden kann, beginnt Liz damit, ihre Beleuchtung auszurichten. Neunzig Prozent der Lichteffekte während der Show sind vorprogrammiert, erklärt sie. Doch wenn man das gesamte Spektakel starr einprogrammiert ablaufen lässt, wirkt es etwas mechanisch. Deshalb lässt sie sich einen gewissen Freiraum für einige Spielereien auf ihren Compilern, um spontane Effekte erzeugen zu können. »Es macht mir Spaß, Teil der Show zu sein«, sagt sie. »Ich setze hin und wieder gern die Blinder ein.« Damit sind die blendenden weißen Scheinwerfer gemeint, die in die Menge gerichtet werden und mit denen die Show allabendlich eröffnet wird. »Die Wirkung dieser Dinger ist erstaunlich. Ich wäre nie auf den Gedanken gekommen, dass man bei den Zuschauern den automatischen Reflex auslösen kann, in lautes Geschrei auszubrechen, indem man sie mit grellem Licht überflutet, aber offensichtlich funktioniert es so.«
Die Ausrichtung der Beleuchtung ist ein langwieriger und mühsamer Prozess. Liz überprüft Schritt für Schritt die Lichtquellen an allen Trägern daraufhin, dass sie korrekt angeordnet sind und jeden einzelnen Punkt der Bühne erfassen. Das zieht sich bis vier Uhr nachmittags hin, und schließlich ist es wieder Zeit für den technischen Sound-Check. Dribbel testet die Mikrofone. »Garys Mikro one, two, hey yeah, one, two, hey yeah .. « Jules hämmert »Isn't She Lovely« in Guys Keyboard. (Das ist ein Drittel ihres berühmt-berüchtigten Drei-Song-Repertoires. Der Rest besteht aus »Close To You« und »Son Of My Father« von *Chicory Tip*.) Daves Hände schweben ruhelos über dem Mischpult, bis er mit allen Einstellungen zufrieden ist. Dann ist die Arbeit fürs Erste beendet, und Liz umkreist den hinteren Bereich der Arena auf ihren Rollerblades.

Als die Tore gegen halb sieben geöffnet werden, drängen sich die Fans wie die Wahnsinnigen herein, um einen Platz ganz vorn an der Bühne zu ergattern. Die Mädchen stürmen laut kreischend aus dem Seitengang die Stufen hinauf und haben schon nach kurzer Zeit die ersten zehn Reihen erobert, zwitschernd wie ein Schwarm Sperlinge, mit Rucksäcken und Taschen bewaffnet, in denen sie ihre Regenjacken und Mäntel verstauen, um sich in ihrer weitaus luftigeren Abendgarderobe präsentieren zu können, die sie darunter tragen.

Tom, der Buchhalter, schnurrt geradezu, als die Band eintrifft. Letzte Nacht konnte er einen Erfolg verbuchen. »Also, sie war wirklich niedlich, blond, toller Körper, kein Wunder, dass ich gut drauf bin.« Anfangs waren es vier Mädchen. Er konnte zwei abschütteln, bevor er mit den verbliebenen beiden die Minibar in seinem Zimmer plünderte. Wurde auch langsam Zeit, wie er meint. Er hatte schon so viel Geld in die Minibar-Rechnungen gesteckt, dass er sich allmählich fragte, was aus seinem »Kohle-für-'ne-Nummer-Quotienten« geworden war.

Rob betritt die Garderobe, sieht, dass das gesamte Team versammelt ist, und bittet alle Anwesenden, einen Song lang für ein »stilles Gebet« innezuhalten. Der Titel lautet »Eternity«, die Sommer-Single. Alle hören schweigend zu, während er im Takt nickt:

Close your eyes so you don't feel them
They don't need to see you cry
I can't promise I will heal you
But if you want to I will try
To sing this summer serenade
The past is done we've been betrayed it's true
Some might say the truth will out
But I believe without a doubt in you

You were there for summer dreaming
And you gave me what I need
And I hope you find your freedom
For eternity

For eternity

Yesterday when we were walking
You talked about your ma and dad
What they did that made you happy
What they did that made you sad
We sat and watched the sun go down
Then picked a star before we lost the moon
Youth is wasted on the young
Before you know it's come and gone too soon

You were there for summer dreaming
And you gave me what I need
And I hope you find your freedom
For eternity

For eternity

You were there for summer dreaming
And you are a friend indeed
And I hope you find your freedom
Eventually

You were there for summer dreaming
And you gave me what I need
And I know you'll find your freedom
Eventually

For eternity

For eternity.

»Sehr schön«, murmelt irgendjemand am Ende.

»Danke«, erwidert Rob. Er neigt nochmals den Kopf und schlendert weiter, ruhelos und fahrig wie stets. Tatsächlich ist er ein wenig angeödet. Es ist Halbzeit der Tour, eine weitere Stadt in Deutschland, ein weiteres begeistertes Publikum, die gleichen abgedroschenen Witze, die gleichen alten Songs. Nicht, dass er etwas Besonderes erwarten würde wie vielleicht in Kopenhagen oder Paris. Lediglich ein langweiliges Standard-Konzert, durch das er sein Team irgendwie hindurchlavieren muss.

In seine Garderobe zurückgekehrt, stürzt er sich mit David in eine weitere Runde Uno. »Hab ich dich erwischt!«, kräht er und wirft eine Umkehrkarte auf den Tisch. »Uno!« Während des Spiels unterhalten sie sich über die Brit-Awards-Verleihung nächsten Montag in London, über die Bühnenshow, den Terminplan und die Wirkung, die sie erzielen wollen.

Die anderen Mitglieder der Band wirken genauso unmotiviert, lümmeln lustlos auf den Sofas der Garderobe herum und machen müde Witze. Gerade versuchen sie herauszufinden, wo genau in Europa sie zur Zeit sind.

»Ich habe keine Ahnung, wo Stuttgart ist«, sagt Fil.

»Ich hab schon mal davon gehört«, erwidert Chris.

Guy kehrt aus dem Massageraum zurück. »Sie ist schon eine niedliche Masseuse, nicht wahr?« Für Rob. Alle wissen, dass er auf sie abfährt. Um die Zeit totzuschlagen, schlägt Guy allen Anwesenden vor, so zu tun, als würden sie ständig Bücher von Dickens lesen, und sich nur mit ihren Nachnamen anreden.

»Wir sollten uns ein Bestrafungssystem ausdenken«, sagt er. »Falls irgendwer nicht den Nachnamen benutzt. Für den Rest der Tour.«

»Für den Rest der Tour!«, lacht Chris.

»Na gut, dann wenigstens bis zu den Brit Awards«, schränkt Guy ein.

»Mr. Chambers«, sagt Fil in einem gestelzten viktorianischen Tonfall, »ich gestatte mir, Ihnen zu bescheinigen, ein kompletter Vollidiot zu sein.«

Pompey erscheint in der vollen schwarzen Montur des Sicherheits-Teams an der Tür: Schwarze Baseballmütze, Kopfhörer, Mikrophon, ausgebeulte Hüfttasche. Die Band möchte seinen Nachnamen erfahren, um ihn in das Spiel miteinzubeziehen. Bevor irgendjemand ihn Mr. Wilkinson nennen kann, macht er sich wieder auf den Weg. »Linker hinterer Bühnenbereich ...«, spricht es aus dem Funkgerät.

»Die letzte Toilette vor der Bühne befindet sich am Ende des Korridors rechts«, lautet Pompeys knapper Abschiedsgruß. Fil hebt die Augenbrauen und lacht. Die drei Bodyguards werden wegen ihres vollendeten militärischen Prozederes als etwas durchgeknallt betrachtet. Auf der letzten Tour hatte Franksy ein T-Shirt mit Jonahs Standardspruch ›Happy with that?‹ bedrucken lassen. Was Jonah, dessen soldatischer Sinn für Humor völlig intakt ist, jetzt ständig trägt.

John Lennon, George Harrison, Jill Dando ...

Inmitten der erregten Menge, die auf den Beginn der Show wartet, schwebt Liz Berry über ihrer Bildschirmkonsole und kommuniziert über ein persönliches Netzwerk aus Kopfhörern und Mikros mit ihrem Team, das aus dem direkt neben ihr stehenden Assistenten Rich, der neuseeländischen Video-Chefin Alistair MacDairmid, die sich näher an der Bühne befindet, und den vier Mitarbeitern besteht, die hoch oben auf dem vorderen Beleuchtungsträger, in ihren Klappsitzen festgeschnallt, die Scheinwerfer bedienen. Drei von ihnen sind Fahrer der Nachtbusse und LKW.

»Ich vergesse immer wieder zu fragen, was Rob da eigentlich jeden Abend auf der Bühne auf Deutsch sagt«, sinniert Liz, während die Lautsprecheransage »Achtung! Achtung!« aufklingt und die Menge zu kreischender Raserei treibt. »Vermutlich so was wie ›Eure Mutter lutscht dreckige Schwänze‹.«

»Der Adler ist gelandet!«, ruft sie, als Rob aus seinem Stuhl aufspringt. »Er kommt die *Rutsche* runter«, fügt sie gleich darauf hinzu, denn er hat einen anderen Weg als sonst über die Bühne eingeschlagen.

Tom

Wob

Jonah

Franksy

»Die *Rutsche* runter«, wiederholt Rich neben ihr.

»Wee-hey!«, lacht sie. »Auf dem Hintern, Robbie. Okay, alles bereit für Einstellung eins«, wendet sie sich an ihr Team. »Einstellung eins, bitte, Einstellung eins. Achtung, ferrr-tig – und los!«

»Prima«, kommentiert sie beifällig, nachdem der Beleuchtungswechsel geklappt hat. »Er ist heute Abend gut drauf. Aber nicht sehr gesprächig.«

Nach »Forever Texas« kommt es zu einer weiteren überraschenden Abweichung des üblichen Programmablaufs. Aus einer spontanen Laune heraus hat Rob beschlossen, den Hit »Wonderwall« von Noel und Liam Gallagher zu singen. Liz und Dave Bracey wurden erst unmittelbar vor der Show von ihm darüber informiert. »Ich frage mich, ob er überhaupt der Band Bescheid gesagt hat«, überlegt Liz laut. »Das Spannende daran ist, dass Yolanda das Stück noch nie gespielt hat, da sie auf der Tour im letzten Jahr nicht dabei gewesen ist.«

Wie sich herausstellt, hat Rob die Band *nicht* informiert. »Fil scheißt sich fast in die Hose«, lacht Liz. »Wir sind also nicht die Einzigen, die verdammt noch mal nicht wissen, was wir hier eigentlich tun.«

Yolanda und Fil versuchen tapfer, den Song zu spielen, aber sie schaffen es kaum auf die brillant packende Art wie bei den anderen gut einstudierten Stücken. Und dann vergisst Rob auch noch den Text.

»Was für ein fürchterliches Desaster!«, dröhnt Alistairs Stimme über Kopfhörer.

»Dat is guut, ya?«, ruft Rob am Ende des Songs seinem immer noch völlig begeisterten Publikum zu.

»Nein«, murmelt Alistair. »Dat is shit.«

Aber es soll noch schlimmer kommen.

In der Mitte des nächsten Stücks, »Supreme«, huscht eine winzige Gestalt hinter dem schwarzen Vorhang hervor und rast über die Bühne auf Rob zu. Die Band und die Zuschauer sehen den Unbekannten kaum, so schnell rennt er. Einen Moment lang glaubt Fil, es sei Mick, der angeflitzt kommt, um irgendetwas mit dem Schlagzeug in Ordnung zu bringen. Dann erkennt er zu seinem Entsetzen, dass es nicht Mick ist, denn als der Fremde Rob erreicht hat, legt er ihm beide Hände von hinten auf das durchgeschwitzte schwarze Hemd und stößt ihn von der Bühne.

Rob hält noch immer das Mikro umklammert, als er über den Glatzkopf eines Sicherheitspostens hinweg fast zwei Meter tief in den dunklen Bühnengraben hinabstürzt, den Angreifer im Rücken. Diana Scrimgeour, eine Rock-Fotografin aus London, die Nahaufnahmen von Rob geschossen hat, lässt ihre Kamera fallen und springt zur Seite. Sie sieht Robs Arm wie einen Scherenschnitt, als er neben ihr landet, das wahnsinnig verzerrte, »völlig durchgeknallte« Gesicht des Unbekannten hinter ihm.

»Er ist gerade angegriffen worden!«, schreit Liz. Aus der riesigen Menge ertönt mit einiger Verzögerung ein Keuchen. Die Zuschauer lassen ihre hoch erhobenen Arme, die sie rhythmisch geschwenkt haben, schockiert sinken. Die Musik verstummt, und ein Raunen erfüllt die Arena. Was jetzt? War es das? Auf der Bühne tuscheln die Bandmitglieder besorgt miteinander.

Einige Sekunden lang liegt Rob wie ein schwarzer Haufen lang ausgestreckt auf dem Boden. Die Bodyguards haben den Angreifer hochgezerrt und ihm die Arme auf den Rücken gedreht. Rob rührt sich schon wieder, richtet sich aus der Hocke auf und verlangt laut nach seinem Mikro. David Enthoven ist bereits herabgesprungen und hat es aufgehoben. Rob bewegt sich beinahe wie ein Automat, aber er lässt sich nicht aus dem Konzept bringen, er wird die Show nicht abblasen, wie er es in einer solchen Situation vielleicht früher getan hätte. Er wird weiter machen und seinen Auftritt beenden. Mit Hilfe von Jonah und einem Sicherheitsposten klettert er auf die Bühne zurück. David reicht ihm das Mikro. Er erkennt, dass Rob vor Adrenalin beinahe platzt.

»Is everybody okay?«, ruft Rob der wartenden Menge zu. »Yeah!«, lautet die vielstimmige Antwort.

»Schön, ich auch!«, verkündet er. »Und ich werde nicht zulassen, dass irgendso ein Arschloch auf die Bühne kommt und euch den Spaß verdirbt!«

Der nachfolgende Applaus ist gewaltig.

»Er ist total aufgewühlt«, teilt Alistair über die interne Sprechanlage mit. »Das kann ich von hier aus erkennen. Körpersprache. Völlig aufgedreht.«

»Ich könnte mir vorstellen, dass Rob für eine Weile verschwindet«, sagt Liz in der ersten Pause nach ›Kids‹. »Entweder das, oder er macht sofort weiter und zieht die Sache ohne Unterbrechung bis zu ›Rock DJ‹ durch.«

Und genau das tut er. Er jagt ohne zweite Pause durch das restliche Programm und endet mit der energiegeladensten Version von »Rock DJ«, die er jemals gebracht hat, aufgepeitscht durch Adrenalin. Dann verschwindet er durch den Stofftunnel in den Backstagebereich, bevor irgendjemand mit ihm sprechen kann. Alle laufen ihm hinterher, Band, Mitarbeiter und die Kameraleute, die die gesamte Tournee dokumentieren.

»Okay, ich möchte alle hier haben, bitte«, sagt er. Es gehe ihm gut, versichert er, nachdem sie sich in seine Garderobe gequetscht haben. Sie sollen sich keine Sorgen machen. »Irgendjemand hat mich von der Bühne gestoßen. Es ist okay. Alles in Ordnung. Okay, cool.«

Alle klatschen.

Die Tür zu Robs Garderobe ist mittlerweile abgeschlossen. David, der Manager, hält draußen Wache, die verstört wirkenden Bodyguards drängen sich ein paar Meter entfernt im Korridor zusammen. Flo, die französische Garderobiere, wird allein hineingelassen, um sich um Rob zu kümmern. Sie reibt seine Knie mit Arnika-Tinktur ein, gibt ihm Arnika-Pillen gegen den Schock und darüber hinaus etwas bestimmt noch Selteneres in diesem Metier, wo alles stets im Blickfeld der allgemeinen Aufmerksamkeit steht: Die Liebe und den Beistand einer vertrauten Mitarbeiterin abseits aller Öffentlichkeit.

Nachdem David und Josie hereingelassen worden sind, fällt Robs tapfere Fassade in sich zusammen. »Ich bin wieder auf die Bühne gegangen und habe den Auftritt durchgezogen«, sagt er. »Ich konnte die Show einfach nicht schmeißen und alle, die gekommen sind, enttäuschen. Früher ist es vorgekommen, dass man mich mit allem möglichen Zeugs beworfen hat, mit Flaschen und anderen Sachen, die mich getroffen haben, und damals bin ich abgehauen und nicht mehr zurückgekommen. Aber diesmal habe ich das nicht getan. Ich bin bis zum Schluss geblieben.« Er sieht auf, und seine Stimme wird rau. »O Mann, ich weiß nicht. Das wirft 'ne Menge Fragen auf, so wie: Ist diese ganze Scheiße das wirklich wert? Ihr wisst schon, wie dieses Arschloch, das Monica Seles ein Messer in den Rücken gerammt hat. Dieser Typ heute hätte auch ein Messer haben können. Oder irgendwas anderes. Ich will jetzt nicht in Selbstmitleid zerfließen oder so ...« Plötzlich versagt ihm die Stimme. »Aber ich habe schreckliche Angst. Ich habe wirklich Angst«, wiederholt er, und jetzt treten Tränen in seine Augen. »Und es ist nicht nur heute Abend, dass ich Angst habe, ihr könnt euch bestimmt vorstellen, was ich meine. Einen Großteil meiner Zeit habe ich wirklich eine Scheißangst.«

John Lennon, George Harrison, Jill Dando, Brad Pitt. Die Angst, die ihn heimgesucht hat, Nacht für Nacht, wenn er allein in seinem Schlafzimmer in der Kensington Park Road war, ist schließlich real geworden. Gott sei Dank ist nichts Schlimmeres passiert.

Auch alle anderen nebenan sind völlig fertig mit den Nerven, schockiert und aufgedreht.

»Es war wie in Zeitlupe«, meint Fil. »Ich dachte, verdammte Scheiße, Mick ist echt schnell ...«

»Er ist von hinten gekommen«, sagt Guy. »Aus dem Backstagebereich.«

»Wie zum Teufel, bei all dem Sicherheitspersonal vor Ort ...« Fil ist echt wütend. »Und er schafft es, auf die Bühne zu kommen ...«

»Und um allem die Krone aufzusetzen«, lacht die Background-Sängerin Katie, »habe ich auch noch meine Rose verloren.«

Guy, der ziemlich oft einen kleinen Camcorder mit sich rumschleppt, den er sowohl auf wie auch hinter der Bühne laufen lässt, hat unfassbarerweise tatsächlich den Moment des Angriffs aufgezeichnet. Alle beugen sich über den winzigen Kamerabildschirm, um mitzuverfolgen, wie der Attentäter von links nach rechts über die Bühne rast, ein Mann, dem die Besessenheit unverkennbar ins Gesicht geschrieben steht.

»Ich habe noch nie erlebt, wie jemand auf der Bühne angegriffen wird«, sagt Guy. »Und ich war schon auf Hunderten von Konzerten.«

Franksy trifft ein. Die Polizei hat den Mann festgenommen, berichtet er. Offenbar ein absoluter Spinner, der überzeugt ist, Rob würde Robbie nur spielen, und der echte Robbie Williams wäre irgendwo anders.

Guy spult das Band zurück.

»Verdammte Scheiße!«, stöhnt Franksy.

»Echt schrecklich, was?«, fragt Guy. »So schrecklich, dass ich's mir gar nicht ansehen kann.« Und dann fügt er mit bestechender Unlogik hinzu. »Hab es mir bestimmt schon zehnmal angesehen.«

Nachdem Rob sich schließlich gefasst hat, tritt er auf den Korridor hinaus. Die Sicherheitsposten Marv und Pompey haben jetzt Tränen in den Augen. »Bitte, Jungs«, wendet sich Rob an die Kamera- und Tonleute des Dokumentarteams, die wieder zu filmen und aufzunehmen begonnen haben. Er schickt sie mit einem Wink fort. Sie ziehen sich zurück, während er Pompey in die Arme schließt. Der Veteran des Falkland-Krieges und der Superstar halten sich wie Brüder umschlungen.

Zehn Minuten später kommt Rob durch den Duschbereich, der seine Garderobe und die der anderen Männer verbindet. Er trägt eine schwarze Wollmütze und eine Steppjacke. Das allgemeine Getuschel verstummt. Joints sinken verstohlen hinter die Armlehnen der Sessel, Weingläser werden auf dem Boden abgestellt. Rob nickt, lächelt wortlos und lässt den Blick über seine Band wandern, über diejenigen, die ihm nahe stehen, die er liebt, seine Freunde, wie ihm jetzt mehr denn je bewusst ist. »Fahrt ihr heute Nacht nach Paris?«, fragt er. Das werden sie. Er nickt erneut nachdenklich. »Vielleicht fahre ich mit«, sagt er. »Ich bin mir nicht sicher, ob ich heute Nacht in Stuttgart bleiben will.«

Nein, meinen sie. Sie lieben ihn ebenfalls. Er solle mit ihnen im Bus fahren. Aus Stuttgart verschwinden. Das grässliche Kaff hinter sich lassen. Er nickt wieder und geht gedankenverloren den Korridor entlang.

»Ich konnte kaum fassen, wie er auf die Bühne zurückgekehrt ist und die Show zu Ende gebracht hat«, sagt David später. »Der alte Robbie wäre stinksauer gewesen und davongerannt. Dieser neue Rob ist zu einem fürsorglichen Mann geworden, den vor allen Dingen interessiert, dass die anderen nicht die Fassung verlieren. Es war ein Wendepunkt. Aus dem Jungen ist ein Mann geworden. Ich bin vor Stolz regelrecht geplatzt und hatte Tränen in den Augen. Sieh an, er ist ein Mann geworden, habe ich gedacht.«

Während sich das Load-out dem Ende nähert, erscheinen die Techniker nacheinander im Aufenthaltsraum, diskutieren über den Zwischenfall und machen sich über die Schnaps- und Weinreste her, die die Band übrig gelassen hat. Little Jez kann sich nicht erinnern, wann es einem Fan zum letzten Mal auch nur gelungen ist, auf die Bühne zu gelangen. Niemand macht in erster Linie das Sicherheitspersonal dafür verantwortlich. »Der springende Punkt ist, dass wir uns *alle* beschissen angestellt und versagt haben«, meint Liz.

Sie stimmen darin überein, dass es paradoxerweise die bisher beste Version von »Rock DJ« war. »Er war zu dem Zeitpunkt extrem aufgedreht«, sagt Liz. »Durch Adrenalin.«

Das Load-out ist beendet. Im oberen Aufenthaltsbereich des Busses entspannen sich die Caterer. Sie haben eine Staffel von drei Auftritten am Stück hinter sich gebracht. Morgen ist ein freier Tag, niemand muss von sieben bis Mitternacht arbeiten. Auf dem Tisch stehen Getränkedosen und Flaschen, sanfte Musik spielt, die Luft ist von harzigem Rauch und Gelächter erfüllt. Graham hat das Gefühl, sein Hals würde schmelzen, sagt er, so viel habe er geraucht. Während der Bus in Richtung Paris rollt, geht die Diskussion über den Vorfall in Stuttgart weiter.

»Er hat ihn nur von der Bühne gestoßen, das war alles«, sagt irgendjemand.

»*Nur!*«, ruft Em aus der Caterer-Crew.

»Nein, tut mir Leid«, sagt Wob, der neben der offenen Tür zum Treppenaufgang steht, ärgerlich. »Wäre er nicht auf einem beschissenen Bodyguard gelandet, wäre Rob vielleicht für den Rest der Tour ausgefallen, oder es wäre wer weiß was passiert ...«

Die erste Hälfte der Tour ist fast vorüber. Noch ein Auftritt, und das war es. Nach Hause zurück zu den Brits und dann eine Pause. Es macht sich ein Gefühl erleichterter Müdigkeit breit, als der Bus gegen Mittag das hektische, hupende Verkehrschaos von Paris durchquert und die Leute mit ihren Taschen im Holiday Inn an der Place de la République absteigen.

Hier wartet kein Franksy mit seinen ordentlichen weißen Umschlägen und Schlüsseln zu vorbereiteten Zimmern auf sie. So versammeln sich alle müde um die drei großen Lehnsessel neben der Boutique, während Wob langsam seine Liste an der Rezeption durchackert. Die eleganten Hotelgäste, die in Anzug und Krawatte und teueren Kleidern vorbeischlendern, wenden hastig den Blick von dem ungepflegten Haufen ab, der sich in ihrem Foyer breit gemacht hat: Bart mit seinen prächtigen blonden Dreadlocks, Jules in ihren schwarzen Shorts und schmuddligen Turnschuhen, George mit seinem schwarzen Hut, der sein Markenzeichen ist, und den kostenlosen Slippern aus dem Atlantic Kempinsky. Sie alle sind entschlossen, ihren freien Tag zu genießen. Bart redet von Croissants und Kaffee in einem Bistro gleich um die Ecke, das er kennt. Gary vollführt eine Reihe eindeutiger Gesten, während er über einen Trip in drei Phasen witzelt, zu dem der Besuch eines Restaurants im Bastille-Viertel, eines Bordells in der Rue St. Denis und der Basilika Sacré-Coeur auf dem Montmartre gehört. Erst fressen, dann vögeln und anschließend beichten.

8

Ich bin wieder hoch gekommen.

Ich bin wie ein Stehauf-Männchen.

WILLIA
8

Rock DJ

Rob geht es gut, berichtet David Enthoven. Glücklich, traurig, aufgewühlt, geschockt. Doch auf eine komische Art hatte der Vorfall vom letzten Abend etwas Gutes. »Es ist wie ein Weckruf. Wenn Abend für Abend alles immer auf genau die gleiche Weise abläuft, macht sich zwangsläufig Selbstzufriedenheit breit.« Gott sei Dank ist nichts Ernsthaftes passiert. Rob ist mit einer Prellung und einem heftigen Schrecken davongekommen. Es hätte sehr viel schlimmer ausgehen können. »Die Lektion, die wir aus dem Vorfall lernen müssen, ist, dass Rob jetzt eine große Nummer ist und jeder mögliche Bühnenzugang abgesperrt werden muss.«

In der luxuriösen kleinen Eingangshalle des Le-Parc-Hotels, wo die Band wohnen wird, räkeln sich Franksy, Yolanda, Tom und die blonde Vertreterin von EMI in Paris in organgefarbenen Lehnsesseln. Guy, der aussieht, als hätte er den ganzen Nachmittag in seinen Klamotten geschlafen, gesellt sich zu ihnen. Alle nippen an dem Champagner, den ihnen eine Kellnerin zur Begrüßung gebracht hat, und tauschen den neusten Tratsch aus.

Rob hat die Band schließlich doch nicht mit dem Bus begleitet, weil er »ausgiebig geschwelgt hat«, wie Yolanda, die sich vorgebeugt hat, grinsend flüstert.

»Offenbar die ganze Nacht lang«, fügt Tom hinzu. »Sie hat im Foyer auf ihn gewartet, köstliche lange Beine, aufreizende Stiefel und ein kurzes schwarzes Kleid. Hübscher Arsch. Schwarzer Jumper. Sehr dunkles Haar. Wirklich ziemlich süß, also hatte er eine schöne Zeit. ›Das ist die Richtige zum Vernaschen‹, habe ich zu Jonah und Marv gesagt, als sie runter gekommen sind.« Er schmunzelt weltmännisch und schlürft seinen Champagner. »Das Gute daran ist, dass ich durch Rob stellvertretend leben kann. Und es war toll zu wissen, dass sie nicht zu irgendeinem deutschen Typen gegangen ist.«

Während sich Rob und David zu einem ihrer Selbsthilfe-Treffen begeben, suchen die restlichen Typen ein Restaurant gleich nebenan auf und nehmen in hohen weißen Ledersesseln mit geraden Rückenlehnen an einem langen Glastisch Platz. Das Restaurant hat sich auf *homard* und *agneau* spezialisiert, was Joe Washbourn, dem lockigen blonden Sänger von Toploader (der Vorgruppe auf diesem Abschnitt der Tour), der Vegetarier ist, nicht behagt. Er und Fil führen ein langes Insider-Gespräch über die Branche, Guy kümmert sich derweil um die Bestellung der Weine: ein 1996er

Riesling Schlossberg, ein 1995er Chablis Domaine Defaix, ein 1990er Gevrey Chambertin Guyon und ein 1993er Nuits St. George Champy. Nur vom Besten.

Franksys und Josies Handys klingeln ständig. Zwischen Bissen rosafarbenen Lammfleischs trifft Josie Vorbereitungen für Robs Auftritt bei den Brits und schmiedet vorläufige Pläne für den Bühnenaufbau der Sommer-Tour. Auf dem Tisch liegt eine Liste der Dinge, die zu erledigen sind. Darauf steht:

1. STREICHQUARTETT
2. TÄNZERINNEN
3. DRACHEN
4. 6 BLÄSER

Als die Mannschaft sich dem Käse zuwendet, tritt Rob in seiner weiten schwarzen Steppjacke durch die Schwingtüren des Restaurants. Sofort und zwangsläufig steht er im Mittelpunkt der Aufmerksamkeit, geht um den Tisch herum, plaudert mit der Promoterin aus Paris, blödelt mit Franksy, hebt Josies Liste auf, überfliegt sie kurz und legt sie wieder weg. Trotz seines zur Schau gestellten Mangels an Selbstvertrauen gehört er zu der Art von Personen, die automatisch die Aufmerksamkeit auf sich ziehen, und deren kraftvolle Präsenz dazu führt, dass ihre Stimmung für andere von Belang ist. Jetzt zieht ein Lächeln seine Mundwinkel nach oben, und alle sind froh, dass er nach seinem traumatischen Erlebnis wieder fröhlich ist. Die schick gekleideten Leute vom Management und die adretten Kellnerinnen halten sich mit einem Lächeln respektvoll im Hintergrund, als könnten sie es nicht fassen, dass eine solche Berühmtheit unter ihnen weilt. Robs Augen huschen über die Rot- und Weißweingläser, und plötzlich ist er verschwunden, so sprunghaft wie immer. Josie lässt den Käse liegen, schnappt sich ihr Handy und eilt ihm hinterher.

Ich will zu Sainsbury's

Das Zenith in Paris ist der bisher heißeste Veranstaltungsort, ein gewaltiges rundes Aluminiumzelt. Das Innere zeigt sich außerordentlich französisch. Die Reihen roter Sitzplätze werden von Menschen bevölkert, die auf eine erstaunlich *zivilisierte* Art lachen und sich unterhalten, als wäre dies ein klassisches und kein Pop-Konzert. Jazzige Violinenmusik ertönt. Man erwartet beinahe, Serge Gainsbourg mit einer Gitane zwischen den Lippen die Stufen hinabschlendern zu sehen.

Zu dem bereits vorhandenen Trio der Bodyguards, deren Wachsamkeit sich deutlich in jeder angespannten Bewegung verrät, hat sich ein neuer Mann hinzugesellt, Max, kahl rasiert, schwarz und schweigsam.

Der Backstagebereich ist winzig, die Garderoben bestehen aus containerartigen Kabinen, die zu der zentralen Catering-Abteilung hinausgehen. Die Anordunung ähnelt dem Aufbau für ein modisches Rock 'n' Roll-Musical. Robs Garderobe befindet sich oberhalb einer schmalen Wendeltreppe. Er sitzt in seinem weißen Morgenmantel auf der Couch und redet davon, wie ihm zumute ist, nachdem er von der Bühne gestoßen wurde.

»Alles ist wirklich cool. Es läuft prächtig. Ich fühle mich von allen geliebt, der Crew, von allen um mich herum, den Sicherheitsleuten.

Die eine Minute bin ich auf der Bühne in einer Show, die mich echt gelangweilt hat, in der nächsten liege ich im Bühnengraben. Mein erster Gedanke war, dass mein altes Ich diesen Vorfall als Entschuldigung benutzt hätte, um die Tour abzubrechen, aber die letzten Tage fühle ich mich emotional viel ausgeglichener. Ich wollte einfach auf die Bühne zurückkehren und die Show zu Ende bringen. Es hat mir den Anstoß gegeben und das Adrenalin in mir freigesetzt, um weiterzumachen und den besten Auftritt abzuliefern, den ich in letzter Zeit hatte.

Aber ich möchte auch sagen, dass diese Tournee-Sache nichts für mich ist. Nicht mehr. Ich kann diese Achterbahnfahrt der Gefühle nicht verkraften. Das eine Publikum, das gut, und das andere, das schlecht ist. Songs zu singen, die mich anöden und für die ich keine großen Gefühle mehr empfinde. Ich habe den Blick dafür verloren, worum es bei den Stücken geht oder was in mir vorgegangen ist, als ich sie geschrieben habe. Im Moment sind sie alle für mich einfach ein Haufen Scheiße. Es ist schwer, jeden Abend damit aufzutreten, aber ich freue mich auf diesen Abend und darauf, morgen nach Hause zu fahren.«

Das Gift in seinem Inneren zerstreut sich bereits. Er zuckt die Achseln und lächelt. »Aber es gibt immer einen Ismus hier oder da. Einen Ismus des Selbstzweifels oder des ... aber ja, es geht schon sehr viel besser, vielen Dank.«

Er hat sich also wieder gefangen?

»Ja, ich habe mich wieder gefangen. Ich bin wie ein Stehaufmännchen.«

Das Samstagabend-Publikum rockt. Liz' Scheinwerfer bohren sich den Zuschauern in die Augen. *»Robbie! Robbie!«*, tönt es über den allgemeinen Lärm hinweg. Der riesige Kabuki-Vorhang fällt.

Dann bricht das Unheil herein.

An seinem Gipfelpunkt frisst sich der Aufzug fest. Er senkt sich nicht, wackelt nur und schwingt ganz leicht hin und her. Der Mechaniker Jez und die Keyboardtechnikerin Jules, die dort oben bei der Band sind, machen sich keine Sorgen. Sie wissen, wie das System funktioniert. Wenn der Computer versagt, blockiert der Motor. Es besteht keine Gefahr, dass der Aufzug abstürzt, und ein Reservecomputer steht bereit, für den anderen einzuspringen.

Claire

Gary

Tessa and Katie

Chris

Aber dies ist Guys schlimmster Alptraum. Obwohl er nach eigener Aussage den Effekt mag, wenn der Vorhang fällt, die nackte Bühne enthüllt und die Band von oben herabsinkt, ist der eigentliche Vorgang eine allabendliche Tortur für ihn. Er blickt auf und sieht, wie sich die dünnen Stahlkabel an der Lichttraverse langsam auffasern, er weiß, dass dieser Träger wiederum jeden Tag unter einer anderen Decke an noch mehr dünnen Stahlkabeln aufgehängt wird. Jez und seine Leute beherrschen ihren Job wirklich sehr gut, doch Guy spürt die erschreckende Wackligkeit der gesamten Konstruktion. Und schließlich besteht jederzeit die Gefahr menschlichen Versagens. Wenn das sogar jemandem unterlaufen kann, der so kompetent wie Jez ist ... Guy versucht, seine Gedanken auszuschalten und sich zu beruhigen, indem er nur noch die Noten auf seinem Keyboard anstarrt. Er fühlt seine Knie zittern.

Rob kann aus seinem Stuhl von unten sehen, was über ihm passiert. Er ist nicht sonderlich beunruhigt. Großartig, denkt er, ich fange einfach ohne die Band an. Sie werden schon noch runterkommen. Rock 'n' Roll. Nur ich, die Bühne und keine Band. Brillant!

»Zieht mich hoch, zieht mich hoch!«, ruft er Gary und Sarne zu. Sie aktivieren also das Gegengewicht, Rob schießt hoch, die Menge jubelt. Rob springt die Stufen hinab und läuft zum vorderen Rand der Bühne. Und dann ... nichts. Plötzlich wird ihm bewusst, dass er seinen Einsatz für »Let Me Entertain You« von Guy bekommt, und der steckt im Aufzug fest.

»Also stand ich ganz allein da, und mir wurde klar, dass ich nicht würde singen können«, erzählt er später. »Ich sah das Publikum an und dachte: Ich hab's echt versaut.«

Als sich Rob umdreht, um wegzugehen, kommt Wob herbeigeeilt. Er hatte in einem anderen Bereich des Gebäudes die Beleuchtung heruntergeregelt und konnte deshalb nicht sofort an Ort und Stelle sein. Jetzt tritt er in die Mitte der Bühne, verflucht sich für seine Nachlässigkeit und zittert sichtlich im schwarzen Seidenhemd. »Ladies und Gentlemen, aufgrund eines technischen Problems müssen wir die Show für eine Minute unterbrechen.«

Die Menge, während der letzten halben Minute unschlüssig, bricht in laute Buhrufe und gellende Pfiffe aus. Das ist wie in Glasgow, denkt Wob, als der Monitor versagte und er die Band von der Bühne holen musste. Damals wurde er von dreißigtausend Leuten ausgebuht.

»Es tut mir schrecklich leid!«, ruft er dem Meer aus feindseligen Gesichtern zu. »Wir bringen das in Ordnung!«

Während die Techniker und Mechaniker hektisch arbeiten, um auf den Reservecomputer umzuschalten, hat sich Rob an ein Seitenende der Bühne zurückgezogen. Hoch über ihm starrt Guy immer noch die Noten auf seinem Keyboard an. Er hat nicht einen Moment lang nach oben oder nach unten gesehen. Chris ist von seinem Schemel aufgestanden und hat sich mit dem Rücken flach auf den Boden gelegt, um die Ruhe zu bewahren. Er hat einen Blick in Jez' Gesicht geworfen. Jez wirkt cool, also, yeah, einfach nicht weiter darüber nachdenken. Fil mustert Gary und Yolanda mit einem ungläubigen Kopfschütteln und bemüht sich, nicht über den Rand der Plattform in die Tiefe zu blicken, in die unzähligen Gesichter unter ihm. Wie lange hängen sie schon hier oben fest? Es müssen gut fünf Minuten sein. Der Jubel und die anschließenden Buhrufe sind schon lange verstummt und von einem undeutlichen, verwirrten Murmeln abgelöst worden.

Und ganz plötzlich, ohne jede Vorwarnung, beginnt sich der Aufzug zu senken. Gleichzeitig ertönt eine laute Fanfare, die absurderweise eindeutig nicht ›Let Me Entertain You‹ einleitet. Guy wirkt leichenblass, als das Scheinwerferlicht die Band erfasst. Er blickt auf, schüttelt den Kopf in Fils Richtung und flüstert: »Ich werde das nicht noch einmal mitmachen.«

Der Aufzug erreicht den Boden. Fil, Yolanda und Gary verlassen ihn, während Rob bereits in die Bühnenmitte läuft.

»So viel zu dem beschissenen grandiosen Intro, Leute!«, brüllt er. »Lasst uns, verdammt noch mal, rocken!«

Und er legt los, gibt ihnen alles, was in ihm steckt. »Ich möchte eure Hände sehen! – Ich möchte, dass ihr alle auf und ab hüpft! – Ich weiß, dass ich kei-ei-ein hoffnungsloser Fall bin! – *Merci beaucoup!* – Ihr habt gewaltige Lungen. – *Ecoutez! Ecoutez!* – Für den Haufen unter euch, der kein Französisch spricht, das heißt: ›Hört zu, ihr Wichser!‹«

»Ich wurde von der Bühne gestoßen«, erklärt er kurz vor »Better Man«. »Aber ich bin immer noch hier, oder? Wisst ihr was? Man schlägt mich zu Boden, und ich komme noch stärker zurück. Ladies und Gentlemen«, fügt er vor dem Intro zu »Love Supreme« hinzu, »dieser Song ist allen gewidmet, die daran denken, mich in Zukunft noch einmal von der Bühne zu stoßen:

You *don't* – want to – fuck-with-*Ro-bbie* ...«

Dann vollführt er eine Handbewegung, als würde er auf seinen unsichtbaren Attentäter unter ihm einstechen. »Bleib nur da unten, du Arsch!«

Guy sitzt unglücklich im Backstagebereich. Er wird nie wieder in diesen Aufzug steigen, sagt er. Wob taucht in der Garderobe auf und hält eine kleine Ansprache. Er möchte nur allen versichern, dass zu keinem Zeitpunkt irgendeine Gefahr bestand. Unglücklicherweise hatte der Computer eine Fehlfunktion, die dazu führte, dass der Motor nicht gestartet werden konnte, um den Aufzug abzusenken. Es bestand nie die Gefahr, dass er hätte abstürzen können. »Wir konnten nur die Winden nicht in Gang setzen.«

Von den Bandmitgliedern hagelt es Widerspruch, und er wirkt beinahe verärgert darüber, dass sie so gereizt sind. »Ihr musstet nicht siebentausend Leuten gegenübertreten, die euch ausbuhen«, sagt er.

»Und du musstest nicht zehn Meter über der Bühne in der Luft hocken«, erwidert Fil.

»Hört mal, wenn es irgendwelche Probleme gibt, dann seht euch Jez an. Erst wenn ihr bemerkt, dass er durchdreht, habt ihr Grund, euch Sorgen zu machen.«

»Wie beruhigend«, sagt Guy trocken.

»Das ist das dritte Missgeschick, das wir in nur einer Woche hatten«, beklagt sich Yo.

»Mir fehlen die beschissenen Worte«, sagt Fil.

»Ich will zu Sainsbury's«, jammert Yo. »Ich will wieder bei Sainsbury's einkaufen. Ich will ein ganz normales Leben führen.«

»Dirty Little Slag«

Im Le Parc findet das festliche Abendessen im Anschluss an die Show an einer Tafel in einem hübschen Speisesaal im hinteren Teil des Hotels statt. Weiße Vorhänge und Vasen mit weißen Blumen unter einem Glasdach wie in einem Gewächshaus. David Enthoven ist erleichtert, die Hälfte der Tour geschafft zu haben. Aber er spürt auch, dass er erst richtig entspannen kann, wenn alles vorüber ist, sagt er.

Rob sitzt neben einer hübschen, zerbrechlich wirkenden Blondine in einem eng anliegenden Oberteil, an ihrer Seite eine ältere Frau. Es ist keine Freundin, nicht einmal ein Fan, sondern eine junge Frau aus Newcastle, die an Leukämie erkrankt ist und keinen Knochenmarkspender finden kann. Sie hat Rob geschrieben, erzählt sie, und ihn während einem seiner Auftritte im Backstagebereich getroffen.

»Joanne kam in Glasgow mit ihrer Mum und einer Freundin hinter die Bühne«, fährt Rob fort. »Wir haben uns zusammengesetzt und geplaudert. Im Lauf der letzten anderthalb oder vielleicht zwei Jahre ist es mir immer schwerer gefallen, mit irgendjemandem zu reden, weil ich mein Selbstvertrauen verloren habe. Deshalb war ich überwältigt, als Joanne zurückgekommen ist und ich ein längeres Gespräch mit ihr geführt habe. Und es plätscherte ganz frei dahin. Wir haben angefangen zu plaudern und sind wirklich weitergekommen. Sie ist eine besondere Lady, absolut wunderschön, und mit einem liebenswerten Herz. Wir haben seither ständig miteinander telefoniert.«

Joanne hat noch immer keinen Knochenmarkspender gefunden. »Aber es gibt immer ein Irgendwann«, sagt Rob. Und er selbst wird sich in die Liste der Knochenmarkspender eintragen. »In der Hoffnung, dass ich für irgendjemanden geeignet bin.«

»Sollen wir das gleiche Spiel wie in Jane Seymours Haus spielen?«, fragt er, als das Essen fast beendet ist. Es handelt sich um ein altes Gesellschaftsspiel, das unter der Bezeichnung »What's In The Bag« (Was ist in der Tasche) bekannt ist und von Rob in »Dirty Little Slag« umgetauft wurde. Dabei schreibt man die Namen berühmter Personen auf einen Zettel, wirft sie in einen Hut und bildet Teams, die anhand der Beschreibung desjenigen, der einen Zettel zieht, die jeweilige Person erraten müssen. Also schreibt jeder von uns zehn Namen auf Papierfetzen, die in eine große Silberschüssel geworfen werden. Nachdem Rob das Spiel vorgeschlagen hat, verschwindet er nach oben. Sofort schwindet die Begeisterung an der Tafel.

»Wenn er nicht mehr runterkommt, gehe ich«, sagt Chris.

Doch Rob ist bald wieder zurück und sorgt dafür, dass Stimmung aufkommt. Ein freier Stuhl direkt neben der Wand wird zum »heißen Stuhl«. Zwei Teams werden gewählt. Einer nach dem anderen ziehen die Teilnehmer Zettel aus der Schüssel. Rob übernimmt die Rolle des Spielleiters und führt jede neue Person mit den Worten ein: »Sprecht ein stilles Gebet für ...«

Man erlebt die Leute auf einmal in einem ganz neuen Licht. Jonah zitiert Wordsworth. Michael, der schweigsame kumbrische Packer der Dokumentar-Crew, entpuppt sich als ein gesprächiger Witzbold, der Loyd Grossman für »ein echtes Furunkel am Arsch« hält. Und als Rob selbst auf dem »heißen Stuhl« Platz nimmt, erweist er sich als überraschend zögerlich und umständlich, was die Beschreibung von Menschen betrifft.

Doch sein Name fällt immer wieder. Es ist, als würde seine Umwelt ihn nie ganz aus dem Kopf bekommen, selbst wenn sie sich entspannt. Über die Umschreibung »es klingt wie Rob ohne das R« kommt irgendjemand auf Obelix aus den Asterix-Comics. Dann tauchen die Namen Rob Roy und Rob*in* Williams auf, ganz zu schweigen von Robin Hood.

Die meisten am Tisch haben inzwischen taktvoll von Wein zu Wasser gewechselt. Gabby ist bei Rotwein geblieben, und der Dokumentarregisseur kippt heimlich schnell ein Glas. Franksy und Josie haben sich in einen anderen Raum zurückgezogen und dabei ihre (vollen) Gläser mitgenommen.

Nach dem Spiel steht Guy auf und verkündet, dass er ausgehen will. Fil und Yolanda schließen sich an. Im VIP-Club an der Champs Elysées findet eine Party für Robbie statt. Rob hat kein Interesse. Er würde viel lieber noch eine Runde »Dirty Little Slag« spielen. Aber heute, am letzten Abend des ersten Abschnitts der Tour, kann er seinen Willen nicht durchsetzen. Die Möchtegern-Tänzer sind in der Überzahl. Er zuckt die Achseln und begibt sich mit Joanne und ihrer Mutter in sein alkoholfreies Quartier. Am Abend nach seinem Trauma tut es ihm gut, mit dieser ungewöhnlichen Freundin zu entspannen, einer normalen Frau, mit der er sich normal unterhalten kann, kein ausgeflippter Fan, der vor Bewunderung völlig außer sich ist.

Die andere Hälfte von Robbie Williams sitzt mittlerweile im VIP-Bereich des VIP-Club, überwindet allmählich seine frühere Panik und lacht leise über all die Kellnerinnen, die blaue Robbie-T-Shirts tragen. Es ist großartig, denkt er, dass sein musikalischer Partner diese Tage so selten in die Stadt kommt. Aus diesem Grund verlangen diese schrecklichen Nachteulen umso mehr nach ihm.

Oh, meine kleine Wurst

Robbie fährt zu den Brits nach Hause. In der Club Lounge des Charles de Gaulle-Flughafens blättern die Mitglieder der Band in Zeitungen herum. Guy durchforstet den Immobilienteil, immer noch auf der Suche nach seinem Traumhaus im Norden Londons. »Die Botschaft von Uruguay steht für siebzehn Millionen Pfund zum Verkauf«, sagt er. »Das ist ein echtes Schnäppchen.« Er liest weiter. »Hier haben wir ein Apartment in Mayfair – ein *Apartment* – für dreieinhalb Millionen!«

»Wo?«, erkundigt sich Franksy.

»Upper Grosvenor Street.«

»Upper Arse Street«, sagt Franksy.

Gabby drückt Tom ein Kontaktanzeigen-Magazin für Singles in die Hand. »Dachte mir, das könnte etwas für dich sein«, sagt sie grinsend.

Rob nimmt den Eurostar, um die Presse zu überlisten. Doch als die Band in Heathrow landet, ist nicht ein einziger Paparazzo zu sehen. Eine Flotte glänzender schwarzer Limousinen fährt sie zum Earl's Court. Rob ist bereits da und schlendert mit David und Josie über den roten Teppich draußen vor dem improvisierten Garderobenkomplex. Sofort ist er im Dienst, wird von der Prominenten-Reporterin Kate Thornton, die ihn zu einer Couch führt, mit Fragen für ein Rundfunkinterview bombardiert. Hat er wirklich ein Verhältnis mit Geri? Wie gefällt ihm die Tour? Wie sehen seine Pläne für nächstes Jahr aus? Er werde ein Jahr aussetzen und versuchen, sich selbst zu finden, sagt er. Wo? »Ich werde zu Hause bleiben und mich dort gründlich umsehen«, scherzt er. »Mal sehen, ob ich mich dort finden kann.«

Der Bereich vor der Bühne des riesigen Earl's Court auf der anderen Seite des gewaltigen schwarzen Trennvorhangs wimmelt von Menschen. Ein Team von Fernsehtechnikern schiebt eine schwere Kamera auf Schienen hin und her. Hoch oben unter der Decke huscht eine kleine Kameralinse in wilden Bahnen herum und zeichnet ihren eigenen Weg in Nah- und Ferneinstellungen auf. Die Band steht mit drei Bläsern auf der Bühne, die Hälfte der sechs, die Rob auf der Stadion-Tour begleiten werden. Auf großen, mit diagonalen Kreuzen geteilten Bildschirmen zur Rechten, die an Marshall-Lautsprecher erinnern, sind die sexy wirbelnden Silhouetten von vier

Tänzerinnen zu sehen. David und Tim plaudern mit Tony Wadsworth, dem Vorsitzenden von EMI, der erstaunlicherweise auch der Organisator der diesjährigen Brits ist. Josie spricht mit Sergio, dem 28-jährigen Tänzer, der am Montagabend vierzig Sekunden lang Robbie verkörpern und – in das Kostüm einer abgehäuteten Leiche aus dem »Rock DJ«-Video gekleidet – das Publikum mit seinem Auftritt auf einem Laufsteg über dem Zuschauerraum ablenken wird, während Rob selbst aus einem Loch in der Mitte der silbernen kegelförmigen Bühne auftaucht, die wie ein gigantischer Walnut Whip aussieht. An ihrer Vorderseite führen Stufen zwischen riesigen aufblasbaren Nachbildungen der neun Brit Awards herab, die Rob bisher gewonnen hat. »Das ist jetzt noch absolut vertraulich«, sagt Tim, »aber Rob wird am Montag drei weitere gewinnen, womit er weit in zweistellige Regionen vorstößt, ein absoluter Rekord.«

Beim ersten Anlauf funktioniert die Drehbühne nicht. Wob und ein paar Mitglieder der Crew müssen sie per Hand bedienen. »Erinnert das irgendwen an irgendwas?«, fragte Fil laut.

Rob betritt die Bühne und bleibt in der Mitte vor seinem Mikro stehen. Sein überdimensionales Abbild erscheint in vierfacher Ausfertigung auf den riesigen Videoschirmen über ihm.

»Mein Name ist Robbie Williams«, improvisiert er in das Mikro. »Ich komme aus Stoke-on-Trent. In der Schule wurde ich ein bisschen herumgeschubst ...«

Er ist heute sichtlich guter Laune, hüpft in Jeans und einem blassblauen Hemd herum. Jetzt tut er, als wäre er ein amerikanischer Country-Sänger. »Keep rolling, rolling, rolling«, singt er. Kurz darauf ist er David Bowie, dann irgendein deutscher Liedermacher und intoniert mit opernhafter Stimme: »Oh-h, the sun is shining ... Oh-oh-over the hills come ... a sausage and a little man ... Oh-h, his name ist sau-sage ...«

Fünf Minuten später ist der Text zum Refrain eines absurden kleinen Songs geworden. »Oh-h, my little sausage«, singt Rob. »Das ist die Single für diesen Sommer, Tony!«, ruft er dem EMI-Vorsitzenden zu.

»Ein organisiertes Chaos«, lacht David. »Bis Montag wird alles zusammenpassen.«

»Oh, my little sausage«, singt Rob. »Oh, meine kleine Wurst. Du bringst mir Freude, aber du bringst mir auch Schrecken.« Er lässt den Blick in einer dramatischen Geste über einen imaginären Horizont wandern. »Du bringst mir Schrecken. Du bringst mir auch dieses Lied und dieses Leben«, wiederholt er mehrfach.

Mittlerweile ist er die Stufen hinauf zum oberen Treppenabsatz gelaufen und hat die Mitte des Aufbaus betreten. »Oh, die kleine Wurst verschwindet in einem verfluchten riesigen Loch.«

Und weg ist er.

»Die Show beginnt in zehn Sekunden!«, ruft Wob. »Sechs, fünf, vier ...«

»Oh-h-h!«, ertönt Robs Schrei aus den Tiefen des Lochs. »Scheiße, es ist Liam Gallagher! Er hat mich an der Kehle gepackt!«

Allgemeines Gelächter greift um sich und verebbt, als er wieder erscheint. Sein Kopf schiebt sich langsam ins Freie. »Allo, ihr Nütten!«, schreit er vom obersten Treppenabsatz. Dann wendet er dem Zuschauerraum das Profil zu und hebt sein Mikro. »Oh-h-h, my little sausage ...«

Er steigt herab und spielt mit der Band »Rock DJ«, nicht sonderlich gut. »Ich werde es Montag ordentlich machen, nur keine Angst«, versichert er allen Anwesenden und fügt mit gespieltem Ernst hinzu: »Ich sehe euch alle am Montag. Bringt eure kleinen Würste mit. Ich gehe jetzt nach Hause, um mir *Match of the Day* anzusehen.« Dann ist er verschwunden und auf dem Weg zu seiner Wohnung in der Kensington Park Road mit der großen blauen Couch vor dem riesigen Großbildfernseher, den Regalen voller Stofftieren, der Darth-Vader-Figur und dem signierten Port-Vale-Fußball.

»Jeder bleibt an seinem Platz!«, ruft Wob. »Denkt nicht mal daran zu gehen!« Das ganze Manöver muss noch einmal geprobt werden, auch wenn diesmal Wob die Rolle des Prinzipals spielt. Er taucht langsam mit einem breiten Lächeln aus dem Loch auf. Sein Gesicht wird vergrößert auf die vier riesigen Monitore über der Bühne projiziert. Wob schreitet gemächlich die Stufen hinab und baut sich linkisch in Lederjacke und Jeans vor dem Mikro auf. Sein langes glänzendes Haar schwankt leicht. Während »Rock DJ« ertönt, grinst er, streicht sich nervös über den Stoppelbart und beginnt beinahe zu tanzen. Alles erscheint in vierfacher Ausführung riesengroß über ihm, und eines ist klar: Wob mag ein netter Kerl sein, aber er ist nun mal nicht Rob.

Ego A Go-Go

Zwei Tage später hat sich der Zuschauerraum des Earl's Court in eine herrliche riesige Unterwassergrotte verwandelt. Blaue und orangefarbene Lichtbahnen durchschneiden die Dunkelheit, lassen blitzende Reflexe über die um die runden Tische gruppierten goldenen Stühle tanzen, über die glitzernden Gläser und Flaschen, die auf die Ankunft der illustren Gäste aus der Musikbranche warten. Kellner und Kellnerinnen mit schmucken weißen Schürzen um die Hüften stehen in Grüppchen herum und verfolgen das Geschehen.

Unten auf der Bühne treffen Wob und seine Crew Vorbereitungen für die Eröffnungsnummer »Rock DJ«. Es läuft nicht gut. Bei der Vorprobe funktionierte der Drehmechanismus wieder nicht. Die Band, sagt Fil, war *nicht* begeistert.

»Das wirkt nicht so, als wären wir in London«, meint Gary.

»Könnte eine Preisverleihung in Deutschland sein«, sagt Guy.

»Das Blitz!« Chris lacht, wie er es immer tut, um seine Sprüche zu unterstreichen.

Um 17 Uhr 30 trifft Rob mit einem ganzen Tross von Begleitern ein. Außer David, Josie, Jonah und Marv ist auch sein bester Kumpel, Jonathan Wilkes, dabei, der Rob normalerweise auf den Tourneen begleitet, die letzten paar Wochen aber damit beschäftigt war, an den Vorbereitungen für seine eigene Pop-Karriere zu arbeiten. Er ist fünf Jahre jünger als Rob, und da seine und Robs Mutter die besten Freundinnen waren, wuchsen ihre Söhne wie Brüder in Stoke-on-Trent auf. Ein weiterer Freund mit einem pausbäckigen Gesicht und langem Haar ist ein Filmregisseur aus L.A. Rob steckt die Nase in die Tür zur Männergarderobe.

»Hi, Leute.«

»Hi, Rob.«

Seine Augen huschen durch den Raum, dann ist er in seiner eigenen Garderobe verschwunden, um in ein dunkelblaues indisches Hemd zu schlüpfen, dessen Vorderseite mit reichhaltigen Silberstickereien verziert ist.

»Du brauchst einen Elefanten«, sagt Guy.

Mittlerweile ist Kylie Minogue mit Guy in der Männergarderobe erschienen. Er hat einen neuen Song für sie geschrieben, »Your Disco Needs You«. Sie begrüßt Gary und Fil, dann gehen sie und Guy weiter, um Rob hallo zu sagen.

Eine Ecke weiter hinter Eminems Garderobe, vor der sich ein Trio riesiger Bodyguards aufbaut, befindet sich die Scarlet Club Room and Lounge, aufgemacht wie ein mondänes Bordell mit karmesinroten Teppichen, Beeten voller scharlachroter holländischer Tulpen und einer mit Spiegelfacetten besetzten Kugel, die Lichtblitze auf die mit einer weißen Segeltuchplane abgehängte Decke wirft. Graham Norton lungert in einem rosafarbenen Anzug an der Bar herum. Zwei sehr hoch gewachsene und ausgefallen gekleidete dunkelhäutige Ladys räkeln sich in der Mitte des Raumes auf roten, silbernen und weißen Kissen. Katie Kissoon steht mit einer Tasse Tee am Eingang und lacht über den Anblick. Überflüssig zu erwähnen, dass weder sie noch Tessa zur Party bleiben werden. Das Gleiche gilt für Franksy. »Aus welchem Grund sollte ich da rausgehen?«, fragt er. »Da draußen ist die *Öffentlichkeit*.«

»Es ist so erschreckend da draußen«, sagt Gary, der von einem Rundgang durch den Backstagebereich zurückkommt. »Ego a go-go.« Er kichert nervös, während er seine Standard-Bühnenkleidung anlegt, das blau und weiß gemusterte Kattunhemd und die rehfarbene Baumwollhose. Fil erscheint. Auch er wirkt angespannt, als er in »den beschissenen Kilt, Jimmy« schlüpft.

Flo, die französische Garderobiere, huscht in ihrer Lederhose hin und her, näht hier einen Knopf an, glättet dort ein Hemd und brüht einen Honigtee für Rob auf.

Der steht in seiner Garderobentür, fertig angezogen. Er sieht völlig verstört aus.

»Viel Glück, Rob.«

»Danke«, erwidert er wie betäubt. »Alles wird cool sein. Das Leben ist schön.«

Guy kehrt zurück, um sich umzuziehen. »Habt ihr Eminem vor seiner Garderobe rappen gesehen?« Er lacht. »Rappt einfach die Leute an, die vorbeikommen. »So was erlebt man nur bei den Brits.«

Plötzlich sind es nur noch drei Minuten bis zum Beginn der Preisverleihung, und es ist Zeit, den Kreis zu bilden. Rob möchte unbedingt, dass alle daran teilnehmen. »Holt Max!«, ruft er. Sie sprechen das Elvis-Gebet. Rob wünscht jedem Einzelnen Glück. »Es ist ein echtes Wunder, wenn ich den Abend ohne Blessuren und ohne die Fassung zu verlieren durchstehe«, sagt er zum Abschluss.

Weiße Spots kreisen über der kreischenden, jubelnden Menge. Auf der Bühne explodieren gelbe Blitze. »ROBBIE« prangt es in riesigen weißen Großbuchstaben, die die Bühne unterhalb der starren Ansammlung gewaltiger Brit Awards im Hintergrund beherrschen. »Robbie! Robbie!«, erklingt es vom Band.

Und da ist er! »Englands größter Popstar«, wie ihn die *Sun* in ihrer morgigen Ausgabe nennen und auf der Titelseite als KING ROB zum König krönen wird. Im kompletten Make-up der gehäuteten und blutigen wandelnden Leiche aus dem »Rock DJ«-Video tanzt er direkt zwischen den Tischreihen hindurch.

»Robbie-iiieee! Robbie!«, steigert sich der Lärm. Und diesmal dreht sich unglaublicherweise die Bühne. Die Band ersetzt die Nachbildungen der Brit Awards, fünf weiße Rauchwolken schießen aus der Mitte der Bühne. Die Köpfe des Publikum wandern herum, Mädchen keuchen hörbar auf. Es war alles eine Täuschung, denn hier ist der echte Robbie Williams. Christus gleich schiebt er sich aus dem Loch im Boden hervor, die Hände bescheiden vor dem Bauch gefaltet, schlicht gekleidet in ein weißes T-Shirt und einen schwarzen Anzug. Er tritt vor, bleibt einen Moment lang stehen, zupft sich angesichts des Geschreis am linken Ohr, zeigt sein breites Grinsen, eilt die Stufen hinab und legt mit »Rock DJ« los. »Me with the floorshow, kicking with your torso ...«

Hinter der riesigen Leinwand kreiseln wild die Silhouetten der Tänzerinnen, die Federn im Haar tragen. Guy sieht in seinem schwarzen Anzug, dem schwarzen Hemd, der schwarzen Krawatte und dunklen Sonnenbrille tatsächlich wie Sinister Mr. Big persönlich aus. Hoch aufgerichtet hämmern seine Finger in die Tastatur des Keyboards. Fil hüpft in seinem Kilt umher. Gary klopft mit dem Fuß den Takt. Am Ende des Songs stößt Rob die Faust in die Luft und verbeugt sich. Die MasterCard Brits 2001 mit den Gastgebern Ant und Dec sind eröffnet.

IE Music hat zwei Tische direkt vor der Bühne platziert. Der eine, an dem es nur Wasser gibt, ist für Rob, seinen besten Freund Jonathan, seinen Kumpel Sacha aus L.A., ferner für David, Tim, Josie und den Ehrengast Geri Halliwell reserviert, ein winziges Persönchen in weißen Stiefeln, einem engen weißen Lederrock und einem rückenfreien goldenen Butterfly-Bustier.

Bei den Brits ging es für mich darum, dort zu erscheinen, meine Auszeichnungen entgegenzunehmen, bescheiden zu sein – was ich bin –, danke zu sagen und zu glauben, dass ich es verdient habe.

Und dann nach Hause zu fahren, eine Tasse Tee zu trinken, eine Runde Karten zu spielen, mit ein paar engen Freunden zu plaudern, über den Abend zu reden und ins Bett zu gehen.

Direkt hinter ihr sitzen Fil, Guy, Gabby und der Rest des Stabes von IE, der für den Ablauf der Show in London zuständig ist, an einem zweiten Tisch mit alkoholischen Getränken. Sacha hat sich etwas für die Fernsehkameras einfallen lassen. »Niemand jubelt, wenn Rob seinen ersten Award gewinnt«, sagt er. »Rob kann rufen: ›Ich habe gewonnen!‹ und so tun, als wäre er wirklich überrascht, während alle anderen an beiden Tischen einfach nur die Achseln zucken und gelangweilt aussehen.«

Und wer sollte den Gewinner des ersten Preises verkünden – in der Kategorie Best British Male Solo Artist – wenn nicht seine »Ist-sie-es-oder-ist-sie-es-nicht«-Freundin Geri?

»Und wen würdest du heute Abend am liebsten als Gewinner sehen?«, fragt Dec ironisch mit einem betont herausfordernden Blick, nachdem er Robbie als einen der fünf Nominierten genannt hat.

Geri erwidert den Blick auf die gleiche Art. »Gut, reiten wir also ein bisschen darauf herum«, sagt sie und zögert mit dem schon geöffneten Umschlag in der Hand. »Ich gebe dir einen Hinweis. Er ist sehr männlich, er ist sehr gut, er ist ein begabter Künstler, er hat ein wirklich großes Herz, und – du hast es bestimmt erwartet – laut der Presse hat er es mir geschenkt. Lass mich also das Geschenk erwidern. Mein ganz lieber Freund, Mr. Robert Williams.«

»Ich habe gewonnen!«, ruft Rob, und wie geplant wird er von beiden Tischen ignoriert.

»Na und?«, fragt Jonathan Wilkes. Rob hebt theatralisch die Schultern, steht auf und tritt ins Scheinwerferlicht. Leider haben die Kameras die ganze Szene davor nicht gefilmt.

Trotz aller Albernheiten ist es für Rob ein Moment unglaublicher Anspannung. Diese Zeremonie war Anlass für so viele klassische, vollmundige Robbie-Auftritte. »Er ist überall herumgelaufen«, erzählt Jonathan später. »Er mag es nicht, anderen Berühmtheiten zu begegnen. Manchmal werde ich sogar zu seinem Sprecher. Dann sagt er: ›Das ist mein Kumpel Jonathan‹ und schiebt mich vor, damit ich das Reden übernehme. Ich bestreite die ganze Unterhaltung. Und was die Auszeichnung betrifft, er hat nicht das Gefühl, sie verdient zu haben.

Er wusste nicht, was er auf der Bühne sagen würde. Dann machte er sich Sorgen, irgendjemand könnte ihn lächerlich machen. Würde irgendetwas während der Brits passieren? Denn gewöhnlich nutzen die Leute die Bühne für ihre eigene Selbstdarstellung. Würde das auch heute so sein?«

Aber an diesem Abend zeigt sich der neue Rob. Als er den Preis entgegennimmt, sagt er: »Normalerweise rede ich irgendeinen Blödsinn, wenn ich hier oben stehe, ich lege mich zum Beispiel mit jemandem an, oder ich mache dumme Sprüche oder Witze. Ich mache das immer, wenn ich hier stehe, weil ich bisher nie geglaubt habe, es verdient zu haben, und jetzt ist es das ... ich weiß nicht ... das vierte Mal, dass ich wiederkomme und man mir Auszeichnungen überreicht, und alles, was ich sagen werde, ist: Ich danke euch vielmals.«

Es ist ein Moment des Triumphs, auf eine ganz neue Art.

Im Kontrollbereich hinter der Bühne teilen sich der Kanadier Martin und Grubby ein Bier. Martin lacht über den Tontechniker von *Destiny's Child,* der in der Gegend herumhüpft, während er den Sound für seine Gruppe regelt. »Ein tanzender Tontechniker!«, amüsiert er sich. »Von denen kriegt man heute nur noch selten welche zu sehen.«

Lautes Geschrei brandet auf, und aus den Lautsprechern ertönt »Rock DJ«. Rob hat gerade seinen zweiten Brit Award in der Kategorie Best British Video für »Rock DJ« gewonnen. Diesmal wird an beiden Tischen von IE Music applaudiert, und Geri beugt sich zu Rob hinüber, um ihn zu küssen. Als Rob erneut die Bühne betritt, umarmt er Graham Norton. Er dankt dem Publikum, dann widmet er die Auszeichnung seinem Neffen Freddie Robert, der gerade fünf Monate alt ist, mit den Worten: »Und, Freddie, deine Mum kann dir dieses Video aus der Zeit, als dein Onkel berühmt war, später noch einmal vorspielen.«

Selbst jetzt nimmt er nichts als selbstverständlich hin.

Als Eminem auftritt, maskiert und mit einer Kettensäge bewaffnet, erhebt sich Rob, um ja nichts zu verpassen. Am Ende des Songs stößt er die Faust in die Luft. Er liebt Eminem. »Ich halte ihn für einen genialen Texter, Scheiße, er ist ein wahrer Shakespeare – absolut erstaunlich.«

Robbie gewinnt seinen dritten Brit Award – in der Kategorie Best Single (für »Rock DJ«). Mit einem feierlich nervösen Grinsen dankt er allen außer seinen Musikern. »Was ist mit der Band?«, ruft Chris von seinem Tisch aus.

»Ihr müsst meinen Tross von Bodyguards entschuldigen«, fügt Rob hinzu. »Das bedeutet nicht, dass ich größenwahnsinnig geworden bin. Es liegt nur daran, dass irgendjemand versuchen könnte, mich von der Bühne zu stoßen. Ich gehe jetzt nach Hause«, verabschiedet er sich. Er wusste die ganze Zeit, dass er drei Auszeichnungen gewonnen hatte.

Zusammen mit Jonathan Wilkes, Geri und Josie fährt er direkt in seine Wohnung zurück. Während Josie hinausgeht, um aus einem Restaurant in der Nähe etwas Seebarsch zum Mitnehmen zu besorgen, entledigen sich Rob und Jonathan ihrer Anzüge. Johnny zieht sich wie immer seine Shorts an, Rob schlüpft in einen Pyjama. Nach einer Runde Uno, einem Becher Tee und einigen Witzen über den Abend ist es Zeit, ins Bett zu gehen.

»Was haben Sie von mir erwartet?«, fragt Rob. »Ich habe diese Veranstaltungen und Preisverleihungen schon früher erlebt, ich bin auf den Partys gewesen, schon dreimal. Ich habe mit jedem dort Drogen genommen, mit dem man Drogen nehmen kann. Ich habe alles getan, was es dort zu tun gibt, soweit es ums Trinken geht. Dort gibt es jeden Mist, ganz zu schweigen von bescheuerten Leuten, die auf der Suche

Ich liebe die Menschen aus Stoke-on-Trent. Da komme ich her, und das werde ich nie vergessen, aber ich lebe nicht mehr dort.

Jedes Mal, wenn ich in Stoke auf Besuch bin, hat wieder eine Fabrik oder eine Mine zugemacht.

Aber die Menschen aus Stoke sind die liebenswürdigsten und die humorvollsten. Ich möchte ihnen eine Menge zurückgeben, denn vieles von dem, was sie auszeichnet, hat mich zu dem gemacht, der ich heute bin.

nach Berühmtheiten sind. Ich habe diese Prominenten kennen gelernt, und jetzt bin ich selbst einer. Einer, wegen dem sie kommen und den sie sehen wollen. Was für einen Sinn hat es, da hinzugehen? Es macht keinen Spaß. Man muss bescheuert sein, um das zu genießen. Und dann ist da die Hölle los. Zumindest was mich betrifft. Nein, für mich hat das Ganze keinen Sinn. Wenn man ohnehin niemandem irgendwas zu sagen hat, kann man auch gleich nach Hause gehen, eine Tasse Tee trinken und die Glotze anschalten.«

Allerdings wird dieser Standpunkt nicht von Fil, Gabby und der Meute attraktiver junger Frauen geteilt, die das Londoner IE-Music-Büro leiten. Heute Abend ist eindeutig ein besonderes Ereignis für sie, und sie lassen sich auch nicht von dem Rausschmeißer einschüchtern, der die feuchten und kalten Betonstufen neben dem Earl's Court bewacht und höflich aber bestimmt darauf besteht, dass ihm *jeder* das richtige Ticket vorzeigt. Schließlich hat Gabby die Karten hervorgekramt. Die Mädchen dürfen eine Reihe grüner Segeltuch-Rikschas besteigen und werden von fröhlichen Kulis durch einen langen Betontunnel zu einem weiteren Empfangskomitee aus finster dreinblickenden Türstehern gefahren, die vor einem riesigen Lastenaufzug Wache schieben. Nach einer scheppernden Fahrt im Aufzug nach oben erreicht die Gruppe endlich die U2-Party. Von Bono, den sich Rob, wie er sagt, als Inkarnation aussuchen würde, müsste er als ein anderer lebender Sänger auf die Welt zurückkehren, ist keine Spur zu sehen. Dafür gibt es einen Tisch voller Gläser mit Tequilla, kostenlose Röhrchen mit Berocca-Vitamin-Zusätzen (»bei hektischer Lebensführung«) und Pillen für den Morgen danach (nur ein Witz). Eine Treppe höher hat sich eine Schlange vor einem weißen Musselinzelt gebildet, wo Thai-Gerichte in halben Kokosnüssen und exotische Cocktails serviert werden. Kleine weiße Lichtflecke werden überall hin projiziert. Zu beiden Seiten des Raumes gibt es noch exklusivere VIP-Bereiche. In einem davon sitzt Eminem mit seinen Bodyguards und macht einen völlig gelangweilten Eindruck.

King Rob

»KING ROB« prangt es am nächsten Morgen in dicken Lettern auf der Titelseite der *Sun*. »UNSER GRÖSSTER POP-STAR GEWINNT DREI WEITERE BRIT AWARDS«, lautet die Schlagzeile darunter.

»ROBBIE DER DREIFACHE BRIT-AWARDS-HELD«, verkündet markschreierisch der *Mirror*. Selbst der *Independent* hat sich dazu durchgerungen, ein Foto des gehetzt dreinblickenden Stars im schwarzen Anzug auf seiner Titelseite abzudrucken.

»Jedes Mal wenn ich zu diesen Preisverleihungen gehe«, sagt Rob am nächsten Tag, während er sich in dem großen blauen Sofa in der Notting-Hill-Wohnung zurücklehnt, »habe ich hinterher das Gefühl, unbedeutender als alle anderen zu sein. Es kommt mir so vor, als wären sie cooler, als wären ihre Songs besser, als hätten sie die ganze Sache besser im Griff. Wann immer ich mit meinesgleichen spreche, mit Leuten wie Bono oder Elton John, wünsche ich mir, der Boden würde sich unter mir auftun. Ich fühle mich ihrer Gesellschaft oder Gegenwart einfach nicht würdig. Wenn ich mich zu lange mit ihnen unterhalte, werden sie merken, dass ich nur ein Scharlatan bin, dass ich es nicht wert bin, in ihrer Nähe zu sein. Das Schöne an den Brits in diesem Jahr war, dass ich mich zum ersten Mal auf einer Preisverleihung nicht besser als die anderen und – was noch wichtiger für mich ist – nicht schlechter als die anderen gefühlt habe. Ich weiß nicht, was es mit diesen Preisverleihungen auf sich hat, ich weiß es wirklich nicht. Ich weiß nicht, was abgemacht ist und was nicht.

Mir gefällt die Vorstellung, dass die allgemeine Öffentlichkeit so abgestimmt hat, weil sie meine Sachen mag. Und wenn das stimmt, dann bin ich wirklich sehr froh. Es ehrt mich, dass sich die Leute die Zeit genommen haben, fünfzig Pennies auszugeben, um eine bestimmte Telefonnummer anzurufen, durch die sie sagen: ›Wir finden, Robbie sollte die Auszeichnung bekommen.‹ Denn normalerweise gewinnt in diesem Fall die zur Zeit gerade größte Boy-Group. Weil die einzigen Leute, die man dazu bringen kann, den Arsch hochzukriegen, Teenager oder noch jüngere Kinder sind. Mein Publikum hat sich ganz gewaltig verändert. Es kommen zwar noch immer jede Menge Teenager, aber jetzt sind mehr der über 20-Jährigen, über 25-Jährigen und Verheirateten darunter. Ich hätte nur nicht erwartet, eine solche Auszeichnung durch eine öffentliche Abstimmung zu gewinnen. Deshalb fühle ich mich sehr geehrt, sehr geschmeichelt, und ich bin sehr froh, dass die Leute angerufen und gesagt haben: ›Wir glauben, dass du in Ordnung bist, Rob. Wir wollen, dass *du* diese Auszeichnung bekommst, weil wir dich mögen. Wir mögen deine Musik. Wir mögen das, was du bist.‹ Das berührt mich.

Diese ganze Brit Awards-Geschichte ist auf die Leute an den Tischen oder im Publikum zugeschnitten. Sie sind gekommen, um einen Blick auf einen Star zu werfen und eine Erinnerung mit nach Hause zu nehmen. Und ganz zwangsläufig geht es darum, sich zu betrinken, Kokain, Ecstasy oder jede andere beliebige stimmungsverändernde Droge zu nehmen, die man in die Finger bekommt. Ich finde den Druck, an einem Ort aufzukreuzen, der voll von deinesgleichen ist, an dem man das Gefühl hat, es nicht verdient zu haben, und wo einem so viel Aufmerksamkeit entgegengebracht wird, während man sich immer mehr dafür schämt, nicht zu verdienen, was man kriegt ... das macht mich normalerweise völlig fertig.

Dieses Jahr ging es für mich nicht darum. Es konnte für mich nicht darum gehen. Es ging darum, dort zu erscheinen, meine Auszeichnungen entgegenzunehmen, bescheiden zu sein – was ich bin –, danke zu sagen und zu glauben, dass ich es verdient habe. Und anschließend nach Hause zu fahren, eine Tasse Tee zu trinken, eine

Runde Karten zu spielen und mit ein paar engen Freunden zu reden, die da sind, und ins Bett zu gehen. Es ging nicht darum, am Tisch auszuflippen, weil man die Sache nicht verkraften kann, auf die Bühne zu gehen und eine Auszeichnung entgegenzunehmen, von der du glaubst, sie würde dir nicht zustehen, furchtbar rumzufluchen und aus der ganzen Sache einen Witz zu machen und völlig angewidert von der gesamten Veranstaltung zu sein, weil sie künstlich gemacht und nur auf die Branche ausgerichtet ist, oder sich mit irgendwem anzulegen. Ich habe wirklich versucht, da hochzugehen und danke zu sagen und zu glauben, ich hätte es verdient. Und diesmal haben zwanzig Prozent von mir daran geglaubt. Der Rest nicht. Und dann war da auch ein Teil von mir, der hat gedacht: ›Ich hätte vier gewinnen müssen.‹ Es existiert also auf der einen Seite ein gewaltiges Ego, auf der anderen Seite eine genauso gewaltige Unsicherheit und ein Mangel an Selbstwertgefühl, und diese Mischung sagt: ›Ich verdiene das nicht, aber ich hätte noch einen Preis gewinnen müssen.‹«

Das ist also der Mann, der auf den Titelseiten aller Zeitungen steht. Heute liebt ihn das ganze Land – oder zumindest die Medien lieben ihn. Das dürfte doch bestimmt seine Unsicherheit lindern, oder?

Rob schüttelt den Kopf. »Das alles macht mir einfach nur Angst. Ich habe keine Boulevardzeitungen zu Hause. Weil sie mein eigenes Bild von mir verzerren. Sie verzerren das, wofür ich mich selbst halte. Denn sie zeigen eine Person, von der sie behaupten, dass ich es bin, und diese Person, die ich angeblich bin, ist ziemlich oft eingebildet und braucht den einen oder anderen Dämpfer. Und wenn ich das lese, glaube ich, dass ich Scheiße bin. Ich glaube, dass ich größenwahnsinnig, arrogant und sexbesessen bin, was immer die Zeitungen schreiben. Also lese ich sie nicht mehr, und das tut mir ungemein gut. Aber irgendjemand hatte so eine Zeitung, als ich durch das Haus gegangen bin, und es war wie eine Sucht. Ich musste einfach hinsehen. Ich habe nur die Titelseite und die Überschrift ›King Rob‹ gesehen, und das hat mir gereicht. Ich habe sie dem Typen aus der Hand genommen und in die Mülltonne geworfen.

Es ist so ... Ich schreibe einige Songs mit Guys Hilfe. Ich singe sie und trete damit auf. Vielleicht bringe ich eine Menge Freude und Liebe in das Leben der Menschen. Vielleicht berühre ich etwas in ihnen, und wenn ich das tue, ist das wunderbar, aber ich rette niemandem das Leben. Ich führe keine Herzoperationen durch oder finde Knochenmarksspender. Das sind die wahren Helden. Ich habe nur viel Glück ... Ich habe wirklich verdammt hart gearbeitet. Ich bin ein 27-Jähriger, der aus Stoke-on-Trent stammt ... Völlig durchschnittlich, als ich ein Junge war ... Sehr, sehr durchschnittlich, und ich bin auch jetzt noch sehr durchschnittlich. Ich führe nur ein außergewöhnliches Leben. Und mit King Rob oder irgendwas in dieser Richtung tituliert zu werden ... Einem Teil von meinem Ego gefällt das ganz gut, doch der Rest von mir wird blass und denkt sich: ›Ich will das nicht. Das ist unheimlich.‹«

9

Jeden Sonntag ging ich ins Vorzimmer und legte Schallplatten auf. Es waren immer Sachen von Nat King Cole, Sammy Davis Jr., Dean Martin, Frank Sinatra, Sarah Vaughan und Ella Fitzgerald.

Ich lernte die Texte auswendig, prägte mir die Songs ein und tauchte in dieser Zeit unter. Ich glaube, die erste CD, die ich mir gekauft habe, war von Glenn Miller.

»Can You Kick It?«

Bisher war es eine etwas merkwürdige Tour, denkt Guy. Rob von der Bühne gestoßen, der blockierte Aufzug, die defekte Drehbühne bei den Brits. Aber es ist wirklich aufregend, so beliebt in Europa zu sein. »Es gibt nichts Aufregenderes als eine ausverkaufte Tour, wenn die Leute ganz wild nach einem Ticket sind, einem brandheißen Ticket.«

Die andere bemerkswerte Neuheit zur Halbzeit der Tournee ist die Tatsache, dass Rob clean geblieben ist und es ihm zu gefallen beginnt. Gary hat schon früher Tourneen mit ihm bestritten, wo das nicht der Fall war. »Man merkt, dass er sich nicht wohl fühlt, und prompt werden alle anderen ein bisschen gereizt. Ist die wichtigste Person im Team dagegen glücklich, überträgt sich das auf die anderen, und genau so sollte es auch sein. Witzigerweise habe ich ihn direkt vor Stuttgart gefragt: ›Macht es dir Spaß?‹, und er hat geantwortet: ›Ja, mehr als je zuvor.‹« Gary lacht trocken. »Und genau an diesem Abend wurde er von der Bühne gestoßen.«

David ist immer noch sehr stolz darauf, wie Rob den Vorfall in Stuttgart verkraftet hat. »Er hätte danach völlig zu Recht nach England zurückfahren können. Ich denke, für mich war das ein bisschen so, als hätte ich miterlebt, wie mein Lieblingssohn eine Art spirituelles Erwachen hatte.«

Aber wird Rob es schaffen, auch weiter durchzuhalten? Franksy ist von Robs Enthaltsamkeit ziemlich beeindruckt. Wie er bereits sagte, hätte Rob in den alten Tagen früher oder später einen Rückfall erlitten. Erst Bier, das dann zu Drogen geführt hätte. »Das Musikgeschäft geht Hand in Hand mit Drogen. Es ist schwer, sie von den Leuten fernzuhalten. Rob gibt offen zu, dass er eine Menge Freunde in vielen einschlägigen Kreisen hatte. Du kommst in irgendeine Stadt zurück, in der du schon mal gewesen bist, irgendwelche Typen erinnern sich, dass du beim letzten Mal Drogen genommen hast, also kreuzen sie auf und drücken dir das Zeug in die Hand. Du willst es, und du willst es wiederum nicht, und du fragst dich: Was soll ich jetzt machen? Es ist also ein permanenter Druck, der auf dir lastet. Ich denke, dass das der schwierige Teil und der Grund für diesen Schutzwall ist, der Rob umgibt. Wir sind ständig auf der Hut, um dafür zu sorgen, dass nicht irgendwer durch die Maschen schlüpft und all die harte Arbeit zunichte macht, die David und Tim geleistet haben, Rob zu helfen, nicht wieder auf die schiefe Bahn zu geraten.«

Voller Optimismus geht es zurück nach Deutschland. Die Crew trifft sich am Dienstagabend in King's Cross, wo es einige in der Offshore Bar übertreiben, bevor sie eine halbe Stunde vor Mitternacht zu ihrer achtzehnstündigen Fahrt nach Nürnberg in die Tourbusse steigen. Rob und die Band nehmen am nächsten Abend das Flugzeug. Sie treffen erst im Meridian Hotel ein, als sich die Mitglieder der Crew einen letzten Drink vor dem Schlafengehen gönnen.

Rob ist der Erste. Er durchquert die Lobby und wartet mit seinem Gefolge vor dem Lift. Als er sich umdreht und ein paar Leute aus der Begleitmannschaft an der Bar sieht, geht er zu ihnen. »Wie geht's euch?«, erkundigt er sich. »Alles in Ordnung auf der Welt.« Seine Augen wandern durch die Runde.

»Das ist der Grund, warum ich so gern für ihn arbeite«, begeistert sich Em, nachdem er sich genauso schnell, wie er aufgetaucht ist, wieder zurückgezogen hat. »Er hat uns entdeckt und ist sofort rübergekommen. Das hätte er wirklich nicht tun müssen.« Er ist menschlich geblieben, erklärt sie. »Er besteht nicht nur aus... Rock und Pop.«

Dann lacht sie über den Vorfall in Stuttgart. »Gott sei Dank passiert so was nicht uns Caterern«, sagt sie. »Ich meine, es ist ja nicht so, als würde irgendjemand zu uns in die Küche kommen und sagen: ›Du bist gar nicht die echte Em, stimmt's?‹«

Big Jez kommt von einem Abendessen mit Wobs Assistentin Lizzie zurück. »Das ist eine noch ziemlich frische Tournee-Beziehung«, bemerkt Em.

Das Pärchen nimmt einen schnellen Drink und verschwindet dann im Zimmertrakt des Hotels, um etwas »Büroarbeit« zu erledigen.

»Viel Spaß mit dem Aktenwälzen!«, ruft Em den beiden hinterher.

Dann trifft die Band ein. Guy in einer auffällig gemusterten Hose und einem blauen Mantel. Yolanda und Claire. Fil. Joe von *Toploader.*

Der Zirkus ist wieder unterwegs.

Was – kein Kabuki?

Gegen zehn Uhr am nächsten Morgen kommt es zu einer Krise. Der neue schwarze Bühnenvorhang – der Kabuki –, während der Unterbrechung der Tour bestellt, weil der alte allmählich den Geist aufgab, wurde nicht mit allen erforderlichen Bestandteilen geliefert. Es fehlen fünf Kabel und dreißig Traversenträger. Andy Jupp eilt zur Produktionsabteilung, um Wob zu unterrichten. Wob hängt sich sofort ans Telefon und ruft die Lieferanten in Großbritannien an. Bis elf Uhr hat er das Problem gemeldet, wenn auch noch nicht gelöst. »Wir haben gerade einen Mann zum Flughafen geschickt, um die richtigen Teile zu besorgen«, sagt er. »Andernfalls fällt die Show aus.«

»Ihr könnt die Show nicht ohne den Kabuki machen?«

Wob presst die Lippen zusammen. »Nein.«

»Was für ein verfluchtes Desaster«, schimpft Andy. »Wenn ich damit gerechnet hätte, wäre ich am Montag im Bett geblieben.«

Also bleibt der vordere Träger vorerst auf dem Boden liegen, während alles andere aufgebaut wird. Die Beleuchtung, der Aufzug, die Technik im Backstagebereich, das Videozubehör.

Um vier Uhr nachmittags sind die fehlenden Teile immer noch nicht angekommen. Dave Bracey arbeitet mit Hochdruck weiter an seinem Soundcheck. »Okay, Julesy, bitte.«

Jules nimmt an Guys Keyboard Platz und spielt »Isn't She Lovely«.

Gegen sechs Uhr gibt es endlich gute Nachrichten. Die Teile für den Kabuki sind in Frankfurt ... werden aber frühestens um sieben hier sein.

Hinter der Bühne sieht Wob sich einem weiteren Problem gegenüber.

»Geh noch mal die Sache durch, die in Paris passiert ist«, verlangt Guy.

Wob erklärt erneut, warum der Aufzug nicht funktioniert hat. Etwas stimmte an dem alten Computer nicht, und die Winden sprangen nicht an. Jetzt haben sie einen neuen Computer.

»Noch besser!«, wirft Franksy mit der ihm eigenen bissigen Bristol-Ironie ein. »Das ist ja alles *sogar noch besser*.«

»Wie groß ist die Wahrscheinlichkeit, dass es wieder passiert?«, will Guy wissen.

»Ungefähr so groß wie die Wahrscheinlichkeit, dass dein Großvater vom Blitz erschlagen wird«, witzelt Chris.

Wob bleibt ernst und fährt mit seiner Erklärung fort. Selbst wenn der Computer abstürzen sollte, was nicht geschehen wird, kann die Plattform nicht runterfallen. »Die Aufzugmotoren sind so konstruiert, dass sie in jeder beliebigen Stellung verharren, in der sie gerade sind, bis sie einen anderen Befehl erhalten. Wenn alle sechs nicht absolut synchron arbeiten, halten sie automatisch an ...«

Der Boss ist erschienen und lenkt die Aufmerksamkeit seiner Leute von Wobs ausführlicher Erklärung ab.

Rob ist erkältet und seine Stimmung heute etwas gedrückt. Er setzt sich und greift nach seiner Gitarre.

»This is the end«, singt er, während sich Wob verzieht und in die wirkliche Welt zurückkehrt.

I'm in pieces, I dont't know what to say.
Do you think it's best if I told her that I was gay?
I'm not really, but the truth is too hard to hear,
I've pissed myself now I've found when I'm being sincere.

(Ich bin am Boden zerstört, ich weiß nicht, was ich sagen soll.
Glaubst du, es wäre am besten, ich würde ihr sagen, dass ich schwul bin?
Ich bin es nicht wirklich, aber es ist zu hart, die Wahrheit zu hören,
Ich habe festgestellt, dass es mich fertig macht, wenn ich aufrichtig bin.)

Fil und Guy begleiten Rob, der jetzt den Refrain anstimmt, mit ihren Gitarren.

A one-night stand so far sees him through,
I'd rather be lonely than be with you-ou ...

(Ein One-Night-Stand reicht ihm bisher,
ich wäre lieber einsam, als mit dir zusammen zu sein ...)

Alle greifen die Melodie auf und improvisieren rund fünf Minuten lang vor sich hin.

»Kennt ihr das, wenn ihr einen ganzen Tag an einem Song arbeitet und nur noch wollt, dass er endlich fertig wird?«, fragt Rob.

Fil und Guy nicken.

»Es ist hart«, sagt Rob.

Um zehn vor acht fährt endlich ein Auto mit den fehlenden wichtigen Teilen des Kabukis am Hintereingang der Konzerthalle vor. Unter gewaltigem Jubel des Publikums wird der vordere Träger abgesenkt. Stage Manager Gary hält ihn an einem Ende fest, während Andy mit einigen deutschen Bühnenarbeitern im tiefroten Licht an dem Träger entlanghastet und die mit Zapfen versehenen röhrenförmigen Halterungen ineinander schiebt. »Okay!«, ruft er und widmet sich den Klammern, die die Vorrichtung halten.

»Fertig für die Saalbeleuchtung!«, schreit Gary. Es ist Zeit für den Auftritt von *Toploader*, mit oder ohne den Kabuki. Joe stürmt die Bühne mit seiner Band und legt vor den im Hintergrund hektisch hantierenden Technikern mit dem ersten Stück los. Der Beleuchter Barry arbeitet mit einer Taschenlampe zwischen den Zähnen.

»Ihr müsst diese Leute da entschuldigen«, wendet sich Joe an die jubelnde Menge. »Wir haben keine Ahnung, wer die sind.« Big Jez kommt den Männern zu Hilfe, während Andy im nun erneut blutroten Licht die aufwärts gerichteten kleinen Haken in die an der Oberkante des Vorhangs angebrachten Ösen schiebt. *Toploader* spielt

jetzt »Dancing In The Moonlight«. Andy hakt den letzten Abschnitt mit fliegenden Fingern fest, und plötzlich hebt sich der Kabukiträger. Der riesige schwarze Vorhang bauscht sich leicht hinter *Toploader.*

»Er ist oben«, seufzt Barry. »Ob er da auch bleibt, ist eine andere Frage.«

Der Boss

»Wir hatten ein paar Tage frei«, sagt Rob, als sich alle seine Leute um ihn zusammendrängen. »Ich weiß nicht, wie das mit euch ist, aber mich hat die Unterbrechung beschissen durcheinander gebracht.« Aus dem Kreis ertönt Gelächter. »Sich aufzuraffen und wieder einzusteigen. Ich dachte, wir wären damit fertig – zumindest mental habe ich gedacht, wir wären fertig. Ich bin erkältet, ich weiß nicht, wer von der Crew sonst noch erkältet ist, ich weiß nicht, wer alles hier ist, wir sind im beschissenen Nürnberg, wir haben eine Show zu geben, und wir werden das machen, wir werden es verdammt gut machen. Das ist unser Job, und wir machen das jeden Abend. Also gehen wir da raus und bringen ein Lachen auf ihre Gesichter. Lasst uns an das Geschäft denken, und was noch wichtiger ist – dafür sorgen, dass sie verdammt glücklich nach Hause gehen, weil das der Grund ist, warum wir das alles machen.«

»Hört, hört!«, sagt David.

»Also.« Rob legt eine kurze feierliche Pause ein, und alle blicken auf. »Wer ist der Boss?«, fragt er in einem völlig veränderten Tonfall.

»Du«

Er vollzieht das Elvis-Ritual. »Geht raus und lasst es krachen!«, ruft er zum Schluss.

»Robbie! Robbie!«, ertönt es vom Band. Das Publikum in dem ausverkauften Saal jubelt. Wird der Kabuki funktionieren? Wob verzieht nervös das Gesicht. Jonah und Marv fragen sich, ob wieder irgendwelche deutschen Chaoten auftauchen werden. Hoffentlich ist der Aufzug in Ordnung! betet Guy stumm. Er besteigt ihn so ängstlich wie nie zuvor und verkrampft sich, als die Terac-Motoren die sechs Stahlseile aufrollen und das große Meccano-Spielzeug immer höher steigt. Liz lässt die auf das Publikum gerichteten Blinder aufblitzen. Andy beobachtet den Kabuki. Seine Fingerknöchel zeichnen sich vor Anspannung weiß unter der Haut ab. Der Vorhang fällt, seine Kante kräuselt sich über den Boden. Wie geschmiert sinkt der Aufzug langsam herab. Guy grinst vor Erleichterung. Gary betätigt das Gegengewicht, und Robs Stuhl schießt in den Käfig empor. Die Fans drehen durch. »Come on come on come on come on!«, brüllt Rob. Der Show-Zirkus ist wieder unterwegs.

Keine Lust mehr auf Groupies

Nach der Rückkehr ins Hotel gibt es ein bisschen »Hausmusik«. Guy setzt sich an das Piano, dann spielen Claire und Joe von *Toploader* ein paar Stücke. Auch Fil ist da, allerdings überhaupt nicht in seiner üblichen aufgeräumten Stimmung nach einem Gig, in der er zu allem bereit ist. Wie gewöhnlich ist die Bar voll mit aufgedonnerten weiblichen Fans, aber zum ersten Mal interessiert ihn das nicht. Alle kommen ihm irgendwie ein bisschen unheimlich vor, und jeder Versuch einer halbwegs vernünftigen Unterhaltung führt nirgendwohin. »Es geht bis *Guten Tag*«, sagt er, »und dann herrscht absolutes Schweigen.«

Also geht er mit Franksy und Guy auf Franksys Zimmer, um mit ihnen einen Drink zu nehmen. Er hat genug von diesem Groupie-Müll, versichert er ihnen. Das alles ist ein solcher Haufen Scheiße.

»Komm schon, Fil«, zieht Franksy ihn auf. »Geh wieder runter und versuch's noch mal. Du bist jung, du bist der Gitarrist einer überall bekannten Band. Dein Platz ist jetzt an der Bar.«

Fil hat keine Lust. »Yeah, yeah, was auch immer.« Er hat genug von Hohlköpfen, die nicht mehr als eine einsilbige Antwort zustande bringen. Er will ins Bett gehen.

Fünf Minuten später. Fil ist in seinem Badezimmer, macht sich gerade fertig zum Schlafen, als es an seiner Tür klopft. Er öffnet sie, und da steht ein Mädchen. »Angezogen wie ein Pornostar. Enge Ledershorts und ein winzig kleines Top. Hohe Absätze. Nylonstrümpfe bis zum Arsch.«

Seine guten Vorsätze halten eine ganze Sekunde. »Dann komm mal lieber rein«, sagt er.

Die Crew fährt über Nacht weiter nach Frankfurt, die Band folgt am nächsten Tag. Da Rob immer noch erkältet ist, lässt Franksy ein Ärzteteam kommen, das der Band in einem kleinen Zimmer gegenüber dem Aufenthaltsraum Vitamin B_{12}-Injektionen verabreicht. Yolanda verlässt das Zimmer mit einem Grinsen. Sie erinnert sich noch gut an den Energiestoß, den sie nach der letzten Spritze gespürt hat, eine ganz andere Art von Energie als die, die einem Alkohol beschert. Gary will keine Spritze, er hat eine Abneigung gegen Nadeln und lässt sich stattdessen ein orales Präparat geben. Dann widmet er sich wieder seiner Noddy-Holder-Biografie.

Fil lacht über die Art, wie Franksy mit einem Wachtposten umgesprungen ist, der den Bus nicht durch die Absperrung auf das Gelände des Veranstaltungsortes fahren lassen wollte. Er verwendet ein paar deutsche Wörter, als er davon erzählt. »Der Typ sagt: ›Nein, nein, nein, ihr dürft hier nicht durch‹, und Morris antwortet: ›Aber die Band, loike ...‹« (Fil kann beide Akzente, den deutschen und den schottischen.) »Dann rufen beide nur noch: *›Vass? Vass?‹* Franksy hört den Lärm oben im Bus, kommt runter, geht zum Fahrer vor, steckt den Kopf aus dem Fenster und legt los: ›*Augenblick mal, Augenblick mal, ich bin das Tour Manager aus Robbie Williams, open das Tor auf.*‹« Fil heult vor Lachen. »*Open das Tor auf*«, sagt er.

Vielleicht ist es das Vitamin B12, vielleicht Flos spezieller Honigtee, den Rob in einer Plastikflasche mit auf die Bühne nimmt, aber an diesem Abend ist sein Auftritt besser als jemals zuvor. Er sprüht über vor unbändiger Energie. Er rollt sich auf dem Boden herum. Er greift über den Bühnenrand, packt den Pferdeschwanz von einem der furchteinflößenden Bodyguards und spielt damit. Er starrt einem hübschen Mädchen, das ein purpurrotes Top trägt, direkt in die Augen und sagt ihr, er würde das nur tun, weil ihr Freund etwas dagegen hätte. Nachdem er sich wieder umgedreht hat, sinkt sie mit einem bezaubernden Erröten in die Menge zurück, und in ihrem Gesicht steht die ungläubige Frage geschrieben *Hat er wirklich mich gemeint?*

Hat er diese ganze Energie, weil er nicht mehr abhängig ist? Einige der Fans sind bestimmt dieser Meinung. »CAN YOU KICK IT? *YES* YOU CAN« verkündet ein weiter hinten im Saal hoch gehobenes Schild.

»In Stuttgart hat jemand versucht, mich von der Bühne zu stoßen«, erzählt Rob seinem Publikum. »Wenn diese Typen heute Abend hier sind, das ist für sie.« Er stimmt seinen »You-don't-want-to-fuck-with-Ro-bbie«-Sprechgesang an und wiederholt die abgehackte Bewegung mit der Hand, als würde er auf jemanden einstechen, wie er es schon in Paris getan hat. »Down, sucker!«, brüllt er.

Jetzt, nachdem er seine Dämonen besiegt hat, kostet er seine Macht in vollen Zügen aus. »Licht, bitte«, verlangt er, und die Lichter gehen an. »Aus. An. Aus. An.« Liz befolgt seine Anweisungen an ihrem Schaltpult gewissenhaft. Robbie stößt ein leises Lachen aus und stimmt den nächsten Song an. Es ist das Lachen eines Mannes, der Frieden mit sich selbst geschlossen und die völlige Kontrolle über seine Umgebung hat.

»Amüsiert ihr euch gut?«, ruft er, als er zur ersten Zugabe auf die Bühne zurückstürmt. »Ich amüsiere mich prächtig!« Er schleudert das orangefarbene Handtuch, das er mitgebracht hat, in die Menge. Wo es landet, bricht ein wildes Handgemenge los, das sofort von dem Sicherheitsposten mit dem Pferdeschwanz beendet wird. Er schnappt sich das Handtuch, zieht ein Messer hervor und zerschneidet den Stoff in handliche Stücke, die sich die Fans auf die wild schlagenden Herzen pressen.

Rob hat schon immer gewusst, dass er ein geborener Darsteller ist, schon seit er im Alter von drei Jahren während eines Ferienlagers an einem Talentwettbewerb teilgenommen hat. »Es gab keine Mutter, die mich bedrängt hat«, erzählt er, »keine elterliche Überwachung. Tatsächlich hat sich meine Mum sogar fast in die Hose geschissen, weil sie mich nirgendwo finden konnte. Zum Teufel mit diesem Jungen!

Verdammte Scheiße, ich habe mir einfach gedacht: ›Da ist die Bühne. Ich sollte da oben sein. Weil ich das gut kann.‹« Natürlich hat er den Wettbewerb gewonnen.

Mit vierzehn spielte er den Artful Dodger aus *Oliver Twist* in einer Schüleraufführung in Stoke-on-Trent. »Es war meine erste Hauptrolle. Ich kam durch den Seiteneingang auf die Bühne, habe gepfiffen und bin auf diese besondere Weise gegangen. Und das ganze Publikum holte tief Luft und hielt den Atem an. Ich konnte es genau hören. Ich hatte sie schon in der Tasche, nur indem ich über die Bühne gegangen bin. Sie hatten noch gar nicht gesehen, was ich konnte. Und ich kann mich heute noch erinnern, wie ich nach dem Stück noch einmal vor den Vorhang trat, und der Beifall für mich war lauter als der für alle anderen. Ich habe gedacht, Scheiße!, das ging aber gut.«

Es ist die Bühne, wo sich Rob in Robbie verwandelt und richtig lebendig wird. Dort benötigt er keine Drogen. Das beginnt er erst jetzt, nachdem er es geschafft hat, so lange auf dieser Tour clean zu bleiben, allmählich zu begreifen.

Darf ich mit dir singen?

Die flache deutsche Landschaft zieht hinter den abgedunkelten Fenstern vorbei. Tessa lehnt sich in der psychedelisch gemusterten Couch in der oberen Lounge des Busses zurück. »Nur weil man eine großartige Stimme hat, ist man noch nicht automatisch eine gute Background-Sängerin«, erzählt sie. »Man muss verstehen, worauf es bei diesem Job ankommt.« Es ist eine ganz eigene Wissenschaft. »Niemand verlangt von einem, der Lead-Sänger zu sein. Man muss die Fähigkeit besitzen, die eigene Stimme mit der Musik verschmelzen zu lassen, sie wie ein Instrument zu benutzen.«

Sie hat viele Mädchen kennen gelernt, die diesen Job nur als Mittel zum Zweck betrachten. »Sie sagen sich: ›Ich mache das nur, bis meine Solokarriere richtig anläuft.‹« Tessa selbst hat keinerlei Ambitionen in dieser Richtung, und deshalb arbeitet sie gern mit Katie zusammen. »Es gibt eine geistige Verwandtschaft zwischen uns, wir müssen uns kaum über unseren Job unterhalten, weil wir die gleiche Einstellung dazu haben, und das macht es einfach.«

Katie und sie arbeiten seit fünfzehn Jahren in einer lockeren Partnerschaft. »Wir verstehen einander«, sagt Katie. »Tessa ist eine eigenständige Persönlichkeit, sie tut, was sie tun muss, und das Gleiche gilt für mich. Wenn ich meine Ruhe haben will oder so, ist das in Ordnung, es funktioniert.« Sie lacht ihr wunderbares Lachen – »das großartigste und schönste Lachen der Welt«, wie Rob es nennt.

Bevor sie sich zusammenschlossen, hatte jede von ihnen schon eine lange Karriere hinter sich. Tessa singt seit ihren Mädchenjahren. Von ersten Auftritten im Rahmen der Truppenbetreuung in Nordirland hat sie sich zur Background-Sängerin von *The Police,* David Bowie, Tina Turner und den *Stones* hochgearbeitet.

Katie war schon bei als Teenager bei den *Marionettes*, einer Gruppe, die mit den *Beatles* auf Tournee ging. In den 70ern hatte sie eine Solokarriere mit ihrem Bruder Mac – »Chirpy Chirpy, Cheep Cheep« und »Sugar Candy Kisses« waren Hits. Seither hat sie mit so berühmten Künstlern wie Van Morrison, Roger Waters und Eric Clapton gesungen.

Guy hatte die beiden für einige Stücke auf dem letzten Album engagiert. Tess kannte Guy bereits, weil sie gemeinsam in der *Jimmy Nail Band* gewesen waren. »Es war lustig, denn Guy hasste diesen Gig und wollte etwas anderes machen. Und jetzt hat er es so gut getroffen. Es ist wirklich göttliche Gerechtigkeit, dass er es schließlich so weit gebracht hat.«

»Er hat eine ziemlich starke Präsenz in dem ganzen Rob-Theater, nicht wahr?«

»Unglaublich stark. Er ist buchstäblich der Kapitän des Schiffes, und er steuert es mit wahrer Meisterschaft. Er dominiert die musikalische Komponente des Projekts auf eine ganz außergewöhnliche Art und Weise. Aber er ist sich auch völlig der Dynamik bewusst, die die Mitgliedschaft in einer Band beinhaltet. Man muss mit dem Boss harmonieren. Man kann die besten Musiker der Welt haben, aber wenn die zwischenmenschliche Chemie nicht stimmt, funktioniert die Sache einfach nicht.«

Die Chemie funktioniert offensichtlich in beide Richtungen.

»Rob verfügt über diese Fähigkeit ...« Tess legt eine Pause ein, während sie nach einer passenden Metapher sucht, um die Wirkung zu beschreiben, die erstmals bei den Proben in der London Dockland's Arena deutlich wurde. »Es ist, als würde sich bei einem Gasherd die Flamme entzünden. Schon wenn er die Bühne betritt, noch bevor er überhaupt die erste Note gesungen hat, reicht seine bloße Präsenz aus, um die ganze Sache abheben zu lassen – Richtung Space.«

»Was an ihm bewirkt das?«

»Seine Energie. Das, was er in das Projekt gibt und was sich auf uns überträgt. Er begeistert einen dafür, Musik zu machen. Das klingt in gewisser Weise geradezu kindisch einfach. Aber es ist ein Bestandteil seiner Persönlichkeit.«

Und trotzdem redet Rob paradoxerweise davon, dass er nicht mehr auf Tournee gehen will. Aber dann legt er los wie am Abend zuvor und stellt diese unglaubliche Verbindung zwischen sich und seinem Publikum her. Es scheint, als bräuchte er das Publikum.

»Es könnte sogar sein, dass da eine chemische Reaktion stattfindet. Ich denke, dass er das Adrenalin, die Pheromone oder was auch immer die Erregung des Publikums in ihm freisetzt, braucht. Etwas davon steckt in jedem Künstler. Um überhaupt an den Punkt zu gelangen, wo sie sind, bedarf es eines gewissen Elements ...« Tess verstummt erneut und legt eine längere nachdenkliche Pause ein.

»Es gibt da so eine Leere«, fährt sie schließlich fort, »eine Leere, die durch diese spezielle Sache gefüllt wird, die sie zu dem antreibt, was sie tun. Ich habe nicht diese gleiche Art von Leere in mir. Es mag andere Formen der Leere in mir geben, aber nicht diejenige, die den Ehrgeiz in mir erweckt, den einzigartigen Antrieb, das zu tun, was Rob tut. Ich denke, dass dieses Verhalten durch irgendetwas erzeugt wird. Man bräuchte einen Psychologen, um herauszufinden, was genau das ist. Ich weiß nicht, ob es an der Erziehung liegt oder woran auch immer. Aber es gibt ein Element, das dieses Verhalten auslöst. Das unterscheidet Leute wie Rob von anderen.«

Am Straßenrand fällt das trübe Licht der Nachmittagssonne auf die weißen Stämme kahler Birken, ein einsames Gewächshaus, eine Texaco-Tankstelle, einen hohen Kirchenturm und jede Menge Kiefern. Es ist eine lange Fahrt, und je näher wir Brüssel kommen, desto zäher wird der Verkehr. Rob schläft in seiner Koje im ersten Bus. »Hier ist's so ruhig wie in einer öffentlichen Bibliothek«, murmelt Guy in Davids Richtung. Auch Claire im Bus der Band ist eingeschlafen. Tess und Katie plaudern in der unteren Etage. Franksy und Tom gehen vorn in der oberen Etage den Etat durch. Alle paar Minuten kann man das vertraute Bossa Nova-Klingelzeichen von Franksys Mobiltelefon hören – die Melodieauswahl für diese Tour. Yolanda schiebt auf der Suche nach Feuer den Kopf durch die Tür zur oberen Lounge. »Alle haben sich über den gesamten Bus verteilt«, sagt sie.

Fil grübelt über seine sich allmählich verändernde Einstellung zum sexuellen Aspekt des Rock'n'Rolls nach. »Ich hatte kürzlich ein kleines Selbstgespräch. Das ist ziemlich belustigend. Gestern habe ich mich mit irgendjemandem darüber unterhalten, ich erinnere mich nicht mehr mit wem. Wie auch immer, er sagte: ›Du wirkst wie ein Junge, mit dem man Spaß haben kann, ein Partylöwe, du bist wirklich dafür gemacht, aber mir scheint, du hast ein bisschen mehr Hirn im Kopf, du weißt, was hier abläuft.‹ Und ich dachte mir, klar, natürlich weiß ich, was hier abläuft. Das Problem ist, dass man in ein Dilemma gerät, so wie bei der Frage, was zuerst da war, das Huhn oder das Ei. Wenn das also die Ironie des Rock 'n' Rolls ist, stimmt es, dass ich mich tatsächlich so verhalte. Aber an welchem Punkt kommt die Ironie ins Spiel? Das ist ein Problem, das ich immer noch nicht geknackt habe.«

Er hat jetzt dieses Mädchen aus Kopenhagen, das am Abend auf dem Gig war und hinterher mit ihm die Nacht im Hotel verbracht hat. »Und mach daraus keine beschissene Nummer à la ›Fil hat sich verliebt‹. Das ist einfach lächerlich. Ich mag sie wirklich. Ich werde ein wenig mit ihr plaudern und Zeit mit ihr verbringen. Im Gegensatz zu den Mädchen, die um zwei Uhr nachts an deine Tür klopfen, um dir einen zu blasen.«

Laut Franksys Terminplan soll die Band um 18 Uhr an ihrem Ziel ankommen. Gegen 19 Uhr 15 steckt der Bus immer noch im Verkehr der Brüsseler Innenstadt fest.

Ein Stückchen weiter voraus hat sich ein Unfall ereignet. In der Dämmerung blitzt das Blaulicht von Streifenwagen.

Die Frauen im Bus sind besorgt. Es wird fast zu spät werden, um vor der Show noch etwas zu essen. Claire glaubt, sie sollte eine Kleinigkeit für hinterher vorbereiten. Yolanda will sofort die Kantine stürmen und eine Suppe löffeln, sobald sie da sind.

Doch als sie schließlich eintreffen, ist die Doppeltür zum drinnen hell erleuchteten Forest National verschlossen. Kein Problem, meint ein Mann des Sicherheitsteams, sie können die Tür öffnen.

»Aber wenn wir die Treppe da runtergehen, müssen wir durch den von Fans belagerten öffentlichen Eingang«, wirft Franksy ein, und das kommt nicht in Frage.

Tom schäumt vor Wut. »Vier Sicherheitsleute, und sie können nicht mal rausfinden, durch welchen Eingang sie uns reinbringen sollen. Völliger Schwachsinn!«

Pompey taucht auf. »Alles okay, alles okay«, versucht er die mittlerweile ziemlich gereizte Band zu besänftigen. Der Bühneneingang liegt dort drüben, nur zwei Minuten zu Fuß. Rob verlässt seinen Bus zusammen mit Guy, Chris, David, Josie, Marv und Jonah. Alle folgen Pompey um den dunklen Veranstaltungsort herum. Es ist eine gespenstische Gegend, mit bunten Graffiti beschmierte Betonsäulen, jede Menge finstere Winkel, aus denen ausgeflippte Fans hervorspringen könnten. Ein grober Steinboden, der mit Dosen, Einwegverpackungen und anderem Abfall übersät ist. Rob führt den Trupp in seiner weiten schwarzen Steppjacke an, die Schultern hochgezogen, von Marv und Jonah flankiert. Claire wendet sich David zu, der seine Aktentasche fest umklammert hält. »Da sind Leute hinter uns«, sagt sie nervös.

Es sind drei Personen, zwei Männer und eine Frau. Journalisten, Fans, Spinner oder was? David dreht sich um und befiehlt ihnen, Leine zu ziehen, wobei er eine neue und unerwartet aggressive Ader offenbart. Die Leute bleiben stehen, und die Gruppe eilt weiter, stolpert durch den Unrat die abschüssige Rampe hinab. Niemand spricht ein Wort, aber alle wissen, dass es eine knifflige Situation ist und sie nicht hier sein sollten.

Trotz oder vielleicht gerade wegen der Anspannung vor der Show, wird der Gig ein weiterer Knüller. Wenn Rob diese von Tessa erwähnte Leere in sich hat, dann tut er alles, um sie zu füllen. Er stolziert über die Bühne, verströmt Sex, verleiht dem Auftritt seine persönliche Note und lädt das gesamte Publikum ein, seine Band zu sein. Alle 10 000 sollten nach Berlin kommen und mit ihm singen, scherzt er.

Als hätte er es beschworen, steht inmitten der Mädchen in der ersten Reihe ein Mann, der ihn beim Wort nehmen möchte. Er hält ein Schild mit der Aufschrift CAN I SING WITH YOU AGAIN? in der Hand. Rob hat ihn einmal auf die Bühne geholt, um »Angels« mit ihm zu singen, erklärt Franksy. Daraufhin baute sich der junge Mann eine Fantasiekarriere um diesen einen Auftritt herum auf, besorgte sich einen

Manager und begann, der Presse Interviews zu geben. Als Rob nach der Pause auf die Bühne zurückkehrt, hält er ein Schild hoch, auf dem NO steht.

Im gedämpften Licht des Kontrollbereichs seitlich von der Bühne schüttelt sich Franksy vor Lachen. »Rache!«, übertönt er die Musik. »Das ist ein Tournee-Motto.«

Als Rob an diesem Abend die Bühne verlässt, bekreuzigt er sich, etwas, das er auf dieser Tour bisher noch nicht getan hat.

Später in der Männergarderobe lacht Rob über seine erste Begegnung mit seinem überenthusiastischen Fan. »Ich war damals ziemlich gelangweilt«, erzählt er. »Also holte ich ihn auf die Bühne. Er sang ›Angels‹, während ich mich neben das Schlagzeug setzte. Er sah wie der Mann von Top Shop aus, aber er machte seine Sache gut, er war wirklich gut. Dann baute er die Geschichte aus, indem er eine Menge Interviews gab. Für den *Express*, die *Mail*, die *Sun*, da da da. Schließlich begann er uns anzurufen ... Josie!«, brüllt Rob durch die Garderobe.

»Yeah?«

»Was hat er gesagt? Er hat dich angerufen und gesagt ...«

»Er wollte einen Manager, nicht wahr?«, fragt Franksy.

Josie lacht. »Er hat sich erkundigt, ob wir ihn managen würden, und er meinte, er würde sich freuen, dass all seine Öffentlichkeitsarbeit geholfen hätte, das Album zu verkaufen.«

»Seine Promotion hat geholfen, mein Album zu verkaufen!«

»Und ob du gern bei einem seiner Gigs singen würdest«, sagt Josie. »Er hat dich zu sich eingeladen. Wie nett von ihm.«

Deshalb hat ihm Rob das Schild mit der Aufschrift NO gezeigt.

»Du hast es verkehrt herum gehalten«, stichelt Franksy. »So hieß es ON.«

Aber Rob hat ganz plötzlich das Interesse an der Geschichte verloren. »Ich habe mir gestern Abend einen Gig von David Bowie angesehen«, sagt er.

»Aus den Achtzigern, richtig?«, fragt Chris.

»Yeah, aus den Achtzigern. Alles, was er getan hat, war ...« Rob gibt eine ganz hervorragende Imitation von Bowie zum Besten, einschließlich der charakteristischen Pausen. »Und er sang ... Und er blickte ... Und er lächelte ... Und er zeigte ... Und er ging und setzte sich ... Für eine Weile ... Und sah die Menge an, und sie ... Sah ihn an ... Dann verschwand er.«

»Verdammt großartig, was?«, fragt Chris, während alle lachen.

»Er war verdammt großartig. Und er hat überhaupt nichts *gemacht*. Ihr wisst schon.«

»Willst du damit sagen, dass du beim nächsten Konzert Bowie sein wirst?«, erkundigt sich Fil.

BRÜSSEL

EIN TAG FREIZEIT

ALSO, IHR HABT EUCH EINEN FREIEN TAG VERDIENT, AN DEM IHR FOLGENDES TUN WERDET:

A) EINKAUFEN – DIE MÄDCHEN
B) BESUCH VON SEHENSWÜRDIGKEITEN – GUY
C) SCHLAFEN – GARY
D) SICH ZUKNALLEN BIS ZUM ANSCHLAG – CHRIS
E) NON-STOP-WICHSEN – KEINE NAMEN ERFORDERLICH

PIP PIP
THE P.O.D.

Rob lächelt. »Ich werde mir einen kobaltblauen Anzug, eine weißblaue Krawatte und ein ebensolches Hemd besorgen. Ich werde mein Haar blond färben und es oben lockig machen lassen ...«

»Und deine Zähne gelb anmalen«, wirft Chris ein.

»Yeah, und Iman heiraten.«

Rob greift nach Franksys Terminplan, wirft einen Blick darauf, lacht und liest laut vor.

»Gary meint, er wäre völlig fertig«, sagt Franksy.

Kleine Affären

Fil ist mit seinem Mädchen aus Kopenhagen im Hotel, also ist nicht an Ausgehen zu denken. Es ist seltsam, ihn in der Bar als Teil eines Paars zu sehen. Da er nicht den geringsten Zweifel daran hegt, die Nacht mit ihr zu verbringen, freut er sich, als sich Tom zu ihnen gesellt und sie unterhält. Ein süßes Mädchen, glattes blondes Haar, das über ein weiches rundliches Gesicht fällt, kleine blaue Augen, die wie die einer Puppe blinzeln. Sie lacht niedlich, als sie Tom einen netten Spruch beibringt, mit dem er ein dänisches Mädchen begrüßen kann, das er gerade erst getroffen hat. »Hi skat!« Fil und sie können gar nicht die Finger voneinander lassen.

Auf einem anderen Sofa hinter ihnen läd Marv zwei junge Ladys zu einem Glas Champagner ein. Etwas später erscheint Jonah, kurz darauf Rob. Er setzt sich eine Weile zu den Mädchen, dann geht er mit Marv nach oben. Nicht lange danach verschwindet das größere und hübschere Mädchen. »Sie hat nur zehn Minuten gewartet, bevor sie ihm folgt«, schmunzelt Tom, weltmännisch wie immer. »Damit die Presse in der Bar sie nicht zusammen weggehen sieht.«

»Ich habe auf der Tour ein bisschen rumgemacht«, kommentiert Rob später. »Das hängt von meiner jeweiligen Gemütsverfassung ab. Ich habe einige Tourneen hinter mir, auf denen ich es überhaupt nicht getrieben habe. Aber diesmal lasse ich die Finger vom Alkohol und den Drogen, und das wollte ich mit etwas anderem ausgleichen, also hatte ich Sex.« Er lächelt. »Das ist erlaubt. Schließlich bin ich ein Popstar.

Auf sexuellem Gebiet kannst du machen, was du willst, es so treiben, wie es dir gefällt. Aber dabei fehlt die Seele. Es ist jedesmal langweilig, so als würdest du dir einen runterholen. Doch für mich ist es wie ein Zwang, und das war es auch davor schon. Sex, Alkohol und Drogen. Die drei Dinge gehen Hand in Hand.«

»In gewisser Weise ist es nicht das, was er wirklich will«, sagt David. »Andererseits, zum Teufel, ist er 26 Jahre alt. Was macht ein 26 Jahre alter Mann? Er schläft mit Frauen. Da sind überall diese hinreißenden Mädchen, die auf ihn warten. Aber das bringt ihm nichts. Er tut das seit seinem sechzehnten Lebensjahr, und es hat sich zu

Ich glaube nicht, dass ich jemals wieder einem Menschen begegnet bin, der so liebevoll wie meine Großmutter war.

Wenn sie mich gegen alles Böse auf der Welt hätte abschirmen können, hätte sie es getan. Sie gab mir alles, was sie geben konnte. Sie hätte mir ihr letztes Hemd gegeben, wenn ich es gewollt hätte.

einer Art Sucht für ihn entwickelt. Allerdings ist es mir lieber, wenn er irgendein Mädchen poppt, um so einen Teil seiner überschüssigen Energie loszuwerden. Ich sage ihm immer: ›Erzähl ihnen nicht, du würdest sie lieben oder sie nicht hinterher verlassen. Sei absolut ehrlich darüber, wie die Dinge stehen. Wenn das für sie in Ordnung geht, kannst du am nächsten Morgen mit einem reinen Gewissen aufwachen. Und spiel ihnen nichts vor, weil sie ein Stück von Robbie haben wollen.‹ Sie kommen zu ihm und glauben, sie hätten Robbie, aber er will Robert sein. Deshalb ist die Sache ziemlich schwierig für ihn.«

»Rob ist einer von diesen Typen«, sagt Gabby. »Was Frauen betrifft, ist er furchtbar, und ich denke, er landet bei den meisten Frauen, denen er begegnet. Man muss einfach nur zu ihm sagen: ›Ach, verpiss dich, du Arsch.‹ Dann lässt er dich in Ruhe, und schließlich wirst du zu einer wirklich guten Freundin für ihn.«

»Rob ist gut darin, Mädchen aufzureißen und sich vierundzwanzig Stunden lang sehr intensiv mit ihnen zu beschäftigen«, beschreibt Jonathan Wilkes seinen Freund. »Dann fühlen sie sich so gut, dass sie sich für etwas ganz Besonderes halten. Manchmal bete ich, dass ihm eine Frau begegnet, in die er sich verliebt. Denn eines Tages wird er der beste Ehemann und der beste Dad werden, den es gibt. Das weiß ich. Aber ich glaube nicht, dass er schon dazu bereit ist. Und das gibt er auch zu. Jedenfalls nicht in den nächsten paar Jahren.«

»Er möchte eine Beziehung«, sagt David, »aber immer eins nach dem anderen. Er muss zuerst mit sich selbst ins Reine kommen, was er phantastisch gut macht. Ich bin sehr stolz auf ihn. In seinem Alter die Hand zu heben und einzugestehen, ein verdammt großes Problem zu haben, das ist das Mutigste, was man tun kann. Ich war erst mit einundvierzig Jahren so weit. Eine Menge Leute schaffen das nie. Man muss eine bestimmte Schmerzgrenze erreichen, um sich zu sagen: ›Ich will das nicht mehr machen.‹ Bedeutet das dann auch, dass man kein Entertainer sein will? Man könnte sich fragen: ›Muss ich alles in meinem Leben verändern?‹ Doch allmählich beginnt er zu lernen und zu verstehen, dass er ein phantastischer Entertainer ist. Er muss sich nicht völlig verändern, er muss bei dem, was er tut, nur seinen Verstand und sein Selbstwertgefühl auf eine andere Art benutzen. Und mittlerweile gewinnt er etwas Selbstwertgefühl.«

10

Als ich zum ersten Mal clean wurde, was neun Monate anhielt, dachte ich immer, dass ich standhaft bleiben würde, solange ich mein Schlafzimmer aufräumte und dafür sorgte, dass mein Bett sauber blieb. Und siehe da, sobald ich es nicht mehr tat …

Das ist ein guter Indikator für mich. Wenn in meiner Wohnung das Chaos ausbricht, trinke ich wahrscheinlich wieder.

MITTWOCH, 7. MÄRZ:
BRÜSSEL – BIELEFELD – ROTTERDAM.

ANMERKUNG:
DAS IST DER GROSSE BROCKEN.

WIR WERDEN ZUM GIG FAHREN, KEIN HOTEL DORT, DAS EINEN SCHEISS TAUGT, ALSO WERDEN WIR GLEICH NACH DER SHOW ZUM WUNDERSCHÖNEN WESTIN IN ROTTERDAM WEITERFAHREN, WO WIR GEGEN VIER UHR MORGENS EINTREFFEN SOLLTEN.

DAS IST ZWAR ETWAS ANSTRENGEND ABER DIE BESTE LÖSUNG, UND DANN KÖNNT IHR AUSSCHLAFEN.

PIP PIP
THE P.O.D.

Lasst es krachen!

»Und er war großartig! Er hat mit uns gesprochen! Er hat hallo gesagt. Dann haben wir mit ihm gesprochen. Wir haben ihm gesagt, dass die Show großartig war. Er hat sich umgedreht und uns angesehen und gesagt: ›Yeah, ich weiß.‹« Die belgischen Mädchen draußen vor dem Conrad International kichern schrill, als sie Robs Bemerkung wiederholen.

Dieser Haufen lässt selbst die hartgesottensten deutschen Fans geradezu demütig erscheinen. Sie möchten nicht nur, dass Robbie mit ihnen spricht. »Wir wissen, dass er sich an uns erinnert«, sagt Alexandra, die einen dichten dunklen Lockenschopf hat und eine Zahnspange trägt, »weil er uns schon oft gesehen hat.« Und es kommt noch mehr. »Wir träumen davon, mit ihm befreundet zu sein. Wir träumen, wir träumen«, wiederholt sie, »und deshalb versuchen wir, es wahr werden zu lassen.«

Die Blinker des Busses flackern auf. John fädelt sich in den Verkehr auf der Avenue Louise 71 ein. »Bye, Robbie!«, rufen die Mädchen. »Bye, Robb-iiieee!«

In Bielefeld erlebt die Crew mittlerweile das nächste Drama. Die Caterer Mairead und Em wurden verhaftet. (O-Ton Gary: »Ich hätte nicht gedacht, dass ihr Essen *so* schlecht ist.«) Wie üblich haben sie vom Vertreter des Veranstalters vor Ort Landeswährung aus der Portokasse bekommen, um Lebensmittel für den Tag einzukaufen. »Aber als wir mit dem Geld bezahlt haben«, berichtet Em, »haben die Kassierer die Scheine überprüft, wie das bei größeren Summen immer gemacht wird, und eine Blüte entdeckt.«

»Und ehe man sich's versah«, wirft Mairead mit einem deutschen Akzent ein, »se Germans came wiss a bick gun, und umzingelten uns und führten uns in einen Raum.« Sie kehrt zu ihrem irischen Akzent zurück. »Nein, in Wahrheit haben sie uns als Geste der Freundlichkeit einen Apfel gegeben.«

»Aber erst ganz zum Schluss!«, widerspricht Em. »Sie waren sehr reizbar, streng und ziemlich bedrohlich. Sie waren zu siebt. Dann haben sie die Polizei angerufen, und es sind drei Polizisten gekommen. Zehn Leute, die sich eine Banknote mit ihren Prüfgeräten angesehen und gegen das Licht gehalten haben.«

Schließlich musste Hartmund Ender, der Beauftragte des Veranstalters, erscheinen und die gefangenen Köchinnen persönlich loseisen.

Als Rob und die Band in der Abenddämmerung eintreffen, ist die ganze Episode bereits zu einem großen Witz der Tour geworden. Das Abendessen wird mit Polizeifotos von Mairead und Em serviert, und diverse Sprüche über den Knast machen die Runde.

Die Bielefelder Seidensticker-Halle ist kleiner als die bisherigen Veranstaltungsorte. Wob konnte nur ein abgespecktes Bühnenset ohne Aufzug aufbauen. Erleichterung spiegelt sich in Guys Gesicht wider.

Im Aufenthaltsraum legt Yolanda Rap-Platten auf. *Jay-Z. Volume 2. Hard Knock Life*. Rob, der die Musik gehört hat, erscheint in seinem dunklen Morgenmantel. Er strotzt geradezu vor Kraft und Gesundheit, gibt mit leuchtenden Augen eine kleine Pantomime zu den Texten zum Besten und macht dazu einige typische Rap-Gesten. Für kurze Zeit ist er ein Kid aus dem Ghetto. »Es ging mir schlecht im Leben«, frotzelt er. »Ich bin hart. Und ich liebe es, Frauen zu ficken.«

Dann ist er auch schon wieder verschwunden, zu einer Runde Uno mit David in seine Garderobe zurückgekehrt. »Uno-flow!«, rügt er seinen schlaffen Manager, der es nicht schafft, mit einer Skip-Karte zu kontern. Kurz darauf ist das Spiel beendet und Rob schon wieder zur Garderobe der Band unterwegs. »Hi, ich bin Rob«, säuselt er und steckt nur den Kopf durch die Tür. »Darf ich heute Abend mit euch singen?«

Vor der allgemeinen Umarmung hält er seine gewohnte kleine Ansprache. »Wir hatten einen Tag frei. Ich hoffe, er war richtig unanständig.«

»Das war er!«, lacht Claire. »Ich hatte die Scheißerei.«

»Wir werden da rausgehen und unser Ding machen«, verkündet Rob. »Lasst die Sau raus!« Auf dem Weg zur Bühne trinkt er einen letzten Schluck Tee und reicht Franksy die Tasse. »Rock and roll«, sagt er mit einem ironischen Grinsen.

Es ist heiß unter dem Stahldach der kleinen Halle. Nach zwei Songs glitzert Robs Haut bereits vor Schweiß. Direkt unter der Bühne vor ihm werden die Mädchen reihenweise ohnmächtig. »Könnten all die Leute hier vorne bitte damit aufhören, in Ohnmacht zu fallen?«, erkundigt er sich zwischen zwei Songs und lacht über seinen eigenen Witz. Doch obwohl das Sicherheitspersonal Wasserbecher verteilt und die armen überhitzten Teenager mit Wasser aus Sprayflaschen besprüht, brechen immer mehr zusammen und müssen von den Sanitätern hinausgetragen werden.

Auch Rob wird von der Hitze in Mitleidenschaft gezogen. Seine Stimme versagt, ruft er dem kreischenden Publikum zu. »Ich muss eine schwierige Entscheidung treffen. Entweder trete ich heute Abend hier auf und mache morgen keine Show in Rotterdam, oder ich verlasse jetzt die Bühne und mache dafür eine Show in Rotterdam. Scheiß auf die Holländer«, sagt er dann unter gewaltigem Beifall, »ich habe sie sowieso noch nie gemocht.«

Hinter der Bühne fächern sich die Bandmitglieder in der ersten Pause mit den Händen frische Luft zu, trinken große Mengen Wasser und reiben sich den Schweiß mit Handtüchern ab. Rob macht sich Sorgen wegen seiner Stimme, die immer heiserer wird. »Das macht mich unsicher«, sagt er zu David. »Werden mich die Zuschauer auspfeifen?«

David umarmt ihn. Er sei großartig, sagt er zu Rob. Die Leute lieben ihn. Rob weiß nicht, was mit ihm nicht stimmt. »Ich habe wohl zu lange geschlafen«, vermutet er.

Nein, erklärt Stephan vom Sanitäterteam, heute seien nicht mehr Mädchen als gewöhnlich ohnmächtig geworden. »Es ist immer das Gleiche. Ihre Körper heizen sich den ganzen Tag über auf, und sie trinken nicht genug.« Aber die Sanitäter wären gern zu diesem Gig gekommen, versichert er. Robbie sei ein großartiger Entertainer.

»Er hat ein besonderes Karma«, sagt Stephan, »und er sieht die Leute an, er blickt ihnen direkt in die Augen. Die meisten tun das nicht.«

Fallen die Mädchen deshalb in Ohnmacht?

»Nein, das liegt an der Hitze.«

Nach der Show sitzt die Band in der Kantine zusammen. Robs Stimme hat sich erholt. Er kramt seine Gitarre hervor. Alle setzen sich zu ihm und hören respektvoll zu, wie er die vollständige Version des Songs spielt, den er geschrieben hat.

This is the end, I'm in pieces, I don't know what to say.
Do you think it's best if I told her that I was gay?
I'm not really, but the truth is too hard to hear,
I've pissed myself now I've found when I'm being sincere.

A one-night stand so far sees him through,
I'd rather be lonely than be with you.
I'm getting homicidal tendencies, and it's insanity,
Look at the pain I've put you through.
I wanted to build for the pregnant, for the fireside
Now I'd rather be lonely than be with you-ou.

(Ich bin am Boden zerstört, ich weiß nicht, was ich sagen soll.
Glaubst du, es wäre am besten, ich würde ihr sagen, ich sei schwul?
Ich bin es nicht wirklich, aber es ist zu hart, die Wahrheit zu hören,
Ich habe festgestellt, dass es mich fertig macht, wenn ich aufrichtig bin.

Ein One-Night-Stand reicht ihm bisher,
ich wäre lieber einsam, als mit dir zusammen zu sein.
Ich entwickle mörderische Gelüste, und das ist Wahnsinn,
sieh nur das Leid, das ich dir zugefügt habe.
Ich wollte ein Familienvater am häuslichen Herd werden,
jetzt wäre ich lieber einsam, als mit dir zusammen zu sein.)

»Das ist hübsch«, loben die anderen, nachdem Rob das in die Länge gezogene you-ou-ou hat ausklingen lassen.

Chris ist in der Stimmung für Unfug. Er will nicht duschen. »Nicht in Deutschland, nein.« Er zieht Gary wegen der vier Fans auf, die während des Gigs Schilder mit den Buchstaben G, A, R und Y in die Höhe gehalten haben. »Noch fünf Fans mehr, und es reicht für deinen vollständigen Namen.«

Getreu dem Terminplan besteigt die Band unverzüglich den Bus und tritt die fünfstündige Fahrt nach Rotterdam an. Die Stimmung ist merkwürdig lustlos. Fil, Tessa und Yolanda können sich nicht entscheiden, welchen Film sie sehen wollen. Es sind nur furchtbar alte Filme aus den Achtzigern.

In der unteren Etage des Busses dreht Franksy einen Joint, was jetzt, mittlerweile in Holland angekommen, natürlich ganz legal ist. Immer wieder ertönt das Bossa-Nova-Klingelzeichen seines Mobiltelefons, das er benutzt, um mit dem Fahrer von Robs Bus über die vermutete Ankunftszeit zu sprechen, ein wenig mit Josie zu plaudern und Absprachen mit Enrique zu treffen, der Managerin des Westin in Rotterdam, die ihre Schicht getauscht hat, um uns um vier Uhr morgens begrüßen zu können.

Es ist nicht unbedingt schlecht, bekifft einzuchecken, meint Franksy. Manchmal ist das angemessen. »Heute Nacht könnte alles schief gehen, aber ich habe das Gefühl, dass es das nicht tun wird.«

Gegen halb fünf fällt die Band schließlich ins Bett. Tom ist gerade eingenickt, als es an der Tür klopft. Das Gepäck. Er kriecht ins Bett zurück und ist schon bald wieder eingeschlafen. Dann klingelt das Telefon. Am anderen Ende meldet sich Franksy. »Schaff deinen Arsch runter auf Etage R«, befiehlt er. »Hier sind ein paar Mädchen, mit denen wir was trinken.«

Tom stolpert nach unten, doch da sind keine Mädchen. Nur Franksy und Fil, die morgens um fünf Wodka-Tonic trinken.

Um die Mittagszeit steht man auf. Die zurückgezogenen Gardinen enthüllen ein Panorama in Grau. Grauer Himmel, graue Hochhaustürme mit dunkleren grauen Rechtecken von Fensterscheiben. Zur Linken schimmert das gelbliche elektrische Licht von Büroräumen durch ein Glasdach. Dahinter sind undeutlich Schreibtische und Zimmerpflanzen zu erkennen. Offenbar sind sie in einer anderen Stadt angekommen.

Give Me Sum

»Alle Gigs gleichen sich ab einem gewissen Punkt. Der größte Unterschied zwischen den früheren und dieser Tour ist der, dass ich vier großartige Gigs in Folge hatte, die ich richtig genossen habe. Das ist mir bisher noch nie passiert. Das ist das erste Mal. Es liegt daran, dass ich nicht trinke. Es liegt daran, dass sich eine Menge Nebel in meinem Kopf aufgelöst hat. Ich bin wie ein Häufchen Elend herumgelaufen, was das Leben und den Druck des Lebens betrifft –, und ich bedauere mich selbst, weil ich so lange so empfunden habe. Ich habe einfach nicht erkannt, was für ein schönes Leben und wie viel Glück ich habe. Ich habe hart gearbeitet, versteh mich nicht falsch, aber ich kann mich sehr glücklich für alles schätzen, was ich habe.

Eine erstaunliche Karriere. Songs, die die Leute kaufen – und eine Menge Leute kaufen sie. Es ist phänomenal. Und ich denke, dass ich das alles nicht erkennen konnte, weil es so riesig war.

Vielleicht lerne ich allmählich, mich selbst ein bisschen mehr zu mögen. Es ist prima. Ich genieße die Dinge. Ich weiß nicht warum. Die Gnade Gottes, wahrscheinlich. Ich bete morgens. Erst kürzlich habe ich für eine schrecklich große Menge von Sachen um Verzeihung gebeten. Bitte vergib mir meine Gedanken. Bitte vergib mir ... ich weiß nicht. Bitte vergib mir mein Selbstmitleid und meine Blindheit.«

Rob wurde als Katholik erzogen, aber seine Gebete gelten nicht diesem Gott. »Ich würde es nicht unbedingt Katholizismus oder irgendeine andere religiöse Glaubensrichtung nennen. Eher eine Macht, die größer als ich selbst ist. Sagen wir es so: Früher haben mich meine besten Vorsätze dazu gebracht, mich elend zu fühlen, Koks zu nehmen oder zu saufen, obwohl ich es nicht wollte. Jetzt glaube ich an etwas, das bedeutender als ich ist. Eigentlich glaube ich schon seit meiner Kindheit daran. Ich wurde gesegnet. Statt mich wie früher zu fragen, was ich in einer bestimmten Situation tun soll, frage ich mich jetzt: Was würde jemand, der mich liebt, in dieser Situation von mir erwarten? Oder was würde er wollen, dass ich denke? Denn wenn ich mich früher bemüht habe, über diese Dinge nachzudenken, bin ich zu dem Ergebnis gekommen, dass ich ein Stück Scheiße bin. Dass ich wertlos bin, was ich irgendwo gelernt habe. Und jetzt lerne ich um. Bringe mir etwas anderes bei. Ich bin sehr zuversichtlich, dass mich eine mir überlegene Macht liebt.«

Und wie steht es mit etwas Handfesterem, zum Beispiel mit einem anderen Menschen? Ist er mittlerweile bereit für eine reife Beziehung der Art, wie die Presse sie liebend gern zwischen ihm und Geri Halliwell sehen würde? Vielleicht sogar in der vollen Konsequenz mit Heirat und Kindern?

»Yeah«, sagt er lächelnd, »aber ich überstürze es nicht. Und ich hatte seit mehr als zwei Jahren keine feste Beziehung mehr mit irgendjemandem. Die letzte Frau, mit der ich losgezogen bin, war Tanya Strecker. Aber wir waren kein Pärchen, wir waren

Freunde. Wir sind nie eine Beziehung eingegangen. Sie war einfach ein netter Mensch. Und ja, die Presse möchte gern glauben, dass ich mit Geri Halliwell oder wem auch immer fest zusammen bin. Das bin ich nicht. Wir sind nur richtig gute Freunde.«

Hasst er die Presse? Nach allem, was im Lauf der Jahre über ihn geschrieben wurde, muss er gegenüber Frauen und Männern mit Notizblöcken und Tonbandgeräten sehr misstrauisch geworden sein.

»Yeah, gegenüber Leuten mit einem Tonbandgerät und der vorgefassten Meinung, sie wüssten, wie ich mich selbst sehe, oder sie wüssten, wer ich sein sollte, oder die glauben, sie wüssten ganz genau, wer ich sein werde, nachdem sie diese Story über mich geschrieben haben. Man ist ziemlich hilflos, wenn so etwas passiert.«

Er mustert mich intensiver – einen Mann mit einem Tonbandgerät. »Wusstest du vor der Tour irgendwas über mich?«

»Ich wusste, dass du zur Zeit ein berühmter Popstar bist.«

»Und wie war mein Charakter in deiner Vorstellung?«

»Ein frecher Junge, einigermaßen ›normal‹, immer gut für einen Witz, der Typ des besten Kumpels für jedermann. Das waren die Klischees. Aber du spielst immer damit herum, nicht wahr?«

»Wenn das Publikum mit mir singt und lächelt, wenn das Publikum auf und ab hüpft, dann fühle ich mich wohl. Wenn es das nicht tut, fühle ich mich nicht wohl. Eine Menge Leute, eine Menge Künstler wollen nicht, dass sich ihr Publikum so aufführt, sie möchten, dass es ruhig der Musik zuhört. Darauf scheiße ich. Ich möchte, dass die Leute hüpfen, lächeln, singen, lachen, schreien. Daran arbeite ich hart.

An vielen Abenden sehe ich irgendjemanden direkt an und nehme ihn nicht einmal wahr. Weil ich Angst habe, dass ein Kontakt zwischen uns zustande kommt. Ich habe Angst, dass die Reaktion anders ausfällt, als ich sie erleben möchte. Das würde mich beim Singen aus der Bahn werfen. Und an anderen Abenden ist mir das völlig egal, dann bin ich eins mit dem Publikum und fahre voll darauf ab.«

Was auch immer in Rob vorgeht, wenn er auf der Bühne steht und sich eine einzelne Frau aus dem Publikum heraussucht, verwandelt das die Nacht für sie. Bei jedem Gig gibt es eine fassungslose Frau, die unablässig zu ihren Freundinnen sagt: »Er hat mich angesehen. Er hat mich angesehen.« Für einen Fan bedeutet das alles.

»Darin liegt eine unwahrscheinliche Macht. Es funktioniert, und es gibt auch mir einen Kick. Auf der Bühne zu stehen und so zu tun, als wäre ich dieser oder jener Charakter, lässt diese Person regelrecht dahinschmelzen. Für mich ist das a) Futter für mein Ego und b) ein dummer Witz, der mich denken lässt: Wenn die nur wüssten, wer ich wirklich bin. Wenn die nur wüssten, was in meinem Kopf vor sich geht. Ich betrachte die Leute und sehe, für wen sie mich halten.«

»Wenn sie nur was wüssten? Dass du was bist?«

Rob kichert. »Acht«, sagt er.

»Denkst du manchmal, Jesus, ich habe die Kontrolle, ich könnte hier einfach *alles* tun?«

»Früher war ich gut darin, nach einem Song frei herumzuimprovisieren. Es kamen immer Geschichten über das Vögeln, Saufen, la la la dabei heraus. Aber aus irgendeinem Grund ist das nicht mehr da. In dieser Beziehung bin ich ausgebrannt. Ich muss ausgebrannt sein. Früher hat sich das so ungezwungen und spontan ergeben.«

Stattdessen hat Rob sehr viel mehr geschrieben. Und – was der springende Punkt ist – nicht nur gemeinsam mit Guy, sondern ganz allein. Er greift nach seiner Gitarre und singt wieder seinen neuen Song. »I'd rather be lonely than be with you-ou-ou-ou«, endet er. »Ich habe einen kompletten Song geschrieben«, ruft er voller Begeisterung. »Mein erster vollständiger Song, Text und Musik«, fügt er stolz hinzu. »Ich konnte es gar nicht fassen, dass ich das ganze Ding geschrieben habe. Vor einigen Tagen haben Johnny und ich in meiner Wohnung lustlos vor dem Fernseher gehangen und *Friends* gesehen, und ich habe einfach zur Gitarre gegriffen.«

»Mit dem ›You‹ in dem Song ist keine bestimmte Person gemeint?«

»Nein. Jede Beziehung, die ich oder Freunde von mir hatten oder noch haben. Es gibt keine ...« Er verstummt, lächelt entwaffnend und wechselt das Thema. »Ich konnte es einfach nicht fassen, dass es mir tatsächlich gelungen war, die Akkorde für eine Strophe, die Überleitung, den Refrain und den Mittelteil zusammenzubasteln. Ich konnte nicht glauben, dass ich das ganze Ding geschrieben hatte. Ich kann nicht mal richtig Gitarre spielen. Ich kenne die Akkorde nicht. Es ist unheimlich. Ich sage mir, ich habe das geschrieben, und wenn ich nur etwas mehr über Noten wüsste, könnte ich eine Menge mehr schreiben.«

★

Ich bin nicht sehr gut darin, einfach ungezwungen zu plaudern. Aber ich mache Fortschritte.

Mir fällt es am leichtesten, mit anderen Leuten zu kommunizieren, wenn wir irgendetwas in den Händen halten oder im Kopf haben, mit dem wir spielen können.

Mit Ananas vermöbelt

Heute Abend scheinen alle bester Laune zu sein und freuen sich auf zwei freie Tage. Rob wird sich von den anderen absetzen, um in Zermatt Ski zu fahren, die Band reist mit Franksy weiter nach Amsterdam, die Crew über Nacht nach Zürich, wo einige ebenfalls einen Skiausflug planen. Jules freut sich auf Rotwein und Kanasta im Bus der Technik-Crew. »Sex and drugs and rock and roll«, lacht sie. Martin aus Kanada wird es ganz ruhig angehen lassen. Sein Hals ist entzündet. Die Erkältung hat sich die Kojen hinaufgearbeitet und auch ihn erwischt. Den Geräuschen nach zu urteilen, ist in den beiden anderen Bussen etwas sehr viel Wilderes geplant.

Im Aufenthaltsraum unterhält sich die Band darüber, dass Rob zum ersten Mal die ganze Zeit clean geblieben ist und alles unter Kontrolle hat. »Das ist die merkwürdigste Tour, auf der ich jemals gewesen bin«, sagt Fil. »Erinnert mich irgendwie an Leute, die sich Oregano reinziehen.« Als Rob erscheint, versammeln sich alle um ihn, einschließlich der Frauen, und stimmen einen heiligen Tour-Gesang an: *Ride the Punani*. Sie intonieren es wieder und wieder, wie ein mittelalterlicher Chor. »Ri-ide the Punanee-ee-ee-eee-eee. Give me su-uu-uum. Give me su-um Punani, give me su-um Punaneeee-eeee-eeeeeeeeeeee.« Nach viel, viel Gelächter gibt Rob, von Franksy angestachelt, einen kleinen Solo-Rap mit dem Titel »I Fuck Arse« zum Besten.

»I fuck, I fuck, I fuck arse. I fuck, I fuck, I fuck arse. I fuck, I fuck, I fuck arse«, singt er die Tonleiter hoch und runter.

Rob macht ständig solche Sachen. Zum Beispiel zeigt er während »She's The One« auf einen Mann vorn im Publikum, singt dabei »he's the one« und spielt so mit der Frage nach seiner Sexualität. Aber hat er *wirklich* jemals geglaubt, er könnte schwul sein?

Hat sein Bekanntheitsgrad irgendetwas damit zu tun? Weil alles andere, was ihn betrifft, zum Abschuss frei gegeben ist, warum also nicht auch seine Sexualität?

»Als ich noch ein Junge war, habe ich das in den Augen der Öffentlichkeit für viele getan. Aber als Junge wäre ich wahrscheinlich beleidigt gewesen. Als Kid ist die spontane Reaktion: ›Oh, der Wichser ist schwul.‹ Aber ich bin kein Junge mehr. Vor einer Woche hat irgendwer zu Jonathan gesagt: ›Oh, ich glaube, er steht auf Männer.‹ Natürlich ist Jonathan wütend geworden und sofort für mich in die Bresche gesprungen, was er nicht hätte tun sollen. Ich habe ihm gesagt: ›Das nächste Mal, wenn irgendjemand fragt, ob ich schwul bin, sagst du einfach: Wenn Rob gut drauf und bereit ist, sich zu outen, wird er das tun.‹ Es ist mir scheißegal, ob die Leute glauben, ich wäre schwul.

Ich behaupte nicht, dass ich nie darüber nachgedacht hätte, denn das tut man automatisch. Die Leute denken darüber nach, wenn sie älter werden. Und ich habe tatsächlich mal einen Mann in einem Club geküsst, aber das war so wie bei den geschminkten Lesben, die nicht wirklich Lesben sind, du verstehst ... Also, ich kam da rein, und da war ein Freund von mir, der auf mich zuging und mich geküsst hat. Ich dachte mir, scheiß drauf, dann küss ich dich eben. Aber auf eine männliche Art.

Vielleicht probiere ich es mal aus. Wenn ich mich von einem Mann angezogen fühlen würde, würde ich es tun, aber wie die Dinge stehen, hat mich bisher kein Mann körperlich oder emotional so angezogen, dass ich Sex mit ihm haben wollte. So ist der Stand der Dinge zur Zeit.«

Rob mag clean sein, aber auf sein Publikum trifft das nicht zu. Die Mädchen in der ersten Reihe lassen dicke Joints von Hand zu Hand wandern, nehmen tiefe Züge und schließen die Augen, während sie genussvoll inhalieren. Ob stoned oder nicht, sie lieben es zu singen. Als Robs Stimme wieder zu krächzen beginnt, übernehmen sie für ihn. Der gesamte Saal wiederholt den Text von »Angels«. Am Ende des Songs kniet er nieder, um sich bei ihnen zu bedanken.

Später im Hotel organisiert Rob eine Runde Uno in der Suite, deren weite Fensterfront auf die Lichter des Hafens von Rotterdam in der Tiefe hinausgehen. Zu den üblichen Teilnehmern stoßen Yolanda, Claire und ein hohläugiger Geschäftsführer einer Schallplattenfirma hinzu, der offensichtlich nicht ganz kapiert, wie man um ein Uhr nachts Mineralwasser trinken und ein Kartenspiel für Kinder spielen kann.

Tom sitzt mit Fil in seinem Zimmer und sieht sich eine Internet-Seite namens »Fil's Kilt« an, die von einer Verehrerin aus Rotterdam betrieben wird, die heute Abend in der ersten Reihe war. »Das ist wirklich verdammt beängstigend«, sagt Fil. Er hat Recht. Neben Fan-Messies in der Art von »Habt keine Hemmungen, den Boden anzubeten, auf dem Fil wandelt«, »Ich liebe Fil« und so weiter und einer Bildergalerie, die einen übel gelaunten Fil zeigt, Fil stoned in einer Bar oder Fil auf der Bühne, gibt es eine Seite mit dem Titel *Hochzeitsfotos*. Darauf ist das Bild eines Hochzeitspaars in einem herzförmigen Rahmen zu sehen. Und die Köpfe der beiden sind durch den weiblichen Fan und Fil ersetzt worden! Als wäre sie damit noch nicht zufrieden, hat die Verehrerin sich auf der Web-Site unter dem Namen Fil Eisler registrieren lassen. Mit anderen Worten, Fil Eisler heiratet also Fil Eisler. »Das ist einfach verdammt surreal«, sagt Fil. »Als ich zum ersten Mal einen Blick darauf geworfen habe, war ich ziemlich stoned und beschissen drauf. Ein Kumpel hatte mir davon erzählt. Wir haben das Bild downgeloadet, und mir fiel dazu nichts mehr ein außer ›aaargh!‹«

In den Bussen der Crew feiern alle mittlerweile den Beginn von zwei Tagen Urlaub nach einer ermüdenden dreitägigen Staffel von Gigs. Während im Bus der Technik-Crew Kanasta und Scrabble gespielt wird, veranstalten Liz und die Partylöwen vom Bus der Beleuchtungsmannschaft eine Beach-Party mit reichlich Tequila, und alle

Beleuchter tragen – zumindest vorerst noch – Hawaiihemden. »Es gab jede Menge nackte Haut«, erzählt Andy Jupp später. »Heftiges Fummeln und Grabschen.« Um sechs Uhr morgens flitzte er mit einem der Jungs über den Parkplatz. »Wir rannten in unserer Unterwäsche in den Laden, um Zigaretten zu kaufen, weil uns die Vorräte ausgegangen waren, fragten die Verkäuferin nach Marlboro, kapierten, dass wir nur holländische Gulden dabei hatten ... Sehr peinlich, außerdem hatten wir nur Unterhosen an. Sie hat sich geweigert, uns zu bedienen.«

Irgendwann früh morgens zog sich Liz in ihr Bett zurück, wurde aber gleich wieder herausgezerrt und mit Ananas vermöbelt.

Franksys freier Tag

»Der Künstler hat sich verpisst«, verkündet Franksy um ein Uhr vor dem Zierfliederstrauch mitten in der mit Marmor gefliesten Lobby des Westin, »und ich werde mich bis zum Umfallen zudröhnen.«

Die Band und er strömen in die Busse und fahren durch das flache, grüne, von Kanälen durchzogene und mit Windmühlen übersäte Land in Richtung Amsterdam.

In Robs Bus sehen sich Guy und Chris ein Video mit frühen Aufnahmen der Band an, die Chris von einem Fan bekommen hat. »Ist das nicht der Auftritt, bei dem wir die gesamte Ausrüstung zertrümmert haben?«, fragt Guy.

»Ja, ja!«, jauchzt Chris, als der TV-Gig in dem von der Band entfesselten Chaos endet.

»Rob würde das ganze Zeug bestimmt liebend gern sehen«, sagt Guy. Rob ist auf den frühen Aufnahmen viel rundlicher, er wirkt beinahe verloren beim Singen. Was für ein Kontrast zu der schlanken und durchtrainierten Gestalt von heute. Guy nickt mir zu. »Gut zu sehen, was wir durchgemacht haben ... Das ist ein Song, den Gary geschrieben hat. Gary!«, brüllen er und Chris quer durch den Bus. Der Gitarrist erscheint und sieht zu, wie Rob seinen Song »Get The Joke« singt, der als B-Seite einer Single-Auskopplung endete. Guy hat vor, ein Album mit den besten B-Seiten zusammenzustellen, und »Get The Joke« wird eins der Stücke sein.

Der Bus schleicht durch die von Fahrradfahrern bevölkerten Straßen der City von Amsterdam. Da das Hotel auf der anderen Seite einer schmalen Brücke liegt, parkt John vor dem Kanal. Die Insassen überqueren die Brücke im strahlenden Sonnenschein und betreten die hohe, in kräftigen Rot- und Goldtönen gehaltene Lobby des Hotels de L'Europe durch die Drehtür. Jeder hat ein Zimmer nur für diesen Tag: Mrs. Bush, Mr. McGigin, Mrs. Mee, Mr. Orff, Mr. Peace, Mr. Thee, Mrs. Vated, ganz zu schweigen von denjenigen, die keine Pseudonyme brauchen.

Die Frauen gehen Einkaufen, Mr. Thee und Mr. Peace haben ihre eigenen Pläne. Mr. Gelseth, Mr. Orff und Mr. Beatlate folgen Mr. Franks, der einen runden Hut trägt, auf eine Tour durch Amsterdam.

Die Gruppe durchwandert die Grachten in der herrlichen Märzsonne und begutachtet die Sehenswürdigkeiten: einen psychedelischen Coffee Shop mit zum Verkauf vorgedrehten Joints in den Schaufenstern, die Huren in ihren Kabinen, die sich geschminkt im Bikini präsentieren und jedem in die Augen sehen, der stehen bleibt. Man muss nur eine Glastür öffnen, und schon ist man drin. Die saubersten Mädchen der Welt, wie Tom begeistert versichert. Werden einmal pro Woche ärztlich untersucht. »Die da ist *heiß*«, sagt er über ein Mädchen. »Eine echte Britney Spears.«

»Charlie ... Viagra«, murmelt ein Zuhälter auf einer Brücke, und die Gefährten beschließen, dass sich einer von ihnen das Pseudonym Charlie Viagra für die nächste Tour zulegen muss. Sie statten sogar der berühmten Banana Bar einen kurzen und kostspieligen Besuch ab, wo ein schwarzes Mädchen mit Brüsten, die wie aufgeblähte Segel aussehen, neben einer ausgemergelten Blondine hockt, die etwas über dreißig sein mag. »Schämt euch!«, sagt sie abfällig, als die Gruppe nicht mehr als den Eintritt berappen will, um sich eine »Gesichtsmassage« verpassen zu lassen. »Hab ich euch ja gesagt«, brummt Chris, als sie wieder gehen, ohne sich die Show angesehen zu haben. »Ist furchtbar.«

Obwohl es sein freier Tag ist, hört Franksys Mobiltelefon nicht auf zu klingeln. Diesmal ist Claire dran, die ihre Einkaufstour beendet hat und wissen will, wo die Jungs stecken.

»Wir sind in einem argentinischen Steak House«, lügt Franksy.

Großartig, meint sie, sie würde den Laden kennen.

»Was ihr nicht klar ist«, sagt Franksy, »ist, dass es ungefähr zwanzig argentinische Steak Houses in Amsterdam gibt.«

Und natürlich ruft Claire schon bald wieder an. Sie ist im falschen Steak House gelandet.

»Na, was habe ich gesagt?«, lacht Franksy. Er wisse nicht, wie er ihr erklären soll, wo wir sind, sagt er, und außerdem würden wir sowieso gerade gehen.

Jetzt meldet sich seine Frau Marla aus London, sein »real babe«, die er auf der »Most Debauched Tour Ever« kennengelernt hat. Eigentlich sollte sie ihn morgen in Zürich treffen, aber sie hat gerade einen Blick in ihren Reisepass geworfen und entdeckt, dass er genau an diesem Tag abläuft. Franksy, der in einer Ecke einer von Freaks bevölkerten Bar vor einem großen Glas Bier sitzt, lässt sich nicht aus der Fassung bringen. Sofort kümmert er sich um die Angelegenheit und versucht, das Problem mit den Behörden in Großbritannien zu klären. Er ist ohne jeden Zweifel der ultimative Problemlöser.

Er tut sein Bestes, sagt er, um Rob bei dessen schwieriger Erholung während der Tournee zu helfen, doch letztendlich ist es David, der die Rolle des Fürsorgers am besten beherrscht. Wenn Rob nervös ist oder sich niedergeschlagen fühlt, kann David ihm am besten aus der Klemme helfen. »Weil David ihn länger kennt und das früher schon getan hat«, erklärt Franksy. »Uns fällt das sehr schwer. Wir können uns zu ihm setzen, ihn in den Arm nehmen und sagen: ›Mach dir keine Sorgen, lass die Finger vom Alkohol‹, aber wir verstehen nicht, wie ihm zumute ist, weil wir danach selbst losziehen und uns ein Bier genehmigen. Uns fehlt also die nötige Erfahrung, um ihm diese Hilfe zu geben. Es ist fast so, als hätte man einen Arzt oder einen Psychiater dabei. Es ist großartig, dass David Robs Manager ist, weil er ihn beschützt und sich um ihn kümmert. Letztendlich ist unser Hauptziel ... okay, wir wollen, dass die Shows erfolgreich sind, dass Rob eine Menge Platten verkauft und überall die Nummer eins ist, aber vor allen Dingen wollen wir, dass es ihm gut geht. Die Menschen wollen, dass alles mit ihm in Ordnung ist, weil wir ihn aufrichtig lieben, das ist schon ein Phänomen. Es ist ein echtes Gefühl von Liebe und Sorge, was ihn betrifft, wie in einer Familie. Wir alle haben unsere verrückten Phasen und flippen gelegentlich aus, aber tief in unserem Inneren wollen wir nur, dass es ihm gut geht, was auch immer dazu nötig ist. Auch wenn wir alle wirklich gern viel mehr Shows machen würden. Die Leute sind gern unterwegs, es gefällt ihnen, auf Tournee zu gehen, aber das gilt nicht für Rob, und wir respektieren das. Wir werden ihn nicht zwingen, mehr zu machen, als er machen will.«

Diese Liebe zu Rob, von der sie alle reden, ist echt. Er scheint sie dazu zu inspirieren. So wie die Fans sich um ihn kümmern, ihn umarmen und dafür sorgen möchten, dass er sich wohl fühlt, geht es auch seinem Gefolge.

Um Mitternacht kehren alle, in unterschiedlichem Ausmaß bedröhnt und müde, zu den Bussen zurück. In dem von Rob läuft *Der Exorzist*, in dem der Band *Der Soldat James Ryan*. In beiden Bussen braucht man den Stoff auf, dessen Besitz an der Grenze zur Schweiz wieder illegal ist. Franksy hat endlich sein Mobiltelefon ausgeschaltet und sich in der unteren Lounge lang ausgestreckt, die Beine hochgelegt, ein halb aufgegessenes Kebab im Schoß, ein leichtes Lächeln auf den Lippen. Man darf zu Recht behaupten, dass er seinen um die Mittagszeit erklärten Vorsatz erfüllt hat.

Biss

Als die Band am späten Vormittag des nächsten Tages erwacht, findet sie sich bereits in Zürich vor einem Hotel wieder, das wie eine riesige Hochzeitstorte aussieht. Es liegt direkt am Ufer des Zürichsees. Auf der anderen Seite erheben sich nebelverhangene Berge.

Zur Teezeit beschließt Guy, einen Spaziergang entlang des Seeufers zu unternehmen. Angesichts des tief hängenden grauen Himmels spannt er einen blauen Regenschirm auf. Trotz seiner zurückhaltenden Art umgibt ihn, worauf die Band schon hingewiesen hat, eine dominierende Aura. Er bestimmt bei Gesprächen und auch in anderen Belangen, was Sache ist. So kann es passieren, dass er eine Frage stellt und sich, während man noch antwortet, plötzlich umdreht, um darauf hinzuweisen, wie sauber der Fluss ist. »Im Sommer würde ich vielleicht darin schwimmen«, fügt er hinzu, während er das klare Wasser betrachtet, das schnell unter der Brücke dahinströmt.

Wir machen in einem kleinen Café Rast, wo zwei elegante Ehepaare mit ihren Kindern von einer großen, athletischen blonden Kellnerin in Schwarz bedient werden. So sind die schweizerischen Mädchen, meint Guy. Sehr gut in Form. Athletisch. Sie würden regelmäßig ins Fitness-Studio gehen.

Ich habe kein Geld eingesteckt, aber das ist schon in Ordnung, sagt Guy. »Ich bin bewaffnet.« Er zeigt sein sympathisches, nervöses und trotzdem selbstbewusstes Lächeln und erkundigt sich, wer doch gleich der Autor war, der geschrieben hat, man müsste Geld ausgeben, um »die Räder zu schmieren«, damit alles im Fluss bleibt. Wenn man sein Geld hortet und zum Geizhals wird, würde das den Lauf der Dinge blockieren.

Also essen wir teure Schokolade, trinken Milchkaffee und sprechen über die Band, über die Veränderungen, die Guy im letzten Jahr vorgenommen hat. Er hat einen Gitarristen rausgeworfen, für ihn Yolanda in die Band geholt und dazu Tess und Katie als Background-Sängerinnen engagiert. »Das hatte einzig und allein musikalische Gründe«, sagt er, »es war überhaupt nichts Persönliches. Die Entscheidung ist mir nicht leicht gefallen. Ich habe es getan, weil die Band nicht fetzig genug war. Ich schätze, das ist der Hauptgrund. Wir waren in der alten Besetzung nicht in der Lage, Stücke wie ›Rock DJ‹ zu spielen. Und ich wollte Yolanda schon länger dabei haben.«

Abgesehen davon, dass sie sehr talentiert ist, erklärt er, verfügt sie über die Fähigkeit, der Band ein Fundament zu geben. Nach dem Gesang und dem Schlagzeug ist der Bass das wichtigste Element in einer Band. »Und wenn der Bassist nicht gut ist, kannst du einpacken. Das ist ein Punkt, den man einfach nicht umgehen kann.«

Und außerdem sieht Yolanda großartig aus.

»Das ist ein großes Plus. Ich habe ... wir haben sie nicht wegen ihres Aussehens angeheuert. Wir haben sie genommen, weil sie eine unglaublich gute Musikerin ist. Aber es hilft ganz außerordentlich, dass sie auch sehr sexy auf der Bühne ist und einen starken Kontrast zu Fil bildet. Vorher hatten wir zwei Gitarristen, die wild umhergerannt sind, und ich fand, dass das etwas zu viel des Guten war.«

Er ist also für die Band verantwortlich?

»Yeah, bis zu einem gewissen Punkt. Die letzte Entscheidung, was mit der Gruppe passiert, trifft Rob. Er ist der Boss. Aber ich schätze, ich habe die Kontrolle. Nicht die Kontrolle, sondern die Leitung, wenn du so willst. Ich bemühe mich, dafür zu sorgen, dass die Musik richtig, dass sie ernsthaft umgesetzt wird. So dass die Leute einen Song sofort wiedererkennen, wenn sie ihn im Konzert hören, zum einen, weil er dem auf dem Album ähnelt, zum anderen, weil es – hoffentlich – eine bessere Version als die auf dem Album ist, eine aufregendere Version.«

Vor einiger Zeit hatte Guy über die spontane Verbindung gesprochen, die gleich bei seiner ersten Begegnung mit Rob zwischen ihnen entstanden ist. Sie »brauchten einander«, waren seine Worte.

»Wir sind sehr unterschiedlich, ja«, sagt er jetzt. »Aber wir sind von der ersten Sekunde an gut miteinander klargekommen. Ich verstehe wirklich nicht, woran das liegt, aber es war so. Vielleicht, weil Rob in gewisser Weise eine Art Spiegel für mich ist, in kreativer Hinsicht. Er ist ein Spiegelbild von ...« Guy ringt nach den richtigen Worten, um zu verdeutlichen, was er meint. »Er ist gewissermaßen meine Stimme.«

Heißt das, dass Guy sich tatsächlich mit Robs Texten identifiziert?

»Einmal das, und außerdem hat er eine Menge von meinen Melodien gesungen. Und ich habe immer nach jemandem gesucht, der meine Melodien gut singen kann und die Songs, die wir zusammen geschrieben haben, auf der Bühne präsentiert.

Das Entscheidende an Rob ist, dass er ständig an das Publikum denkt und darauf achtet, wie es auf eine bestimmte Zeile reagiert. Und auf bestimmte Tricks, die man anwenden kann. Bei ›Rock DJ‹ gibt es zum Beispiel dieses Frage/Antwort-Spiel. Das ist ein alter Trick, aber, mein Gott, wie gut er funktioniert.« Es ist eine Art von Pantomime, fügt er hinzu. »Der Rock 'n' Roll hat schon immer Elemente von Pantomime und Theater beinhaltet. Das mag ich daran. Mir macht das Spaß. Es ist vielleicht nicht cool, aber es macht Spaß.

Überhaupt glaube ich, dass die Coolness ein völlig überbewertetes Konzept im Rock 'n' Roll ist. Ich finde eine Menge von dem Zeug, das cool sein soll, ziemlich langweilig. Heute halten die Leute *Abba* für echt cool, aber als sie 1977 der Renner waren, haben die Leute sie furchtbar trashig gefunden.«

Guy hofft, nächstes Jahr ein eigenes Album machen zu können. »Es wird mein eigenes Ding sein, ja. Ich denke, es wird mir gut tun, ein Album zu machen, das wirklich persönlich ist. Nur um es aus meinem Kopf rauszukriegen. Damit ich musikalisch unbefangen bin, wenn ich an der nächsten Rob-Scheibe arbeite.«

Hin und wieder hat er das Gefühl, die Musik unnötig zu verkomplizieren. »Manchmal ist sie zu clever und zu überladen. Ich hoffe, dass sie auf dem nächsten Album einfacher und direkter ist und – ein Schlagwort, das in der Musikbranche häufig verwendet wird – mehr Biss hat. Ich habe das schon beim letzten Album versucht, aber ich weiß nicht, ob mir das wirklich gelungen ist.«

Was wäre ein Beispiel für einen Song mit Biss?

»Im Augenblick irgendwas von Eminem. Ein Menge aus dem amerikanischen Hip-Hop. Es ist wie ein Hai, es hat hauptsächlich eine Funktion. Pop-Musik ist sehr speziell. Und was mich betrifft, ich denke, ich überfrachte die Sachen manchmal ein bisschen.« Er lächelt. »Wenigstens bin ich mir dessen bewusst.«

Wir verlassen das Café und gehen weiter, schlendern schmale Kopfsteinpflasterstraßen entlang, betrachten die Auslagen in den Schaufenstern der Geschäfte. »Sieh dir das an«, fordert mich Guy vor einem schönen Juwelierladen auf, dessen Schaufenster bis auf ein paar große Diamantringe leer ist. Die Wände im Inneren des Geschäfts sind in Rot gehalten. An einem runden Tisch stehen sich zwei karmesinrote Plüschsessel gegenüber. »Vielleicht werde ich ein Zimmer in meinem neuen Haus so einrichten«, sagt er. Er hat genug von Primrose Hill und interessiert sich jetzt für ein Haus in Hampstead mit Blick auf den Park, eine Gegend, die ihm besonders gefällt, weil er als Zwanzigjähriger, als er völlig pleite war, gleich um die Ecke in einer schäbigen Wohnung gehaust hat. »Zwei Typen, die sich ein Zimmer mit Kochnische geteilt haben. Wir mussten eine Hartfaserplatte als Trennwand installieren. Ich habe auf einer einfachen Matratze geschlafen, und mein gesamter Besitz bestand aus einem Radio und ein paar Büchern. Es war ziemlich trostlos.«

Während wir an den Fachgeschäften von Zürich vorbeischlendern, richtet Guy sich im Geist sein neues Haus ein. Ihm gefällt ein Korbsofa hier, eine hölzerne Musiktruhe da, ein Kleiderschrank dort. Kuckucksuhren dagegen hält er für zu kitschig. Nun ja, vielleicht eine für seine Tochter Isis. »Yeah, vielleicht.«

»Angels« war eine gute feine Melodie.

Rob hält sich währenddessen zusammen mit David, Josie, Jonah, Marv und der Dokumentarfilm-Crew in einem Chalet in Chamonix auf. Der Skiausflug ist nicht so verlaufen, wie es sich alle erhofft hatten, es stürmt und schneit, und man kann kaum zwei Meter weit sehen.

»Oberschicht-Probleme«, sagt Rob grinsend, während er die nasse Skikleidung im Vestibül auszieht. »Das Skifahren war grauenhaft, aber das Chalet ist schön. Hier wohnt irgendjemand, und es ist offensichtlich schon viele, viele Jahre alt.« Und es sieht aus wie ein Bild auf einer Tafel Schokolade. Ein kleines Häuschen mit einem spitzen Holzdach, von Tannen eingerahmt und – als der Schneefall am späten Nachmittag nachlässt – mit Blick auf die Berge im Hintergrund.

Rob und seine Gruppe bleiben lange wach, plaudern und vertreiben sich die Zeit vor dem prasselnden Kaminfeuer mit Spielen. Mal wieder mit Dirty Little Slag und einem anderen von Robs Lieblingsspielen, spontaner Wortassoziation. »Baum«, gibt Josie einen Begriff vor. »Blatt«, sagt David. »Tee«, setzt Rob die Kette fort. »Kaffee«, sagt Brian, der die Dokumentation dreht. Wie üblich übernimmt Rob das

Kommando, schließt die Spieler aus, deren Assoziationen die erforderlichen Kriterien nicht erfüllen. »Ich bin nicht sehr gut darin, einfach ungezwungen zu plaudern«, gesteht Rob. »Mir fällt es am leichtesten, mit anderen Leuten zu kommunizieren, wenn wir irgendetwas in den Händen halten oder im Kopf haben, mit dem wir spielen können.«

Er hat sich schon seit langem nicht mehr so entspannt gefühlt. Alle kommen gut miteinander klar. Obwohl die Umgebung sehr luxuriös ist, verläuft der Abend normal. Rob steht nicht unter dem Druck, außergewöhnliche Dinge vollbringen zu müssen.

Can I Kick It?

In Zürich hat die Crew schlechte Nachrichten zu vermelden. Der Skiausflug, zu dem zwölf Leute mit einem Minibus nach Zermatt gefahren sind, hat mit einem Desaster geendet. Liz hat auf einem zu steilen Hang die Kontrolle über ihre Ski verloren, sich das Knie geprellt und ist jetzt im Krankenhaus ans Bett gefesselt. Also muss die Beleuchtung heute Abend von ihrem jungen Assistenten Rich gemacht werden. Das ist ein bisschen beängstigend, sagt er. Er hat die Show bestimmt schon fünfzigmal gesehen, sie aber noch nie von Liz' Kontrollpult aus geleitet, und er muss alle Spots in der richtigen Abfolge schalten, was normalerweise nicht in seinen Aufgabenbereich fällt.

In dem großen Doppelzimmer, das hier im Hallenstadion von Zürich als Aufenthaltsraum und Kantine dient, entspannt sich die Band mit englischen Sonntagszeitungen. Rob taucht aus seiner Garderobe auf, schlendert zu der Couchgruppe, wo die Band sitzt, lässt sich in einen Lehnsessel fallen und blättert mit den anderen in den Boulevardzeitungen.

Chris hat im *Mirror* etwas über ihn entdeckt. »›Robbie Williams war in New York so high von Alkchol und Drogen‹«, liest er laut vor, »›dass er auf der Straße zusammenbrach, so tat, als wäre er ein Bettler, und mit einer Laserpistole auf vorbeifahrende Autos schoss.‹« Er lacht sein atemloses Lachen. »Das ist die Story von irgendeinem Bodyguard.«

»Ist das ein Exposé, oder hat er seine Story tatsächlich verkauft?«, fragt Rob nüchtern. Er geht um das Sofa herum und sieht Chris über die Schulter. »ICH BIN DER CRACK-BODYGUARD«, liest er im Tonfall eines Skandalreporters vor. »Wir enttarnen den Bodyguard prominenter Personen aus dem Top-Showbiz und Sportstars als Schlüsselfigur eines bedeutenden Rings, der mit tödlichem Kokain handelt.« Rob nickt. Es stimmt. Er hat auf dem Times Square tatsächlich so getan, als sei er ein Bettler.

Wenn du nie vierundzwanzig Stunden am Tag verfolgt worden bist, kannst du dir nicht vorstellen, wie das ist. Wer nicht selbst direkt betroffen ist, wird vielleicht fragen: »Worüber regst du dich überhaupt auf? Für all die Millionen, die du verdienst, musst du dich eben mit ein paar Kameraleuten vor deinem Haus abfinden.« Aber wenn du vierundzwanzig Stunden am Tag verfolgt wirst, hast du kein Leben. Du stehst unter permanenter Beobachtung. Und das raubt dir deine Männlichkeit, denn am liebsten würdest du losziehen und die Typen verprügeln, aber das kannst du nicht. Es ist mehr als unheimlich, mehr als seltsam, in deinem Haus festzusitzen und zu wissen, dass draußen vier Leute auf dich warten, die du nicht kennst. Und sobald du rausgehst, bricht ein wahres Blitzlichtgewitter los, das die Aufmerksamkeit auf dich zieht, was bedeutet, dass die Straße nicht mehr sicher für dich ist. Dann weiß jeder, was da gerade passiert, und es wird zu einer traumatischen Erfahrung, das Haus zu verlassen und wieder zurückzukehren.

»Ich war völlig von der Rolle. Ich habe einen Bettler gespielt und wollte der ersten Person, die mir etwas Geld zusteckt, hundert Pfund geben. Es war eine dämliche Aktion, aber es war auch ziemlich ... befreiend, ein Bettler zu sein.«

Damit tänzelt er in Richtung der Verbindungstür zu seiner Garderobe. Soll die Presse es ruhig versuchen, verkündet er uns, sie wird es nie schaffen, ihn fertigzumachen. Er schlägt die Tür theatralisch hinter sich zu. Schon nach wenigen Sekunden taucht er wieder auf. »Aha!«, ruft er. Nein, sie werden ihn nie fertigmachen. Die Tür schließt sich, öffnet sich erneut. »Aha!« Dann bleibt er verschwunden. Die Bandmitglieder schmunzeln hinter ihren Zeitungen. Typisch Rob.

Heute Abend wird ein besonders fröhlicher kleiner Kreis gebildet. Es ist Katie Kissoons Geburtstag. Tom hat einen ihrer alten Songs – »Sugar Candy Kisses« – aus dem Internet heruntergeladen und spielt ihn jetzt auf dem CD-Player der Garderobe ab. Katie quietscht vor Lachen, läuft um den Kreis herum und zwickt alle dort, wo es weh tut.

Schließlich hält Rob seine kurze Ansprache an das Team. »Wir alle hatten ein paar Tage frei, wir sind in Zürich, also spielt es wirklich keine Rolle, wie gut wir drauf sind.« Doch dann, als wir alle lachen, fügt er hinzu: *»Lasst es krachen!«*

Und an diesem Abend, sowohl von der Erholungspause als auch von seinem neuen, drogenfreien Leben beflügelt, *lässt* Rob es krachen. Er ist geschwätziger und aufgedrehter als je zuvor auf der Bühne. »Es ist ein wunderbares Leben, Ladies und Gentlemen«, verkündet er seinem wild begeisterten Publikum. »Lasst es euch nicht entgleiten«.

Ich weiß nicht, aber hat irgendwer meinen Drink vor der Show mit Drogen versetzt?«, erkundigt er sich nach »Better Man« und vollführt einen verrückten, ekstatischen kleinen Tanz.

»Ich bitte um Applaus für die Lady, die ihre Brüste entblößt hat«, sagt er nach »Forever Texas«. »Aber könntest du sie bitte für den Rest der Show verpackt lassen?« Er zeigt sein verruchtestes Grinsen. »Nein, nein, sie sind wirklich schön«, versichert er.

»Zürich! Ihr rockt!«, ruft er nach »No Regrets«. »Wisst ihr«, fügt er hinzu, »ich neige in meinen Shows dazu, zu fluchen und anstößige Ausdrücke zu benutzen. Und wenn sich irgendjemand dadurch beleidigt fühlen sollte, soll er sich verpissen!«

»Angel?«, fragt er einen schreienden Fan unter ihm. »Angel? *Wie* hast du das genannt? Ich singe keinen Song, der ›Angel‹ heißt. Ich singe einen Song namens ›An-gels‹. Das ist eindeutig ein Plural. Wisst ihr, es gibt zwei Dinge, die mich ankotzen«, fährt er unter dem gewaltigen Jubel fort, der ihm entgegenbrandet. »Nun, es gibt mehr als zwei Dinge, aber eins davon ist der Spruch: ›Ich liebe diesen Song »Angel« von dir.‹ Er heißt nicht ›Angel‹, verdammte Scheiße, er heißt ›An-gels‹.«

Sogar während der Pause im Backstagebereich, bevor er »Rock DJ« mit dem freien Mikro in der Hand singt, lässt diese überschäumende humorvolle Energie nicht nach. »Can I kick it?«, ruft er dem Publikum zu. »Ich sagte: Can I kick it?«, wiederholt er lauter. Er wechselt in einen affektierten Tonfall über. »Ich glaube, ihr habt mich nicht verstanden. Ich habe euch gefragt: Can I kick it??? Schön, ich lege es nämlich darauf an, dass ihr es mir besorgt.«

»Es war vermutlich die beste Show der Tour«, wird er später sagen. »I was on fire.«

Nach dem Ende von »Rock DJ« wird eine Torte mit Funken sprühenden Wunderkerzen für Katie auf die Bühne gebracht. »Ich möchte euch Katie vorstellen!«, schreit Rob. »Und ich möchte, dass ihr alle Happy Birthday für sie singt! Sie heißt Katie«, erinnert er das Publikum vorsorglich noch einmal, ein Profi durch und durch. »Eins, zwei, drei: Happy birthday to you ...«

Katie bedeckt vor Verlegenheit ihr Gesicht, zuerst mit den Händen, dann zur Gänze mit einem Handtuch. Sie umarmt Rob und versteckt das Gesicht an seiner Brust.

Auf dem Rückweg zum Hotel hat Rob eine bizarre Begegnung. Als er nach diesem Super-Hochspannungs-Gig seinen Bus betritt und wie immer in die obere Etage hinaufsteigt, findet er dort einen beleibten, grauhaarigen Kerl vor, der mit nichts außer einem roten Mini-Slip bekleidet aus einer der Kojen klettert.

»Ich hatte ihn noch nie zuvor im Leben gesehen, also fragte ich: ›Entschuldige, mein Freund, bist du im richtigen Bus?‹ Er glotzte mich an und legte los: ›Yeah, warum? Warum?‹ Ich wusste nicht, was ich sagen sollte, und er fragte immer weiter: ›Warum?‹, als wollte er sich gleich auf mich stürzen und mich verprügeln.

Also brüllte ich: ›Weil ich, verdammt noch mal, Robbie Williams bin und dir deinen gefickten Lohn zahle! Deshalb. Zieh dir auf der Stelle deine Scheiß-Kleider an und steig aus dem Bus!‹ Er war völlig erschrocken. Der alte Knabe war in den falschen Bus gestiegen. Es war einer von den Fahrern. Er hatte seine Brille nicht aufgesetzt, war aus dem Schlaf hochgeschreckt und hatte automatisch auf die Störung reagiert. ›Es tut mir furchtbar Leid, Rob, es tut mir furchtbar Leid, Rob‹, wiederholte er immer wieder. Ich sagte: ›Tut mir wirklich Leid, dass ich dich angeschrien habe, Mann. Ich wollte nicht laut werden, aber du bist im falschen Bus.‹ Gott segne ihn. Ein roter Mini-Slip. Liebe Güte! Aus irgendeinem Grund hat sich dieser Anblick in den Teil meines Gehirns eingebrannt, der für meine Fantasie zuständig ist.«

Rob erzählt die Geschichte an dem langen Tisch, an dem das Abendessen nach dem Gig im Hotel stattfindet. Dann wird es Zeit, zu duschen und sich umzuziehen. Wir haben eine Nachtfahrt nach Wien vor uns.

»Sing me a love song
Drop me a line
Suppose it's just a point of view
But they tell me I'm doing fine«

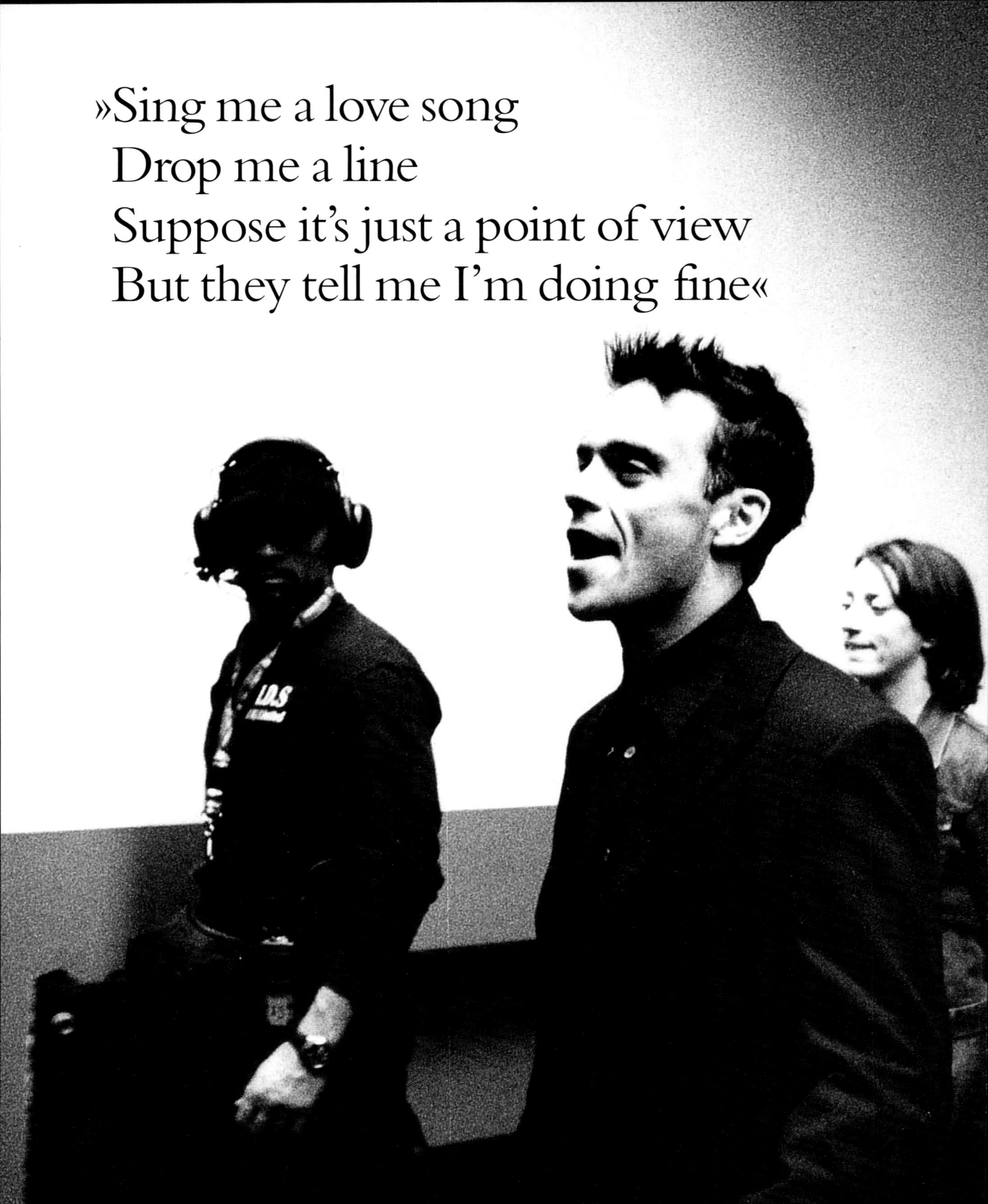

11

»I’m Ace«

Als wir in Wien ankommen, gibt es für jeden einen Tag frei. Josie trinkt in aller Ruhe eine Kanne Tee, als ich sie am späten Morgen nach dem freien Tag in einem der gartenartigen Räume im Erdgeschoss des Hotels entdecke. Normalerweise erlebt man sie aktiv und voller Energie, stets einen halben Schritt hinter Rob, während er von A nach B geht. Dann tänzelt sie begeistert und vor Lachen quietschend neben David über die Bühne, die wichtigste Person unter den Frauen des »inneren Heiligtums«. Doch für sich allein ist sie still und nachdenklich, was ihre Rolle als Robs persönliche Assistentin betrifft. »Man sieht sich die ganze Geschichte an und denkt, alles wäre so entspannt, ein toller Spaß«, sagt sie, »aber trotzdem schuftet man wie verrückt und versucht, das Beste zu geben, zu dem man fähig ist. Das ist es, was Rob in einem bewirkt, dass man immer sein Bestes geben will.«

Man sagt, er hätte nie ein normales Leben geführt.

»Das hat er auch nicht, weil er schon so lange berühmt ist. Und er hat alles getan, was der Lebensstil im Rock ’n’ Roll möglich macht. Er hat gesehen, was man tun kann, und es getan. Er hat Dinge getan, die einige von uns nie tun werden. Jetzt hat er einen Punkt erreicht, an dem er nur noch ein ruhiges und angenehmes Leben führen möchte. Er liebt Sport. Doch auf die Dinge, zu denen sein Job ihm Zugang verschafft, hat er keine Lust. Er hat keine Lust, vom Versace-Clan nach Mailand geflogen zu werden, um in der ersten Reihe einer Modenshow zu sitzen und kostenlose Kleidung zu bekommen. Er möchte nicht in einen Nachtclub gehen, wo alle Drinks frei sind. Er trinkt nicht mehr. Ich glaube, er ist gerade wirklich erwachsen geworden.«

Er wünscht sich also nur ein nettes, ruhiges Leben?

»Selbstverständlich will er das. Er möchte ein großes Haus, eine Frau und Kinder. Das ist möglich, natürlich, aber es ist für jeden Menschen schwer, seinen Lebenspartner zu finden, nicht wahr? Erst recht für Rob, weil seine Möglichkeiten, irgendwo hinzugehen, wo er Leute treffen kann, stark eingeschränkt sind.«

Und er muss sich ständig fragen, wer seine wahren Freunde sind.

»Yeah.« Aber er hat echte Freunde. Besonders seit diesem Jahr, seit den letzten paar Monaten. Ein paar Leute, die ihm nahe stehen und denen er vertrauen kann, statt einem riesigen Gefolge von 50 opportunistischen Freunden. Er hat seinen Jugendfreund Jonathan. Josie nennt noch einige mehr.

Aber man darf ihn nie belügen. Oder ihm gegenüber anders als völlig aufrichtig und geradlinig sein. Man kann ihm nichts vorspielen, weil er sich seiner Umwelt absolut bewusst ist. Vielleicht sagt er nicht sofort etwas, wenn er getäuscht wird, aber nach einigen Tagen bringt er irgendeinen Punkt zur Sprache, und dann ist man völlig verblüfft. »Er grübelt über die Dinge nach. Er ist kein Hitzkopf, er explodiert nicht gleich. Er ist ein interessanter und komplizierter kleiner Bursche.«

»Ich liebe Josie«, sagt Rob, »doch ich glaube nicht, dass sie mich als einen Freund betrachtet. Ich würde alles für sie tun. Wenn sie nicht für mich arbeiten würde, würde ich sie als Freundin einstufen. Aber ich glaube nicht, dass man Leute, die man bezahlt, als Freunde einstufen kann. Abgesehen von David Enthoven. Ich denke nicht, dass man sie in diese Kategorie einordnen kann. Man kann nicht mit jemandem befreundet sein, der einem jederzeit auf Abruf zur Verfügung steht. Josie gibt nur, und ich nehme nur. Aber das ist ihr Job.«

»Josie muss die Rolle des kleinen Rottweilers spielen«, sagt Jonathan Wilkes, ein aufmerksamer Beobachter der außerordentlich engen beruflichen Beziehung zwischen Rob und seiner persönlichen Assistentin. »Sie muss eine Menge Scheiße wegstecken, und sie ist brillant in ihrem Job. Ich kann mir niemand anderen vorstellen, der dazu fähig wäre. Im Wesentlichen läuft es darauf hinaus, mit Rob klarzukommen. Mit seinen Ansprüchen bei der Arbeit, den Ansprüchen, die alle anderen an ihn stellen. Sie hört nie auf zu arbeiten. Josies Freund ist Robbie, ihr Leben ist Robbie, Gott segne sie, und ich denke, sie geht wunderbar damit um.«

Fil und Rob klimpern in der Kantine auf ihren Gitarren, als die Leute von der Plattenfirma mit den Auszeichnungen erscheinen. Den Anfang macht die hiesige Firma und präsentiert die erste Goldene Schallplatte aus Österreich seit längerer Zeit. Dann ist Tony Wadsworth, der Vorsitzende von EMI, London, an der Reihe.

»Das ist die große Nummer«, erklärt er der versammelten Mannschaft selbstsicher. »Ich habe nicht vor, die Leistung der Österreicher, die gewaltig ist, zu schmälern, aber wir dachten uns, wir sollten etwas tun, um die Tatsache zu würdigen, dass von diesem Album mehr als vier Millionen Exemplare überall auf der Welt verkauft worden sind ...«

EMI hat eine Weltkarte mit Robbies Verkaufszahlen erstellt. »Damit du sehen kannst, wie viele Alben du abgesetzt hast ...«

»Habe ich in Mexiko Gold gewonnen?«, fragt Rob, während er die Karte studiert.

»Yeah.«

»Der Erfolg dieses Albums ist unglaublich«, fährt Tony fort. »Mir ist gerade erst der Gedanke gekommen, dass außer den *Beatles* niemand mehr Alben in Großbritannien im letzten Jahr verkauft hat ...«

»Wer?«, fragt Chris.

Da sich noch mehr Leute auf seine Reaktion konzentrieren, gibt sich Rob bescheiden und dankbar. »Vielen Dank, Onkel Tony. Ich bin so überwältigt, das bin ich wirklich ... Das ist so wahnsinnig großartig.« Er betrachtet die Aufstellung und beginnt zu singen: »Spanien, Gold. Schweden, Gold. Kanada, Gold. Hongkong, Gold. Neuseeland, fünfmal Platin.«

Die versammelte Mannschaft jubelt.

»Mehr Scheiben als Schafe«, sagt Rob

»Die Schafe kaufen sie, yeah.«

Rob liest schneller vor: »Arabien, Gold. Australien, Gold. Irland, zehnmal Platin. Singapur, Gold. Dänemark, Platin. Holland, Gold. Mexiko, Gold. Deutschland, Platin. Belgien, Gold. Thailand, Platin. Ich war nicht mal dort. Siehst du?« Er blickt David an. »Man muss da wirklich nicht hin. Streich diese TV-Shows. Österreich, Gold. Schweiz, Platin. Italien, Platin. Chile, Silber. Großbritannien ... oh yeah, siebenmal Platin.« Er nickt. »Das ist wirklich cool.«

Alle klatschen. Doch Rob meint, es hätte mehr Platin geben müssen.

»Ehrlich«, sagt er später. »Ich fand es erstaunlich, aber ich habe diese Krankheit, mehr zu wollen, mehr, mehr, mehr. Ich dachte: Mexiko, Gold. Warum ist es nur Gold? Ich bin nie da gewesen, also, yeah, wahrscheinlich ist es Gold, aber warum nicht verdammtes Platin? Ich denke, wir alle leiden an dieser Krankheit, mehr zu wollen. Nie zufrieden mit dem zu sein, was wir kriegen.«

»Eine Runde Applaus«, sagt er jetzt und deutet in Richtung der EMI-Leute. »Jungs, ich danke euch vielmals für all eure harte Arbeit.«

»Wir danken *dir*.«

Heute Abend gibt es einen weiteren fulminanten Gig, und Rob ist voll in Fahrt. Die Tournee ist fast vorbei, er ist immer noch clean, und zum ersten Mal in seinem Leben fühlt er sich richtig wohl auf der Bühne.

»To-o-o-uch me, take me to that special place«, bittet er die Menge, ein Knie auf der Monitorbox. (Be-e-e-rührt mich, nehmt mich mit an diesen besonderen Ort.) Er lehnt sich zurück, seine linke Hand baumelt hin und her. »I'm doing all I can ...«, singt er mit schmachtender Stimme, dann legt er die freie Hand hinter ein Ohr. »To be a better man«, brüllt das Publikum zurück.

»Das ist ›No Regrets‹«, verkündet er. »Von mir! Robbie Williams!« Feuerzeuge werden gezückt. Tausende von Menschen wiegen sich in der Dunkelheit, in der unzählige Flammen leuchten, hin und her.

Sing me a love song
Drop me a line
Suppose it's ju-u-st a point of view
But they tell me I'm doing fi-i-ine

(Sing mir ein Liebeslied,
schreib mir eine Zeile,
vielleicht ist es nu-u-ur eine Sichtweise,
aber man sagt mir, dass ich es gut mache.)

»Und das tue ich!«, ruft er. »Ich mache es großartig!« Er stößt die Faust hoch in die Luft.

»Ein Mann aus Manchester kam zu mir«, erzählt er der rasenden Menge, geschwätzig wie eine Elster, »und fragte mich: ›Rob, wie machst du das? Wie schreibst du derart brillante Songs?‹ Wirklich. Na schön, dann eben die Wahrheit. Also, er fragte mich: ›Wie schreibst du solche halbwegs anständigen Songs?‹ Er sagte: ›Du bist so attraktiv, und du singst so gut.‹« Rob kichert, von seiner eigenen improvisierten Geschichte entzückt. »Ich sagte: ›Schmeicheleien werden dir nicht weiterhelfen.‹ Und er sagte: ›Bitte, tu mir einen Gefallen. Schreibst du einen Song für mich?‹ Und ich sagte: ›Yeah, yeah, ich schreibe dir einen Song, aber du musst mir versprechen, dass du niemandem verrätst, dass ich ihn geschrieben habe.‹ Er sagte: ›Also gut, einverstanden.‹ Und der Song geht so:« Mit einem gurgelnden Lachen stimmt er »Wonderwall« von den Gallaghers an.

Während der Pause haben alle im Backstagebereich vor Aufregung leuchtende Augen. Rob umarmt Fil und küsst Yolanda. »Heute Abend ist die Atmosphäre elektrisch geladen«, sagt Josie. Ihre Augen strahlen.

»Ich habe hinter der Bühne mit der Band gesprochen«, berichtet Rob seinem Publikum, »und alle haben gesagt, das hier wäre eine der besten, wenn nicht sogar *die beste Show*, die ich jemals gemacht habe.« Er reckt triumphierend eine Faust in die Höhe. »Ich bin wahrhaft sprachlos«, fügt er nach »She's The One« hinzu. »Ich bin heute Abend wahrhaft von euch allen überwältigt worden.«

»Ladies und Gentlemen«, verabschiedet er sich zum Schluss nach einem vor Hochspannung knisternden »Rock DJ«, »ihr wart das gottverdammt beste Publikum, das ich jemals hatte.« Er schüttelt den Kopf und lässt seinen Blick mit Tränen in den Augen über das Meer von Gesichtern wandern. »Ihr habt einen erwachsenen Mann zum Weinen gebracht.«

In seiner Garderobe sinkt er erschöpft auf das Sofa, eine Gitarre in der Hand. »Ich kann gar nicht beschreiben, wie das war«, sagt er. »Ich wusste von Anfang an, dass

8
PUMA

es gut werden würde. Ich war mir ganz sicher. Als ich auf die Bühne gegangen bin, habe ich mich einfach völlig frei gefühlt, und ich konnte keinen falschen Schritt machen. Sie haben die Show regelrecht in sich aufgesaugt und geliebt. Das war eins der Highlights meines bisherigen Lebens. Es war das lauteste Publikum, das beste Publikum, es hat am stärksten auf mich reagiert, und ich habe eine wirklich gute Show abgeliefert. Ich war losgelöst, entspannt, ich habe genau die richtigen Schritte gemacht. Keine Ahnung, wie ich gesungen habe, weil ich mich nicht darauf konzentriert habe.«

Er schüttelt lächelnd den Kopf, während er uns nacheinander ansieht. »Ich wollte diese Tour überhaupt nicht. Ich wollte dieses Jahr nicht auf Tournee gehen. Und jetzt wird es ganz unheimlich sein, wenn im nächsten November alles vorbei ist. Mir passieren so viele schöne Dinge. Ich konnte sie nur so lange nicht erkennen. Ich hatte mir den Kopf fest in den Arsch gesteckt. Kein Scheiß. Selbstmitleid, Selbstmitleid, Selbstmitleid. Ich habe all die großartigen Sachen in meinem Leben nicht gesehen, und davon gibt es so viele. Und ich fühle mich so erbärmlich, weil ich sie vorher nicht gesehen habe. Wirklich. Aber ich bin siebenundzwanzig Jahre alt, und es ist ein guter Zeitpunkt, um das zu erkennen.

Es gab für mich nie einen Zweifel, dass ich heute Abend auf die Bühne gehen und eine wirklich gute Zeit haben würde. Ich habe es einfach tief in mir gefühlt. *Ich werde heute Abend auf die Bühne gehen und eine wirklich gute Zeit haben*. Ich denke, die Leute haben das gespürt. Denn wenn sie sehen, dass es dir gut geht, dann haben sie das Gefühl, als wären sie ein Teil davon, was sie auch sind, sie sind ein Teil davon. Wenn sie sehen, wie du lächelst, ehrlich lächelst, lieben sie es. Sie lieben es. Weil sie stolz darauf sind, dass ihre Stadt, dass sie als Publikum dich dazu gebracht haben, zu lächeln und dich wohl zu fühlen. Ihr konntet es sehen, als ich gesagt habe: ›Das ist der beste Gig, den ich jemals gemacht habe.‹ Sie haben einfach nur ›Ja!‹ gerufen. Ich werde einfach besser in diesen Dingen.

Es war eine übersinnliche Erfahrung. Da war so viel Liebe auf mich gerichtet, die mir von Tausenden von Leuten entgegengeschleudert worden ist. Sie waren alle ehrlich froh, mich zu sehen, und wirklich glücklich, dass sie zu dem Gig gekommen sind. Alle haben mitgesungen und die Arme in die Luft geworfen. All diese konzentrierte Liebe, die mir entgegengeschleudert worden ist. 13 000 Leute.« Er sieht mit einem ungläubigen Gesichtsausdruck zu Josie hinüber. »Ich stehe auf der Bühne und rufe: ›I'm Ace!‹ Und da sind 13 000 Leute, die zurückrufen: ›Stimmt!‹«

Josie schüttelt den Kopf und quietscht vor Lachen.

»Was gibt es Besseres?«, fragt Rob. »Was, verdammt noch mal, gibt es Besseres?«

Draußen wartet die königlich-österreichische Familie darauf, ihn zu begrüßen.

Nachdem die Band gegangen ist, füllt sich die Kantine langsam mit granteligen Crew-Mitgliedern. Ihre Einstellung zu dem Gig wird von dem Umstand beherrscht, dass sie es mit absolut grauenhaften einheimischen Helfern zu tun haben, die a) dumm und b) inkompetent sind. Und Dave Bracey hat einen völlig anderen Eindruck von der Show als sein ekstatischer Boss. Was geht mit Rob? Es war die schlechteste Gesangsdarbietung, die er seit Ewigkeiten gehört hat, schlimmer noch als die in Zürich, von der er meinte, sie hätte »wie ein Haufen Blech geklungen, für mich hat da einfach nichts zusammengepasst«. Und was Robs Mikrofontechnik betrifft, hätte sich ein Kind besser angestellt. Dave fragt sich, ob er etwas dazu sagen sollte.

»Ich habe mich nie dazu hinreißen lassen, es ihm zu sagen, wenn ich etwas für Müll halte, aber vielleicht sollte ich das tun.« Es ist faszinierend, wie groß die Diskrepanz zwischen der Meinung des erfahrenen Tontechnikers, der sein ganzes Leben über Knöpfe und Schalter gebeugt verbracht hat, um die Musik möglichst perfekt für das Publikum abzumischen, und der des ausgelassenen Popstars ist, der sehr viel mehr aus dem Bauch heraus reagiert und sich von seinem Gefühl beeindrucken lässt.

»Ich weiß nicht, was ich da höre«, gesteht Rob fröhlich. »Ich habe keine Ahnung. Ich muss der anspruchloseste Frontmann aller Zeiten sein, mit dem man arbeiten kann. Ich weiß nicht, was oben oder unten, hier oder da sein sollte. Ich mogle mich einfach irgendwie durch.«

Der widerwillige Popstar

Wo sind wir jetzt? Ach, richtig, München. Eine weitere graue deutsche Morgendämmerung, eine weitere Konzerthalle, ein weiterer Gig, der vorletzte der Tour. Die Leute von der Produktion, die Bühnenarbeiter und Caterer kriechen müde aus ihren Kojen. »It's a beautiful day«, singt Mairead, während sie einen Karton mit Obst aus den rosafarbenen Transportkisten mit der Aufschrift »Popcorn Catering« wuchtet. »Don't let it slip away ... Sechs Jahre auf dem College, um mich zur Küchenchefin ausbilden zu lassen«, fügt sie hinzu. »Was, zum Teufel, tue ich hier? Aber ich mag es, unterwegs zu sein. Sobald ich nach Hause zurückkehre, werde ich einfach schwermütig ...«

An einer Wand in der Küche hängt eine mit einer Reißzwecke befestigte Notiz: »GRAHAM MORRISON IST EIN ABSOLUTER VOLLIDIOT. ALS ER NOCH HOT DOGS MIT ZWIEBELN VERKAUFT HAT, HAT ER MICH STÄNDIG ANGERUFEN. ABER SEIT ER FÜR ROBBIE ARBEITET, IGNORIERT ER MICH (WIEN). DU WIRST SCHON BALD WIEDER AUF RUMMELPLÄTZEN ARBEITEN, WENN DU NICHT AUFPASST.«

Graham lacht und packt seine Töpfe, Pfannen und die anderen Kochutensilien aus. Die Nachricht stammt von einem Typen, den er vor einigen Jahren kennen gelernt hat und der jetzt in der Crew von Tom Jones arbeitet. Er hat einfach nicht die Zeit gefunden, sich in Wien mit ihm zu treffen.

Während die Lastwagenfahrer pfeifend herbeischlendern, um zu frühstücken, plant Mairead mit Graham den heutigen Einkauf. Wie viele Rinderfilets soll sie für das Boef Stroganoff besorgen? Vier, denkt er. Kurz darauf ist Em auch schon mit dem hiesigen Gehilfen unterwegs zu dem riesigen Metro-Markt am Stadtrand.

»Hol einen Einkaufswagen, Schatz«, sagt Em zu dem mageren Deutschen, der eine Lederhose und eine flache Mütze trägt. »Du begleitest mich.«

Sie flitzt durch die Gänge und lädt den Einkaufswagen mit allen möglichen Dingen voll, von Meeresfrüchten bis hin zu Schokoladenstäbchen für Robs Bus, nimmt leere Kartons mit, wo immer sie welche entdeckt. Es ist eine seltsame Eigenart von deutschen Supermärkten, erklärt sie, dass man keine Kartons bekommt, in denen man seinen Einkauf verstauen kann. Um 2.756 DM ärmer jagt das Paar im Minibus zurück, um das Essen für den Tag vorzubereiten.

Das Catering, meint Em, ist das Herz der Tour. »Wir sorgen für das leibliche Wohlbefinden, aber man kann bei uns auch emotionalen Beistand bekommen. ›Hast du mal ein Stückchen Schokolade? Ich habe einen miesen Tag.‹ Man kann einfach zu uns reinkommen, und meistens ist jemand da, der einem ein bisschen Trost spendet.«

Die Tour-Gemeinschaft ist so etwas wie eine Pseudofamilie. »Die Abläufe in dieser Familie sind die gleichen wie in jeder anderen. Man muss nicht mit allen gut klarkommen, und es gibt eine gewaltige Bandbreite von Eigenarten unter den Menschen. Die Enge ist furchtbar, doch es gibt auch jede Menge Loyalität. Aber hat man auch nur den kleinsten Schwachpunkt, dann war's das, und die Leute reiten darauf herum. Aber in aller Regel hat das nichts mit Gehässigkeit zu tun. Man macht das mit seinem Bruder so, also macht man es auch mit der Person, die neben einem im Bus sitzt.«

An diesem Abend, gestärkt durch einen Teller von Maireads Bœuf Stroganoff, ist Rob wieder in Hochform. »Stellen wir uns den Münchnern und tanzen wir«, sagt er während der zeremoniellen Zusammenkunft zu seiner Band. Auf der Bühne zeigt er auf sich selbst und sagt auf Deutsch: »Scheise«, wobei er das S weich ausspricht. Dann deutet er in das Publikum. »Großartig!«

Obwohl es die drittletzte Nacht der Tournee ist, herrscht heute Ruhe im sonst so fröhlichen Bus der Beleuchter. Keine Beach-Party, kein Tequila, keine Drogen. Nur Wein und Bier und die Gespräche müder Menschen. »Dein Körper weiß immer, wann das Ende der Tour naht«, sagt Mark England, der Chef der Beleuchtungs-Crew. Dann überkommt einen die Art von Schlaffheit, die er jetzt verspürt. »Auf einer richtig langen Tour hat man zwei Wochen was davon.«

Natürlich reden wir über Rob. »Ich denke, er ist der Typ des widerwilligen Popstars«, sagt Mark. »Ich habe das Gefühl, dass er gern ein ganz normaler Mensch

»Re-Light My Fire« zu singen, ist einfach nur ein billiger Gag, über den die Leute lachen. Ich möchte die anderen Jungs, die bei *Take That* waren, damit nicht beleidigen, wirklich nicht. Aber wenn man auf der Bühne steht, kämpft man oft darum, etwas Lustiges zu finden, das man tun oder sagen kann. Und es war immer eine sichere Nummer unter den Witzen, über die die Leute lachen. Ich habe nicht vor, die Vergangenheit aufzuwärmen, und ich hege keinen Groll auf sie. Es ist einfach nur ein billiger Gag, den ich vielleicht nicht mehr bringen sollte. Aber er ruft Gelächter hervor.

wäre, es aber nicht sein kann. Ich habe für jede Menge Bands gearbeitet und gesehen, was es dir antun kann, ein Star zu sein. Ich habe Bandmitglieder gesehen, die Nervenzusammenbrüche hatten, Überdosen von Drogen nahmen und die bizarre sexuelle Dinge getan haben. Ich denke, dass jeder, der es schafft, ein Star zu sein und mit der ganzen Speichelleckerei klarzukommen, nicht den Verstand zu verlieren und ein anständiges menschliches Wesen zu bleiben, sich wirklich wacker schlägt. Und Robbie ist ein liebenswerter Kauz, er ist auf dem Boden geblieben, aber ich denke, er wäre einfach gern ein ganz gewöhnlicher Mensch.«

Ein neues Jahrtausend

Zwei Abende später in Rotterdam, wo der letzte Gig stattfindet, führt sich Robbie wie ein Besessener auf. »I've come to entertain you – you – you – you!«, legt er los. Er steht wie Kitchener auf dem berühmten alten Kriegsplakat da und deutet mit ausgestrecktem Finger in das Publikum. Er hüpft auf der Bühne, dann schlendert er lässig wie Sinatra. Schließt die Augen und atmet schwer. Beugt sich höflich vor, um mit den Leuten in der ersten Reihe zu plaudern. »Die erste Reihe, wie geht's euch? Die zweite Reihe, wie geht's euch? Ihr alle da hinten, wie geht's euch?« Verpatzt den Anfang von »She's The One« und macht daraus einen Witz. »Was wir jetzt machen werden, ist Folgendes: Ich ziehe mich zurück und komme dann wieder, als hättet ihr mich noch nicht gesehen.« Schneidet das Thema *Take That* an. »Ich war in dieser Band, die hier einmal aufgetreten ist. Was wir gemacht haben, sind so Sachen wie das hier: Re-light my fire, cos I need ... your love.« Zieht sich die Hose runter. Lobt sein Publikum. »Wow! Ihr klingt gut heute Abend. Ich würde euch gern alle mitnehmen und vernaschen. Einschließlich der Jungs.« Bringt sie bei »Kids« zum Hüpfen. Und dazu, bei »Millennium« die Arme zu heben. Alle singen für ihn »Angels«. »Ich setze mich solange und warte«, sagt er höflich. »Bis ihr fertig seid.«

Man kennt das alles nur zu gut, aber trotzdem ist es außergewöhnlich. Der Anblick von 10 000 schwankenden Armen lässt einem wieder Tränen in die Augen treten. Und als Rob das Finale mit »Rock DJ« anstimmt, gibt es eine Überraschung auf dem Set. Die gesamte Crew hüpft wie eine Horde Muppets mit rosafarbenen, blauen, grünen und karmesinroten gelockten Perücken auf die Bühne, tanzt über das Set, das sie aus dem Nichts heraus aufgebaut hat, heute und vor jedem anderen Gig, reiht sich im Hintergrund auf, um dem Gig und damit der gesamten Tour ein pantomimenhaftes Finale zu bescheren. Und in ihrer Mitte steht der alte Fahrer, den Rob nach der Show in Zürich angefaucht hat, nackt bis auf seinen roten Mini-Slip.

Rob dreht sich zu ihnen um, aufmerksam wie immer, und winkt sie zu sich. »Kommt her und verbeugt euch!«, ruft er.

»Ladies and Gentlemen«, wendet er sich wieder dem Publikum zu. »Ich werde nicht sagen, dass ich euch alle liebe, aber ich liebe die meisten von euch. Dies ist das Ende meiner Tour. Ich hatte eine wunderbare Zeit, und ich kann es nicht erwarten, euch wiederzusehen. Bitte besucht mich auch beim nächsten Mal. Wenn euch meine Show gefallen hat, bin ich Robbie Williams, wenn sie euch nicht gefallen hat, bin ich Craig David. Gute Nacht!«

»Großer Gott, Gott, Gott, Gott«, murmelte er, als er sich auf das Sofa in seiner Garderobe sinken lässt. »Ich bin über dem Mond. Habe die Tour durchgestanden. Ich fühle mich einfach wohl, und ich genieße mein Leben wirklich, ich freue mich wirklich, dass sich all die Leute da draußen heute Abend amüsiert haben, und wisst ihr, ich habe mich auch amüsiert. Auf dem größten Teil der Tour. Es hat nur ein paar Abende gegeben, die mir nicht gefallen haben. Einer in Schweden, ein anderer ... wo auch immer das war, es spielt eigentlich keine Rolle. Jetzt kommt die schwere Zeit. Für mich. Als Alkoholiker. Es ist so, als gäbe es immer eine Belohnung. Eine Belohnung dafür, etwas getan zu haben, dafür, dass ich die Tour beendet habe, dass ich mich prima gehalten habe und ein guter kleiner Popstar war. Wisst ihr, das ist jetzt der Zeitpunkt, an dem ich mich normalerweise mit fünf Gramm Koks und so viel Schnaps belohne, wie ich in mich reinschütten kann. Muss mich einfach daran erinnern, dass ich das jetzt nicht tun muss. Weil jetzt alle anderen wild feiern werden. Weil alle wirklich hart gearbeitet haben und ich wahrscheinlich der einzige Alkoholiker und Drogensüchtige auf der Tour bin. Also sollen alle, die für mich arbeiten, jetzt losziehen und sich zudröhnen. Ich werde ins Hotel zurückgehen, eine Tasse Tee trinken und ein bisschen Uno spielen. Und das wird mir reichen.«

»Ist das wirklich okay?«

»Yeah. Das ist es. Das ist es wirklich, wirklich. Wisst ihr, ich will nicht trinken. Aber das hat mich in der Vergangenheit nicht davon abgehalten, mich trotzdem zuzuschütten. Viel Glück für alle. Ich sehe euch morgen verkatert wieder.«

Rob hat Recht. Nachdem die Band ins Hotel L'Europe zurückgekehrt ist, gibt sich die Band genüsslich die Kante. In der Bar betätigt sich Guy meisterhaft als Cocktailpianist. Rob taucht für einen Moment in seiner Wollmütze auf, dann kehrt er wieder auf sein Zimmer zu seinem Evian und einer Runde Uno zurück. Viel, viel später versucht Fil in Toms Zimmer unter den Augen von drei Mädchen aus Düsseldorf (die eingeladen wurden) und Franksys Frau Marla (die *wirklich* ein Babe ist), einen Fernseher aus dem Fenster zu werfen, wird aber vom Tourneebuchhalter davon abgehalten, der ihn darauf hinweist, dass er den Schaden sonst später selbst bezahlen muss.

Das ist wahrhaft Rock 'n' Roll für das neue Jahrtausend.

69

12

Wenn ich jetzt nicht Robbie Williams wäre, würde ich vermutlich für einen Platz im *Big-Brother*-Haus vorsprechen.

Die Wende

Die »Sermon On The Mount«-Tour ist beendet, und Rob ist nach London zurückgekehrt, in seine Wohnung in der Kensington Park Road und zu dem Menschen, der ihn heute vermutlich besser als jeder andere kennt, seinem besten Freund und Mitbewohner Jonathan. Rob ist fünf Jahre älter als Jonathan. »Er war da, seit ich dem Schoß meiner Mutter entsprungen bin«, sagt Jonathan poetisch. »Seine grünen Augen funkelten mich an. Rob war wie ein großer Bruder für mich. Ich werde mich immer erinnern, wie ich zu ihm aufgesehen habe, denn das tut man. Man neigt dazu, sich ein Vorbild zu suchen, zu einem älteren Jungen aufzublicken und zu denken: Ich möchte wie er sein.«

Jonathan ist realistisch, was die Rolle betrifft, die er in Robs Leben gespielt hat, als sie Kinder waren. Er war nicht alt genug, um zu den großen Jungs zu gehören. »Sie haben versucht, mich so gut wie möglich in ihre Spiele miteinzubeziehen, aber ich war immer der kleine Scheißer, der ihnen in die Quere gekommen ist. Rob war furchtbar zu mir, aber ich war eine richtige Plage.«

»Er war ein kleiner Quälgeist«, bestätigt Rob. »Ich habe ihn regelmäßig verprügelt.«

Allerdings haben sich die Dinge radikal verändert, seit sie erwachsen sind. Während Robs Zeit bei *Take That* ging Jonathan noch zur Schule, aber als er mit achtzehn nach London zog, schlug Rob ihm vor, eine Woche bei ihm zu bleiben, um sich zurechtzufinden. »Das habe ich getan«, sagt Jonathan, »und schließlich sind daraus Jahre geworden.«

Die Rollenverteilung veränderte sich. »Rob war auf dem Höhepunkt seiner Alkohol- und Drogenkarriere. Ich wurde der große Bruder, der auf ihn aufpasste. Wenn Rob zu trinken begann, hörte ich zu trinken auf, um mich um ihn zu kümmern. Wenn er Drogen zu nehmen begann, warnte ich die Leute schon im Vorfeld, ihm keine zu geben. Gegen Ende einer Party, wenn es so weit war, lief ich herum und flehte die Leute an: ›Bitte, gebt Rob nichts, bitte nicht.‹«

»Er hat mir durch die bloße Tatsache geholfen, dass er da war und jemand ist, dem ich vertraue und den ich liebe«, sagt Rob. »Ich glaube nicht, dass man jemanden mit körperlicher Gewalt zwingen kann, auf eine bestimmte Weise zu reagieren, aber es war seine bloße Gegenwart, die das Leben für mich leichter gemacht hat. Er hat mir geholfen und mich oft aus der Klemme befreit.«

Mittlerweile stehen sie sich näher als Brüder, schätzt Jonathan. »Es ist ziemlich beängstigend. Wenn uns Leute kennen lernen, sagen sie: ›Gott, ihr zwei liebt euch total, nicht wahr?‹ Es stimmt. Wir brauchen einander. Das kann ich bestätigen. Es ist nicht schmalzig oder billig, das zu sagen. Rob vermisst mich, wenn er unterwegs ist. Er sagt, wenn es nach ihm ginge, würde er mich vierundzwanzig Stunden am Tag um sich haben wollen.«

Ein Teil dieses gegenseitigen Vertrauensverhältnisses hat zweifellos damit zu tun, dass sich Rob in einer Welt voller Menschen, die unbedingt ein Stück von ihm haben wollen, gegenüber seinem alten Kumpel aus Stoke völlig normal verhalten kann und umgekehrt.

»Mir ist manchmal nicht bewusst, wie bedeutend er ist«, sagt Jonathan. »Ich höre, wie die Leute über ihn reden, und dann denke ich, Scheiße, er hat dieses Kaliber, er hat es wirklich. Manchmal verwirrt es mich, und ich sage mir, er ist nur Rob, der Typ, mit dem ich zusammenwohne. Und ich bin wahrscheinlich der einzige Mensch in seinem Leben, der ihm sagen kann, er solle sich verpissen, der sagen kann: ›Oi! Du gehst mir auf die Nerven.‹« Jonathan vermutet, dass Rob alle anderen auf der Welt als Untertanen des Robbie-Williams-Königreichs betrachtet.

Nicht dass Jonathan nicht ein Fan von ihm wäre. Er ist Robs Fan Nummer eins, spricht von ihm als dem »größten Ereignis in unserem Land«, einem »Phänomen«, dem »besten Entertainer, den dieses Land jemals hervorgebracht hat«. Obwohl er gerade seine eigene Pop-Karriere gestartet hat, empfindet er nichts als Bewunderung für seinen Freund. »Wenn mich jemand fragt, ob ich neidisch auf ihn bin, ist meine Reaktion: ›Gott, nein. Überhaupt nicht.‹ Ich bin verdammt stolz auf ihn.«

Ja, er war ein bisschen frustriert darüber, dass alle Journalisten, die ihn anlässlich seiner ersten Single »Just Another Day« interviewt haben, offensichtlich nur etwas über Rob wissen wollten, aber das ist ihr Problem. Und Jonathan ist gut mit ihnen fertig geworden. »Ich habe ihnen gesagt: ›Hört mal, von mir erfahrt ihr gar nichts. Hier geht es um mich. Ihr interviewt hier Jonathan Wilkes.‹ Dann haben sie es anders versucht und gefragt: ›Wer macht den Abwasch?‹ Ich sagte: ›Um Gottes willen, das ist eine beschissene Frage.‹ Zum Schluss habe ich nur noch gesagt: ›Ich beantworte diese Frage nicht.‹ Sie alle wollten etwas über mein Verhältnis zu Robbie Williams erfahren. Es gab sogar einige blöde Bemerkungen darüber, dass Rob und ich schwul wären. Zwei Jungen, die zusammenwohnen. Wir sind einfach zwei Typen aus Stoke-on-Trent, die ihr ganzes Leben lang Freunde waren. Get a fucking life!«

★

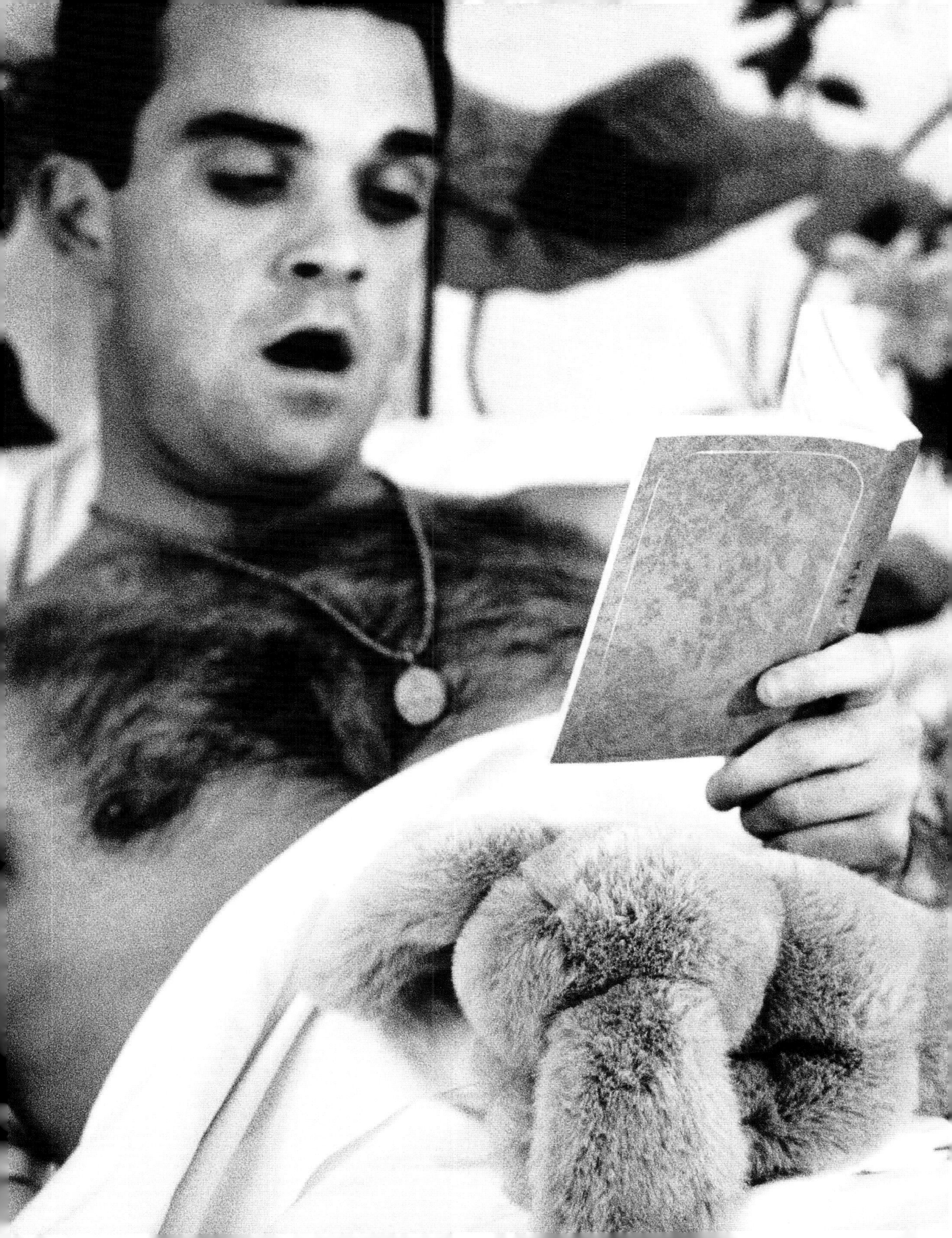

Es ist, als wäre ich in einem tiefen Schlaf, in einem schlimmen Alptraum gefangen gewesen, als wäre ich gerade erst daraus erwacht und hätte gesehen, wie großartig die Dinge sind.

Es ist eine völlige Kehrtwendung.

Trotz seiner Befürchtungen am letzten Abend der Tour, schafft es Rob, clean zu bleiben. Er geht regelmäßig zu seinen Selbsthilfe-Treffen und stellt sich täglich seinen Dämonen. Jonathan hat die Veränderung sofort bemerkt, als sein Freund zurückgekommen ist. »Er war ein völlig anderer Mensch. Er sagte: ›Johnny, Scheiße, ich liebe meinen Job. Ich habe die Tour geliebt.‹ Ein Rob, der nicht trinkt, ist ein anderer Mensch«, fügt er hinzu. »Wenn Rob trinkt, verwandelt er sich in etwas, das ich nicht kenne, in einen Kotzbrocken, er wird aggressiv, grob ... Dann hat er keinen Sinn für Humor, keine Freude am Leben.« Ein nüchterner Rob dagegen ist »clever, witzig, intelligent, kreativ, charmant ... Er besitzt all diese Eigenschaften, die für ihn sprechen. Das ist der Grund, weshalb er nicht mehr trinken kann. Weil sich das Zeug nicht mit ihm verträgt.«

Das Gefühl, sein Leben auf eine neue Art wahrzunehmen, die er allmählich auf der Tour entdeckt hat, hält an. »Es ist, als wäre ich in einem tiefen Schlaf, in einem schlimmen Alptraum gefangen gewesen, als wäre ich gerade erst daraus erwacht und hätte gesehen, wie großartig die Dinge sind. Wie wunderbar mein Job ist, was für ein Geschenk. Wie glücklich ich mich schätzen darf, mit siebenundzwanzig Jahren all das zu haben, was mir geschenkt worden ist. Das tun zu können, was ich tue. Ich klinge, als würde ich übertreiben, aber ich habe eine völlige Kehrtwendung gemacht, wenn man nur sieben oder acht Monate zurückblickt.«

Endlich zufrieden mit seinem Los, macht Rob weiterhin die Dinge, die ein karrierebewusster Popstar machen muss, um den Ball im Spiel zu halten. Er fliegt mit der Band in einem Privatflugzeug nach Paris, um in einer TV-Show namens *Tapis Rouge* aufzutreten. Während er auf den Beginn der Show wartet, beschert er den rund zwanzig Fans, die sich an der Hintertür des Studios versammelt haben, die Art von Robbie-Erlebnis, die sie vor Entzücken in Gelächter ausbrechen lässt, indem er mit seiner Gitarre auf den Hof hinaustanzt, lediglich mit einem engen schwarzen Paar Speedos bekleidet. Und obwohl er es im Studio selbst mit einem sitzenden, ruhigen Publikum zu tun bekommt, das größtenteils in den mittleren Jahren ist, benutzt er seine alten Entertainer-Tricks, um es (ein bisschen) anzuheizen, wirft der einen Hälfte vor, zur falschen Zeit zu klatschen, während er der anderen Hälfte den gehobenen Daumen zeigt, verpasst den Leuten die bewährte Auge-in-Auge-Behandlung, schaltet auf Französisch um, als er davon singt, *l'amour supreme* zu suchen, setzt sich einem Mädchen auf den Schoß und küsst sie, geht zu einem kleinen Jungen in der ersten Reihe und schüttelt ihm die Hand.

Ein paar Tage später erscheint er zu einer Preisverleihung der Unterhaltungsindustrie im Londoner West End, um den versammelten Radioprofis für sein »erstaunliches, erstaunliches Leben« zu danken. Er sei sich bewusst, erzählt er seinen erfreuten Zuhörern, dass er den Großteil seines Erfolges dem Radio und den Leuten zu verdanken habe, die dort seine Songs gehört haben und dann in die Läden gegangen sind, um die Platten zu kaufen. In der Vergangenheit habe er nie solche Veranstaltungen besucht, »weil ich mir gedacht habe, scheiß drauf, ich werde nächstes Jahr ohnehin nicht gewinnen, die können mich alle mal.« Jetzt aber, nachdem er drei Jahre in Folge gewonnen hat, ist er so demütig, bescheiden und dankbar, wie er es während der Brits war. »Ich weiß nicht, wie lange das noch andauert«, sagt er (man beachte den Gebrauch des Präsens), »dieser Schwung oder diese Welle, die mich tragen. Aber ich danke Ihnen allen, die Sie mich durch Ihre Arbeit im Radio unterstützt haben. Sie haben mich dorthin gebracht, wo ich heute bin.«

Dann geht es mit der Limousine zu Sotheby's, zur Eröffnung der Auktion privater Objekte aus der Notting-Hill-Wohnung, aus der er schon bald ausziehen wird, und mit deren Erlös er die Hilfsorganisation Give It Sum unterstützen will (die von Comic Relief verwaltet wird und gerade erst mehr als 200 000 Pfund allein für diverse Projekte in der Umgebung von Stoke gespendet hat). Das berühmteste Stück ist natürlich Robs Bett, auf dem er unter viel Gelächter einzig und allein das Wort »Mammaries« zur Melodie von »Memory« singt, bevor er eine hastige kurze Rede hält und wieder nach Hause fährt.

An diesem Abend entspannt er sich und sieht Fußball, denn der nächste Tag ist genauso voll mit Terminen wie der heutige. Wieder ein Privatflugzeug, das beängstigend wild durch die Windturbulenzen hüpft, nur um im nicht weit entfernten Manchester wieder zu landen, wo Rob einen Auftritt in der *Mark and Lard Show* hat, der ihn den ganzen Nachmittag kosten wird. Er erzählt den identisch gekleideten Moderatoren von Radio One, dass er »Betten, Unterhosen, Tanten und Familie« versteigert, »eben Kram, den ich nicht mehr brauche«, und beantwortet all die üblichen Fragen über Geri, seine Alkoholabstinenz und die bevorstehende Stadiontour sowie einige ungewöhnliche Fragen, die von den Zuhörern per E-Mail geschickt werden:

»Hat das Tattoo auf Ihrem linken Arm eine bestimmte Bedeutung? Mein Kumpel Dave behauptet, es wäre nur ein Grundmuster der Maori, aber ich habe gehört, dass es Ihre Lebensgeschichte in Hieroglyphen darstellt.«

»Es ist ein Grundmuster der Maori, aber es passt zu meiner Lebensgeschichte, die im Grunde maorihaft ist, was wirklich nicht schlecht ist für jemanden, der aus Stoke-on-Trent stammt.«

»Was ist Ihre Lieblings-Pastetenfüllung? Meine ist Käse und Zwiebeln.«

»Chicken tikka.«

»Was ist Ihre Lieblings-Käsesorte?«

»Ich esse keinen Käse. Der verursacht heftige Schleimbildung in meiner Kehle.«

»Das sind die Dinge, die die Leute wissen wollen«, sagt Mark. »Erstaunliche Enthüllungen und Einblicke.«

Als Rob das Studio verlässt und den langen Korridor des BBC-Gebäudes entlanggeht, springen ständig Türen auf und Leute schauen heraus, die ihn um Autogramme bitten. Sogar draußen auf der Rückseite des Gebäudes wird sein Wagen von weiteren Autogrammjägern umlagert. Im Privatflugzeug erscheint der Pilot auf halber Strecke in der Passagierkabine. »Es tut mir schrecklich leid, das ist sehr unprofessionell, aber meine Kinder haben mich ganz furchtbar gelöchert. Würde es Ihnen etwas ausmachen ...?«

Am nächsten Nachmittag ist Rob mit Hugh Grant in *Parkinson*. Es folgt die nächste lange Wartepause zwischen den Proben und der Abendausstrahlung, und dann stürzt sich der »Große Interviewer« in seine eigene Version des Mantras. »Dicke Schlagzeile in der Zeitung: Er liebt Geri ... Wie steht es mit Alkohol, Drogen und diesen Dingen ...? Sie verkaufen Ihr Bett ...?« Rob zeigt seine Grübchen und spult routiniert die gut einstudierten Antworten ab.

Nach der Sendung läuft er hinter der Bühne Jeremy Paxman in die Arme, und sein Gefolge bleibt stehen, um diese Begegnung zweier Celebrities zu beobachten. »Schön, Sie zu treffen«, sagt Rob. »Sind Sie als Nächster dran?«

»Tut mir Leid, nicht bedeutend genug. Bin unterwegs, um einen Minister wegen der Maul- und Klauenseuche zu grillen.«

»Heizen Sie denen richtig ein.«

Dann taucht Hugh in Robs Garderobe auf (erschreckenderweise so, wie man ihn aus dem Kino kennt), um jemanden vorzustellen, nämlich »Sarah, äh ... ein Mädchen, das in meinem Büro arbeitet, ein großer, *großer* Fan ...«

Als der Frühling in den Sommer übergeht und Rob immer noch clean ist, zieht er aus der Notting-Hill-Wohnung in ein Haus in Chelsea, eine Zwischenstation zur Akklimatisierung, bevor er sich endgültig in dem neuen großen Haus mit dem Pool-Tisch und dem gigantischen Aquarium in dem namenlosen Viertel von London niederlässt, wo die Fans ihn früher oder später zweifellos aufspüren werden.

Jonathan zieht mit ihm um und ist froh, der alten Wohnung den Rücken zu kehren. »Es war grauenhaft«, sagt er. »Wie in einem Goldfischglas. Besonders jetzt, nachdem Rob die Kurve gekriegt hat und nicht mehr trinkt. Wenn man zurückblickt – all die Erinnerungen an diese Wohnung. Ich kann mich noch gut an die Zeiten erinnern, als es da einen Haufen von diesem beschissenen Kokain gab und ich bis acht Uhr morgens wach geblieben bin, während Rob sich den Haufen reingezogen hat. Ich habe das Zeug nicht angerührt, bin eingenickt, und dann war auch schon Frühstückszeit.«

Doch Nüchternheit ist nicht die einzige Veränderung in Robs Leben. Nach einem Zehntagetrip zu Dreharbeiten für einen kurzen Film in Südfrankreich, denkt er über eine neue Einstellung zum Sex nach. »Als ich Drogen genommen habe«, erinnert er sich, »bin ich jeden Abend in den Toiletten gelandet und habe versucht, irgendein Mädchen zu vögeln. Das ist beschämend. Echt schäbig. Nun, nicht schäbig, aber ich wollte einfach nur Sex haben, beschissenen zwanghaften Sex. Das macht mich traurig.«

Jetzt genießt er es einigermaßen, allein ins Bett zu gehen. »Ich habe in Südfrankreich einen Club besucht«, sagt er, »und es war erstaunlich. Ich saß da, blickte mich um und suchte die Tanzfläche nach dem Idioten mit dem glasigen Blick ab, der total abgefüllt vor den Damentoiletten rumhängt, und ich konnte ihn nirgendwo entdecken, weil es von dieser Sorte nur mich gab. An diesem Abend waren eine Menge hübscher Mädchen da, die tanzten und flirteten. Ich habe mit einigen geplaudert, und dann wurde es Zeit, nach Hause zu gehen. Ich ging die Straße entlang und dachte: ›Das ist surreal. Ich bin immer scharf darauf gewesen, jemanden abzuschleppen, und jetzt möchte ich einfach nach Hause gehen und allein sein.‹«

Allerdings nicht *völlig* allein. Er hat einen neuen Gefährten, einen kleinen Rottweilerwelpen. »Kannst du dir vorstellen, wie er hieß?«, fragt er aufgeregt, als er von seiner ersten Begegnung mit dem Hund zurückkehrt. »›She's The One‹. Seine Besitzer hatten ihn schon so genannt, noch bevor sie überhaupt wussten, wer da aufkreuzen würde, um sich den Welpen anzusehen. Und sein Vater hieß ›Mr. Bo Jangles‹. Das ist eins meiner Lieblingsstücke. ›Mr. Bo Jangles, Potters Pride.‹«

Er freue sich schon darauf, Verantwortung für ein anderes Lebewesen zu übernehmen, sagt er, »und ein wirklich guter Kamerad für dieses kleine Mädchen zu werden«.

Und das ist nicht die einzige Verantwortung. Er hat beschlossen, das Haus direkt neben dem seinen zu kaufen – für seine Mutter. »Ich kann es kaum erwarten, dass sie einzieht«, sagt er, »denn ich möchte morgens aufwachen und zum Frühstück zu meiner Mum gehen. Oder meine Mum kommt zum Frühstück zu mir. Es ist so großartig für mich, hier zu sein, weil das etwas ist, das ich vor sechs Monaten einfach nicht wollte.

Während der Zeit, als ich viel getrunken und Drogen genommen habe, bin ich zu Therapiesitzungen gegangen, und da erzählt man dir, deine Eltern wären an allem schuld. Wenn du dann einen Rückfall hast, ist alles, was dir bleibt, ›Deine Eltern sind schuld daran, dass es dir immer noch dreckig geht‹. Also wirst du sehr wütend auf sie. Ich hatte immer ein besonders enges Verhältnis zu meiner Mum, weil ich sie liebe. Und die letzten drei Jahre waren für uns beide sehr schmerzhaft. Weil ich einfach fertig und wütend war und keine Verantwortung für sie oder meine Schwester oder irgendjemand anderen in meiner Nähe übernehmen wollte, denn ich wusste nicht, wie ich damit umgehen sollte. Und ich konnte meine Wut auf andere Menschen nicht in den Griff bekommen. Aber all diese negativen Gefühle haben sich gelegt. Jetzt entwickle ich wieder ein wunderbares Verhältnis zu meiner Mum, so wie ich es vor oder während meiner Zeit bei *Take That* hatte. Wir sprechen täglich miteinander.

Wir plaudern, wir sind Freunde, sie ist meine Mum, sie kann mir großartige Ratschläge geben, und sie ist liebevoll und fürsorglich. Ich habe früher schon einige Male mit dem Koks oder dem Trinken aufgehört und versucht, mir eine Umgebung zu schaffen, in der ich glücklich sein konnte, aber ich konnte es einfach nicht, da ging nichts. Ich habe versucht, an meine Familie zu denken, und mich wie eine Waise gefühlt. Und jetzt habe ich meine Familie wieder. Ich habe meine Mutter. Ich bin nicht allein.«

»War es eher Anerkennung als Ruhm, wonach du gesucht hast?«, frage ich an einem späten Sommerabend, als wir im Garten des Hauses in Chelsea sitzen, kurz vor Beginn der sommerlichen Stadiontour, die Franksy »Hochzeiten, Bar Mitzvahs, Stadions« getauft hat. »Es scheint nicht, als würdest du zu der oberflächlichen Gesellschaft gehören und einfach nur Spaß haben wollen.«

Er grinst. »Ich gehöre dazu«, erwidert er. »Wirklich. Ich wollte größer und besser sein. Ich wollte einen Traum wahr werden lassen. Ob das nun Ruhm oder Anerkennung ist oder der Wunsch, in irgendeiner Hinsicht gut zu sein. Als ich damals nach der Theateraufführung zum Applaus für den Artful Dodger vorgetreten bin, war der Jubel für mich lauter als der für alle anderen, und das hat sich gut angefühlt. Unter anderen Umständen, wenn ich jetzt nicht Robbie Williams wäre, würde ich vermutlich für einen Platz im *Big-Brother*-Haus vorsprechen. Wirklich. Weil ich etwas Größeres und Besseres aus mir machen wollte. Ich wollte diesen Traum verwirklichen. Einige Leute haben andere Träume, aber ich denke, bei der überwiegenden Mehrheit sind es die gleichen. Sie wollen größer und besser sein, sie wollen den Glamour, den Ruhm, den Bekanntheitsgrad.

Ich habe diese Dinge zu einem so frühen Zeitpunkt meines Lebens erreicht, in einem Alter, in dem man sehr leicht zu beeindrucken ist. Ich denke, dass jeder Vierzehn-, Fünfzehn- oder Sechzehnjährige auf die eine oder andere Weise genauso denkt, wie ich es damals getan habe. Ich werde für irgendwas berühmt werden. So sind die Menschen nun einmal. Aber ich habe es geschafft. Ich habe es sehr früh mit *Take That* erreicht. Ich habe mich damals dafür geschämt, aber es war der einzige Weg, den ich gehen konnte, um mein Ziel zu erreichen. Ich hätte damals mit Freuden jeden anderen Mist gemacht, um berühmt zu werden.

Eigentlich wollte ich einfach nur gemocht werden, aber in großen, in gewaltigen Dimensionen. Die Welt soll mich verehren – oder sie sollte mich verehren.«

Und jetzt tut sie es.

»So ist es. Ich habe erreicht, was ich wollte.«

Und war es das wert?

»Ich lerne immer noch, damit klarzukommen. Seid vorsichtig mit euren Wünschen ...« Er lehnt sich zurück, seine Augen funkeln, und er lächelt sein berühmtes Lächeln. »Denn sie könnten in Erfüllung gehen.«

»It’s a beautiful day…

… don’t let it slip away«

Genug